【カラー版】

The Concise History of Japanese Architecture

日本建築様式史

監修＝太田博太郎＋藤井恵介

美術出版社

目次

赤字はコラムページを示す

8章 近代

9章 現代

巻末資料

凡例

1｜本文中の図版番号は《　》で囲んだ
2｜本文中の付加的な西暦年・時代区分は〈　〉を用いた
3｜本文中の人物の生没年は(　)で囲んだ
4｜本文図版が建造物写真でなく図面・復元模型・絵画資料等の場合，それらの図版に関するデータは，巻末の掲載図版データページの当該項目欄に記載した

はじめに

日本建築史の研究は伊東忠太によって始められた。伊東は明治25年〈1892〉，帝国大学の工科大学造家学科を卒業して大学院に進み，日本建築史の研究に取組んだ。当時，有職故実の一部として住宅史の研究はあったものの，社寺も含む建築の歴史としての研究はなかった。法隆寺が最も古い寺院建築の一つであることは知られていたが，現存するその建物が創立当初のものであるかどうかは，全く明らかにされていなかった。しかし伊東は法隆寺の建築様式が他の寺のものと全く異なること，たとえば雲斗・雲肘木のように，他では見られないものであることに着目し，これが現存する最も古いものである可能性があると考え，その研究に着手した。その成果が伊東の『法隆寺建築論』（明治31年〈1898〉）で，日本最初の本格的な建築史の研究であった。

明治28年に帝国大学を卒業した関野貞は，翌年末から奈良県嘱託（後に技師）として奈良の古建築の保存に携わることとなった。そのとき，建物の建設年代を明らかにすること，修理において建立時の姿を推定することが，肝要なこととして考えられた。それが分からなければ，事業計画を立てることもできなかった。日本建築様式史の研究は，このような実務上の必要から，急遽進められることになったのである。関野は就任後，わずか半年で，奈良県の古建築80棟を挙げ，その造立年代を記した報告書を県に提出している。

関野のあと，天沼俊一が奈良県技師となり，研究・修理を進め，日本建築様式史は一応整えられた。昭和2年〈1927〉に発行された天沼俊一『日本建築史要』がその成果であり，唯一の通史として広く普及した。

戦後，昭和22年，太田博太郎の『日本建築史序説』が刊行され，3回の改訂増補を経て現在も読み継がれている。建築の様式と構造の発展，機能の変化，工匠の活動という視点から，大きく日本建築史を見通したものであった。

本書の企画は，建築の様式を中心のテーマとして，日本建築史を記述することである。『日本建築史序説』刊行以後，戦後50年の間に蓄積された多くの成果を盛り込むことになった。また，日本建築史というと，原始・古代から江戸時代の終わりまでを取り扱うのが通例であるが，本書では近代・現代も含め，全体の通史とした。読者のご批評を俟つところである。

監修者＝太田博太郎＋藤井恵介

1

The Concise History of Japanese Architecture

縄文・弥生・古墳時代

先史時代の建築

宮本長二郎

住まいの黎明期〈旧石器時代〉

先史時代は考古学上の時代区分では，旧石器時代（前50万年-前10,000年），縄文時代（前11,000年-前300年），弥生時代（前400年-後400年），古墳時代（300年-600年）に分けている。

原人が日本列島に足跡を残しはじめて以来，50万年の歴史がある。氷河時代には洞窟や岩陰を利用した住まいであったが，氷河時代終末期の後期旧石器時代（30,000年-12,000年前）には気候の温暖化が進み，人々は平地に進出して生活を始める。後期石器時代のオ-プンサイトの平地住居は，石器・石器片が直径2―5mに集中分布する範囲を平地住居跡とみなし，木材を円錐形に組み，獣皮等で覆うテント式構造の伏屋式平地住居《1-1a・b》であったとされる。

石器集中箇所には，深さ20―40cmの小ピットを円形に配置する住居例や，浅い竪穴床面をもつ竪穴住居址が，九州から北海道にかけて18遺跡で発見されている。

円形配置の小ピットは垂直で深いことから，側壁を立ち上げる壁立式平地住居と考えられる。また，浅い竪穴床面には主柱や中央に炉をもつ例があり，床面を覆う屋根形式は伏屋式平地住居《1-2》と同様の伏屋式竪穴住居《1-3》である。ただし，垂木を竪穴壁面の下部に据えた例（大阪府はさみ山遺跡）から，土葺きの伏屋A式竪穴住居の存在も明らかであり，また，遺構として多い垂木尻を竪穴壁の

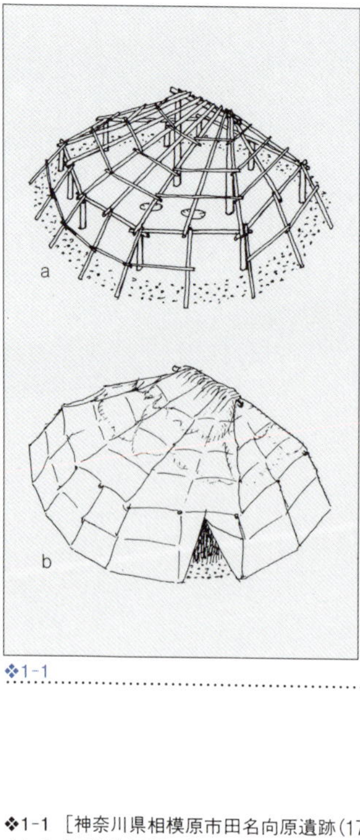

❖1-1

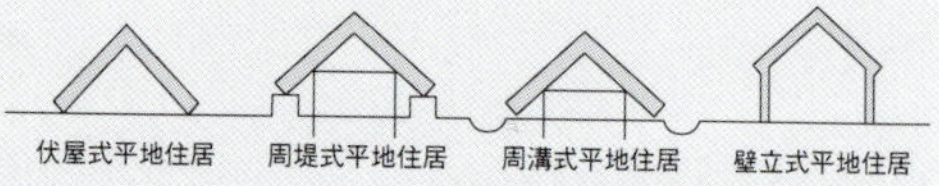

平地住居――地表面を生活面とする住居で，壁立式と伏屋式とがある。小形住居には屋内に主柱がなく，中形以上の住居には主柱がある。
竪穴式住居――壁柱または壁と呼ばれる細い柱を間隔狭く立てて草壁・土壁を造り，壁体で屋根の加重を受ける形式の住居をいう。

❖1-2

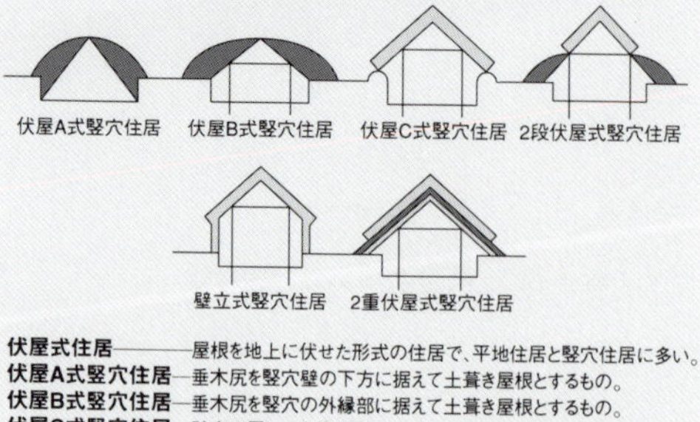

伏屋式住居――屋根を地上に伏せた形式の住居で，平地住居と竪穴住居に多い。
伏屋A式竪穴住居――垂木尻を竪穴壁の下方に据えて土葺き屋根とするもの。
伏屋B式竪穴住居――垂木尻を竪穴の外縁部に据えて土葺き屋根とするもの。
伏屋C式竪穴住居――竪穴の周りに土堤（周堤）を巡らせ，周堤上に垂木を据えて草葺き屋根とするもの。

土葺　草葺

❖1-3

❖1-1 ［神奈川県相模原市田名向原遺跡（17,000年前）平地住居構造復元図］
❖1-2 ［平地住居断面模式図］
❖1-3 ［竪穴住居断面模式図］

❖1-4a

❖1-4b

外縁部に据える場合には，屋根材は獣皮や草などの有機物で葺く伏屋C式と，土葺きの伏屋B式の二通りの形式が考えられる《1-2》。最近の発見例では石器集中範囲の床面を竪穴および平地とし，床面に深いピット(主柱)が検出されて，主柱付きの平地住居となる例が確認された《1-1a》。このように，後期旧石器時代には，すでに縄文時代を通して存続する平地住居や竪穴住居の基本形式が成立していたのである。

定住集落の出現〈縄文時代草創期－早期〉

1万1千年前，鹿児島湾の桜島は大噴火を起こした。鹿児島県下では，その火山灰層(薩摩火山灰)の直下から旧石器時代終末期の石器と共伴する縄文時代の土器・石器が出土して草創期の始まりを示す遺跡が多く，草創期中頃(12,000年前)には竪穴住居とともに土坑・煙道付き炉穴・配石炉・集石遺構や煮炊き・盛付け用土器・石器が伴なって，縄文時代の幕開けを告げている。

薩摩火山灰層の上面の早期前葉の時期に，草創期と同様の遺構・遺物を伴って壁立式竪穴住居54棟と2本の並行する道路を備えた国分市上野原(うえのはら)遺跡跡(9,500年前)《1-4a・b》や，長方形平面で土葺き屋根の伏屋A式竪穴住居21棟をもつ鹿児島市加栗山(かくりやま)遺跡(9千数百年前)が発見された。両遺跡とも住居は重複して建替えられ，その規模に3平方m－12平方mの差があることなどから，上野原遺跡は1期10棟前後，加栗山遺跡は1期5棟ほどで，いずれも継続的に営まれた定住集落と推定される。上野原遺跡の住居は円形平面の壁立式平地住居内の中央に方形平面の竪穴床面をもつ他に類例のない複合形式で，壁立式竪穴住居の亜流とみなせる。また，両遺跡は同時代・同地方でありながら，このように住居形式を異にするのは200年前後の時期差による気温の変化によるものと考えられる。

縄文時代草創期の鹿児島県下に発生した高度な文化は，煙道付き炉穴(燻製炉)の分布にみるかぎりでは，早期中頃には関東地方まで波及するが，6,300年前，

❖1-4a ［鹿児島県国分市上野原遺跡竪穴住居跡］
❖1-4b ［鹿児島県国分市上野原遺跡復元建物］

日本全土を覆った鹿児島湾の鬼界カルデラ大噴火(アカホヤ火山灰)によって衰退する。

日本列島北端の北海道では，鹿児島よりやや遅れて縄文時代早期中葉に函館市中野A遺跡(8,000年前)で40棟ほどの竪穴住居の定住集落が成立していたことがわかり，谷を隔てて隣接する中野B遺跡(7,500年前)には，600棟を超す竪穴住居が発見され，長期にわたる大集落が営まれていた。竪穴住居は円形平面で，7平方m－35平方mの規模に比例して主柱がふえる形式は，縄文時代前期以後，東日本全域に普及する竪穴住居の基本形式が早期中葉の北海道に成立していたことを示している。

巨大建築の発生〈縄文時代前期－晩期〉

6,000年前を境に早期末頃から住居建築は急速な発展を示し，前期には掘立柱建物という新しい形式の建築が発生し，東日本全域にわたって集落遺跡が飛躍的に増加する。集落形態は小形住居1－2棟のキャンプサイト，住居5－6棟で構成する一般集落，10棟前後の住居と掘(ほっ)立柱(たてばしら)建物，墓域を備える拠点集落があり，拠点集落を中心とした部族社会が各地に成立し，それらは，いくつかの部族社会が連合して，土器形式を共有する広域文化圏を形成する。

一般集落や拠点集落は，住居を広場の周囲に環状に配置する環状集落が多く，拠点集落では広場の中央を墓域とし，墓域と住居の間に貯蔵穴や掘立柱建物を配置する形式が一般的であるが，住居域・貯蔵穴・墓域・広場を機能別にブロック配置とする例もあり，青森市三内丸山(さんだいまるやま)遺跡はその代表格である。

また，拠点集落級の大集落で墓域や掘立柱建物を伴わない場合は，墓と掘立柱建物を集落外に祭場として独立させ，祭場を部族連合社会が共有していたとも考えられる。このような祭場遺跡例に栃木県宇都宮市根古谷(ねごや)台遺跡がある。

根古谷台遺跡(前期中葉)は台地中央広場全体に339基の墓坑群が分散し，その北辺から西辺にかけて壁立式竪穴住居27棟，壁立式平地住居25棟がⅠ－Ⅳ期にわたって建て替えられる。この遺跡の他の集落遺跡と異なる特徴は，竪穴住居は長径10－15mの大形と4－6mの小形に，平地住居は長径15－23mの大形と一辺5－7mの小形に分かれ，中形住居がほとんど存在しないこと，竪穴住居と平地住居はともに方形・長方形平面で，小型は主柱0-4本，大形は竪穴住居8本，平地住居10本とし，床面の四辺に周溝(しゅうこう)をめぐらせて，周溝中に壁支柱を立てていることである。したがって平地住居と竪穴住居は，床面を地表面とするか地面下とするかの違いだけで，両者の構造形式は同じである《1-5》。

また，時期的には竪穴住居が先行し，Ⅲ期に竪穴住居に替わって平地住居が出現していることからみて，壁立式平地住居は壁立式竪穴住居から発生したことが明らかである。この遺跡の発見によって，はじめて平地住居や竪穴住居に側壁

大型平地住居遺構

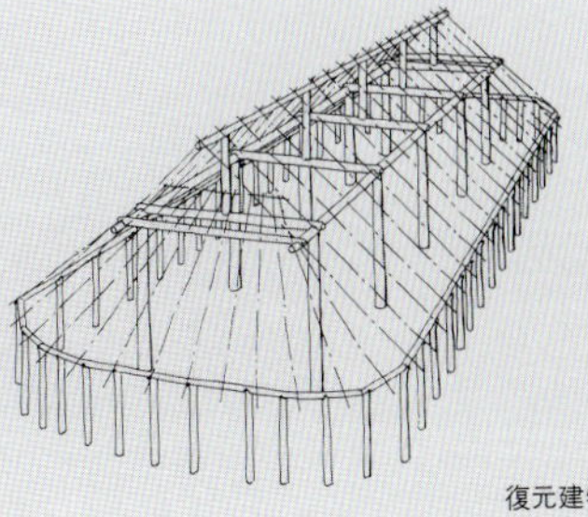

復元建物

❖1-5

を地上に立ち上げた壁立式の存在が明らかとなり，近年，北海道八雲（やぐも）町栄浜（さかえはま）I遺跡出土の家形石製品（中期前葉）《1-6》によって実証されたのである。

根古谷台遺跡を拠点集落そのものではなく祭場とした理由は，超大型住居と小型住居で構成され，すべて壁立式であること，貯蔵穴がないこと，墓域北端中央の同位置に重複する4棟の掘立柱建物が存在することである。

掘立柱建物の平面形式は亀甲形・多角形・長方形と異なるが，いずれも小形平屋建物で葬送儀礼の祭殿として用いたと考えられ，各平面形式ともに縄文時代を通して，墓域・立石・ストーンサークルなどの祭礼遺構に伴うことが多い。超大型の建物もまた，拠点集落に特徴的にみられ，祭式儀礼にかかわる祭殿としての機能のほかに共同作業場・集会所・住居として利用されたことも考えられる。

超大形竪穴住居は東北地方に遺構例が多く，根古谷台遺跡はその先駆的な例であり，壁立式竪穴住居は三内丸山遺跡に引き継がれる。竪穴住居構造型の壁立式平地住居は他に類例はないが，平面形式は同じで，壁柱を太くして間隔を広げ，主柱と柱筋をそろえた，いわゆる掘立柱建物（主柱併用型平屋建物）に変化して，中・後期の大型建物に引き継がれる。（側壁が壁立式でない掘立柱建物は高床建築と平屋建物の2種に大別され，この平屋建物は，壁立式の平屋建物である平地住居と区別する。また竪穴住居の構造から発展・成立した縄文時代以後の掘立柱平屋建物と区別するために，縄文時代の竪穴住居構造を主柱併用型平屋建物とする）

三内丸山遺跡（前期後葉-中期）は縄文時代の遺跡としてはその規模（35ヘクタール），存続期間（5,500-4,000年前），集落構成，出土遺物の種類と出土量などすべての点で他を凌駕している。集落構成は集落の中央を東西に走る道路に沿って高床祭殿（中央祭場）が並び建ち《1-7》，祭殿の東方400m余にわたって続く道路の両

正面

側面

❖1-6

❖1-5［栃木県宇都宮市根古谷台遺跡大型平地住居遺構と復元建物］
❖1-6［北海道八雲市栄浜Ⅰ遺跡出土家形石製品］縄文時代中期前半〈前3,000-前2,500年〉
八雲市教育委員会

❖1-7

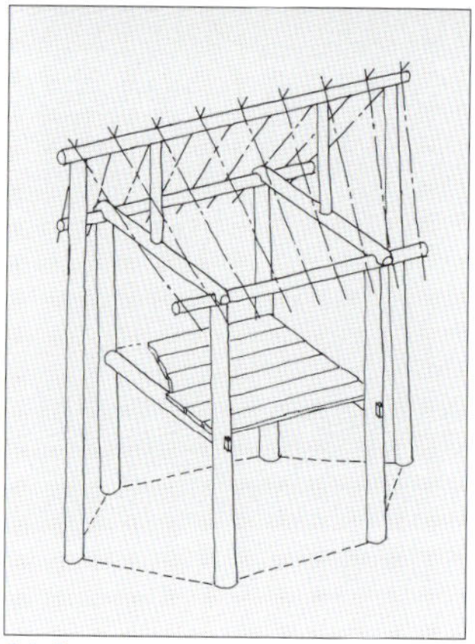

❖1-9

側に沿って成人墓が列をなし，道路の東端部まで連なっている。中央広場の南と北には盛土遺構と称される広場があり，中期の初めから末期まで土器等の遺物の廃棄・盛土整地が年々繰り返され，現存高は1.8mに及ぶ。北盛土遺構の南西側に長径30mの大型壁立式竪穴住居と，その北方の台地縁部に北祭場（巨大木柱），北祭場から北盛土遺構の北側にかけて幼児墓域，南盛土遺構の西側に西祭場，その北側から中央祭場にかけて平屋建物・壁立式平地住居域，南盛土遺構の東方に小型竪穴住居域，集落の東北縁部に貯蔵穴群がある。

三内丸山の拠点集落は，東西道路を軸にして集落の諸機能を有機的に配置し，弥生時代の環濠集落に通じる先進的な集落構成を示している。特に注目されるのは三つの祭場域で，桁行2間，梁行1間の高床祭殿（梁間1間型高床建築）群で構成され，中央祭場のみ両側に桁行3間の梁間1間型平屋祭殿が続く。

建物の規模にかかわらず梁行1間，桁行1－5間とする掘立柱建物遺構が縄文時代中期以後に多い。これらの遺構は弥生時代の梁間1間型高床建築の平面と共通しており，その構造形式は富山県小矢

❖1-7 ［青森市三内丸山遺跡中央高床祭殿と大型壁立式竪穴住居］ 縄文時代中期〈前3,000-前2,000年〉
❖1-9 ［独立棟持柱付き高床祭殿復元模式図］

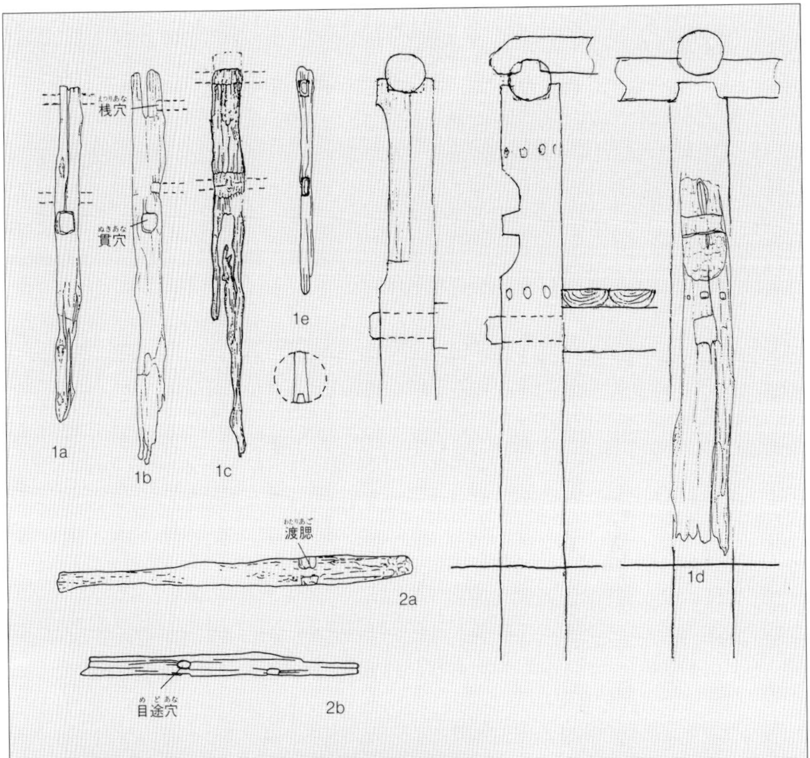

1.a-f柱　2.a•b丸桁　3.平桁　4.丸太梁　5.a•b丸太材　6.半円柱(塀)

❖1-8

❖1-8［富山県小矢部市桜町遺跡出土の建築部材］縄文時代中期末〈前2,000年〉 小矢部市教育委員会

部市桜町遺跡(縄文中期末)や東京都東村山市下宅部遺跡(同後期)出土の完形高床柱材によって明らかになった《1-8》。しかし，梁間1間型のすべてが高床建築ではないことが，内部に炉を備え側柱間に壁痕跡を残す梁間1間型住居を主体とする集落が新潟県清水上・五丁歩遺跡(中期前葉)で発見され実証された。一般的に，桁行3間以上の場合は平屋建物が多く，高床建築は桁行1－2間に限られ，中期末葉頃には，高床祭殿に独立棟持柱が付く例が現れる《1-9》。

環濠集落と高床倉庫〈弥生時代〉

弥生時代の拠点集落は濠をめぐらせた例が多いことから環濠集落とも称される。拠点集落の内部は高床主殿と付属建物で構成する祭場域を中心に，首長居館域，工房域，高床群倉域，竪穴住居域等に区画される。

弥生時代の祭場は祖霊信仰や農耕儀礼を主としていたと思われ，墓域は環濠外に設ける例が多く，環濠内にある場合は隅に設け，葬送儀礼用の高床祭殿や大型平屋祭殿を構える例がある。

環濠集落の代表的な例である佐賀県吉野ケ里遺跡(弥生後期)は，首長居館域(南内郭)と主祭場(北内郭)のそれぞれに濠と土塁・柵をめぐらせて四辺に物見櫓を立て，集落全体をさらに中濠・外濠で囲う厳重な防禦の構えをもっている《1-10》。

弥生時代の建築を最も特徴付けるのは，梁間1間型高床建築である。稲作の普及に伴って高床倉庫が一般集落にも普及し，平野部には高床住居の集落も出現する。一般集落の高床建築は桁行1－2間の小形であるが，環濠集落の高床祭殿は大形で桁行10間，梁行8mの例があり《1-11》，九州地方を除く西日本では独立棟持柱付きの祭殿とするのが一般的である。このような大形建築は平屋祭殿にも梁間10mを超す例があり，鉄製工具を自在に扱う技術者と，高度に発達した土木・建築技術の存在をうかがわせる。

梁間1間型高床建築は床を支持する技法の違いによって屋根倉式，造出柱式，分枝式，際束式，大引貫式の5形式がある。そのうち分枝・際束・大引貫式は縄文時代にさかのぼることが確認され，屋根倉式も縄文時代にさかのぼる可能性がある。ただし，大引貫式は柱の大引仕口に大入貫と枘の2通りがあり，前者は中国貴州省侗族の高床倉庫にみられる形式で，弥生時代後期の柱材出土例がある。後者は，弥生時代中期の大引材の出土例がある《1-12》。

弥生時代の水田開拓の進展に伴って新たに出現する住居形式に，周堤式平地住居，周溝式平地住居がある。両形式とも沖積平野に立地する集落の住居で，構造は竪穴住居と同じである。周堤式は地表面に床を囲って周堤を築き，周堤上に伏屋根をかける形式で，静岡県登呂遺跡で竪穴住居とされるものである。周溝式は伏屋式平地住居の周囲に濠をめぐらす形式で《1-13》，主柱のない小形住居は濠のみが遺構として確認される。

❖1-10

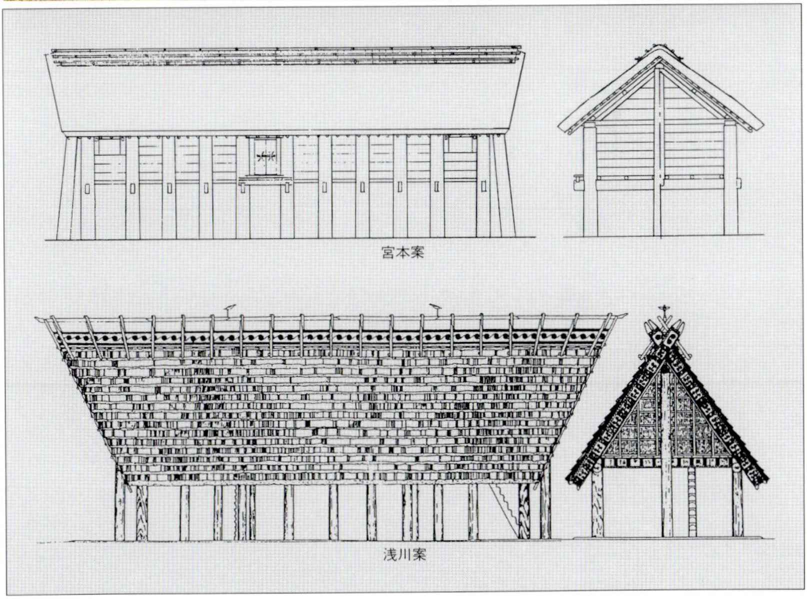

❖1-11

❖1-10 ［佐賀県吉野ケ里遺跡北内郭復元鳥瞰図］ 建設省国営吉野ケ里公園工事事務所作成
❖1-11 ［大阪府池上曽根遺跡大型祭殿復元図］

❖1-12

出土大引材

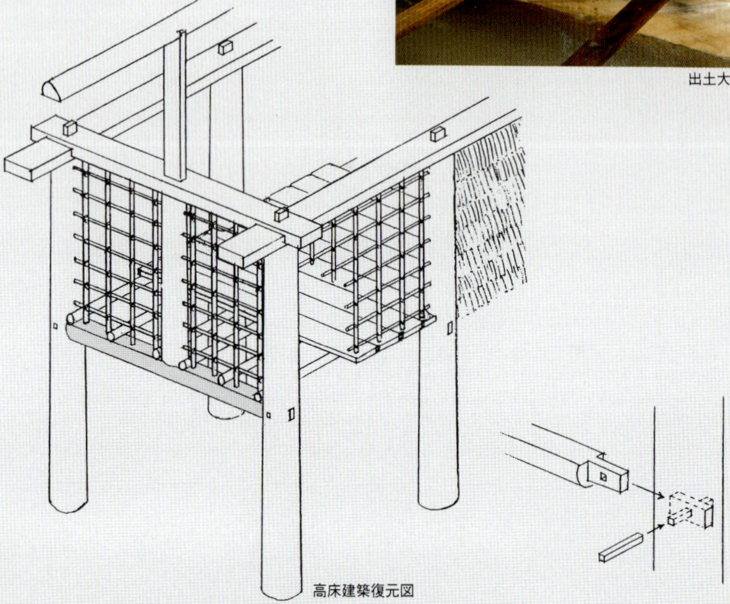

高床建築復元図

屋根倉式——柱頭に天井を組み、小屋裏を収納・生活空間とする高床建築。
弥生時代の土器線刻画や古墳時代の家形埴輪に表現されている。
造出柱式——高床倉庫の床上部方柱を床下部の円柱から一木で造り出す形式の軸部をもつ高床建築。
弥生後期の静岡県登呂遺跡に復元例がある。
分枝式——通し柱に枝の付け根を利用して床大引を受ける高床建築。
際束式——通し柱の桁方向に際束(添束)を立てて床大引を受ける高床建築。
大引貫(枘)式—通し柱の梁行方向に貫通孔口を設けて、床大引材を枘差しまたは貫通して受ける形式の高床建築。

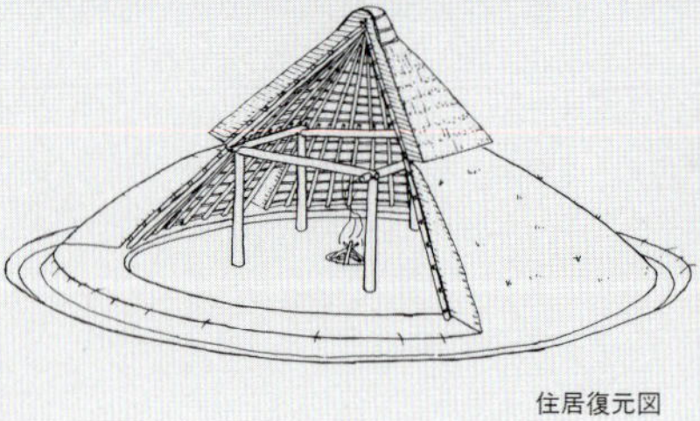

住居復元図

住居遺構

❖1-13

❖1-12 [長崎県壱岐原の辻遺跡出土大引材と高床建築復元図]
❖1-13 [富山県小矢部市下老子笹川遺跡周溝式平地住居遺構・復元図]

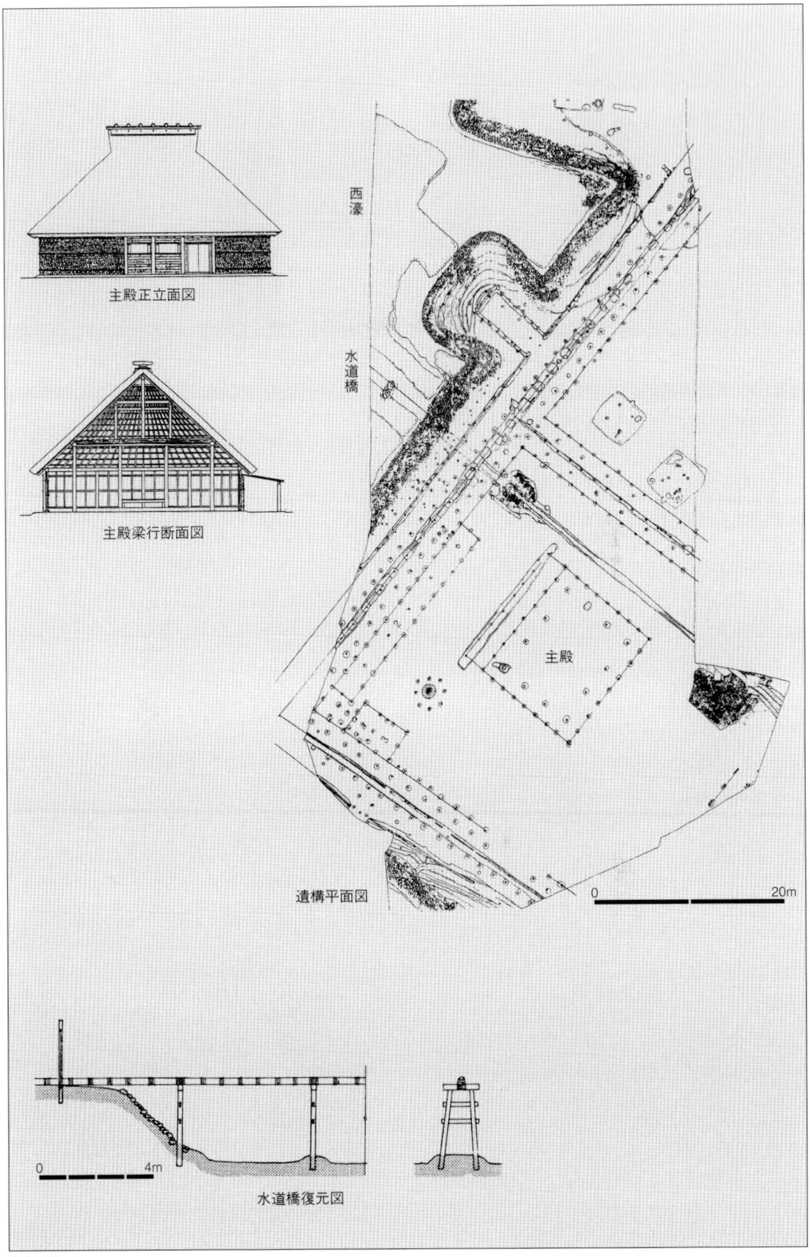

❖1-14

❖1-14 ［群馬県群馬町三ツ寺遺跡遺構図・主殿と水道橋復元図］

❖1-15

❖1-16

豪族居館と家形埴輪〈古墳時代〉

古墳時代の拠点集落は，各地に群雄割拠して大規模古墳の築造を競った地方豪族の居館であることから豪族居館と称され，弥生環濠集落と同様に豪族首長の祭政・居住の場としている。ただし，居館の形態は大きく変化し，弥生時代には環濠内にあった集落・工房は居館外に出て居館周辺に村落を形成する。群馬県三ツ寺遺跡（5世紀後半）《1-14》のように濠をめぐらす例は少なく，居館域を明確に区画する施設を設けないで，祭場や群倉域を居館外に独立させる例も現れる。

祭殿の形式は梁間1間型高床建築が古墳時代前期まで残るが，中期以後は総柱型が高床建築の主流となる。総柱型高床建築は弥生時代中期に出現し，吉野ケ里遺跡の北内郭には方3間（1間4m）の総柱型高床祭殿が二重屋根の重層建築に復元される《1-10》。

居館の屋敷構えと建築形式は古墳の墳項部等に飾る家形埴輪によって知ることができる。祭政のための主殿・付属屋は平屋建物，祭場の祭殿・倉庫は高床建築で，屋根形式は主殿を入母屋造として堅魚木や火焔形を棟上に飾り，祭殿・倉・副屋は切妻造とし，祭殿に堅魚木を飾るなど，各建物の機能に即したリアルな表現がみられる。出土例は少ないが，囲形埴輪は祭場の区画塀を示し，塀の鍵折れ部に出入口を設ける形式は神戸市松野遺跡（6世紀）《1-15》の祭場遺構と符合する。家形埴輪の細部《1-16》についても，棟木断面の半円形・三角形・円形の表現は弥生時代の出土部材例があり，五平桁（幅を高さの2倍とする長方形断面の桁で，同断面の梁と相欠きに組む）・丸桁（丸太材の桁で丸太梁と渡仕口で組む）の表現は縄文・弥生・古墳時代の出土部材例がある。これらの部材形式の違いは，高床建築の軸部構造の多様性とからめて，異なる外来建築文化を受容し，使い分けていたものと考えられるが，これらの異文化を融合させて独自の高度な建築文化を築き，次代の新しい文化を受け入れる素地が，古墳時代には熟成していたのである。

❖1-15 ［神戸市松野遺跡復元模型］ 神戸市教育委員会
❖1-16 ［奈良市杉山古墳出土家形埴輪］ 古墳時代中期〈5世紀〉 奈良市教育委員会

2

The Concise History of Japanese Architecture

古代Ⅰ[飛鳥・奈良・平安時代

寺院・神社

藤井恵介＋上野勝久
丸山 茂＋松﨑照明

飛鳥・奈良時代の寺院建築

日本で初めての本格的な寺院は飛鳥寺である。用明2年〈587〉，蘇我氏は仏教受容をめぐる物部氏との戦に際して寺院の建設を発願し，勝利後に本格的な寺院を計画した。翌年に，百済から仏舎利とともに僧・寺工・露盤博士・瓦博士・画工ら寺院造営に必須な人々が派遣されて建設が開始され，約20年後に寺院は竣工した。飛鳥寺の建築は1棟も現存せず，昭和31年からの本格的な発掘調査によって多くの事実が明らかにされた《2-1》。伽藍の中央に塔，それを取り囲んで北・東・西に3棟の金堂があって，全体を回廊が囲む。高句麗などに類例のある形式で，朝鮮半島の伽藍形式がそのまま持ち込まれたと推定される。また軒瓦の文様は百済の扶余で出土するものに酷似している。ただ，塔心礎から出土した埋葬品には古墳に埋葬される玉・鈴などが含まれ，古墳時代の伝統が残ったと考えられている。我が国初めての寺院の建設が，朝鮮半島の強い影響下にあったことは確かだが，派遣された僧侶・技術者らが必ずしも完全な主導権をとったのではないことを意味しているだろう。

しかし，大きな屋根に瓦を葺く，基壇を設けて礎石の上に太い柱を立てる，部材を丹青に彩色する，という従来の日本の建築になかった特徴をもって忽然と登場した寺院建築に対し，当時の人々は強烈な印象を受けたであろう。

7世紀の寺院建築で実在するのは法隆寺西院の金堂・五重塔・中門・回廊である《2-2・3》。天智9年〈670〉の火災で創建伽藍が全焼し，その後の再建とされてきたが，近年では皇極2年〈643〉，蘇我入鹿による斑鳩宮襲撃の際に焼失したとの説への支持も強い。いずれにしても7世紀後半の建築と考えられる。雲型の肘木・斗を使用すること，組物が天秤形式で軒を支持することなど《2-4》，8世紀前期の薬師寺東塔以後の建築と構造形式が全く異なっていて，朝鮮半島経由で日本にもたらされた東アジアの古式の技術を示している。また細部の人字型割束，卍崩しの高欄などは中国大陸の石窟のレリーフにあらわされていて，中国起源であることを知る。

法隆寺以前の建築の詳細が判るのは山田寺である。ここ20年ほど継続された

❖2-1

❖2-1 ［飛鳥寺跡の発掘区俯瞰］ 奈良 奈良国立文化財研究所許可済

❖2-2

❖2-3

❖2-4

❖2-2 ［法隆寺西院伽藍俯瞰（手前に回廊，左から中門・五重塔・金堂・大講堂）］ 飛鳥時代－奈良時代 奈良
❖2-3 ［法隆寺金堂］ 国宝 飛鳥時代 奈良
❖2-4 ［法隆寺金堂の上層組物］

❖2-5

発掘調査で回廊跡から創建当時の部材が大量に出土し，新材を補足しながら再組み上げが出来たほどである《2-5》。年代は7世紀中ごろであって，法隆寺と比較すると，技術的にはシンプルかつ合理的であり，より古式を示すと判断される。

7世紀後半に入ると，遣唐使が頻繁に派遣され，唐の建築様式が導入された。斉明天皇（在位655-662）の宮殿故地に建設された川原寺はそれが確認される初例である。初唐様式の瓦・仏像などが出土し，また建築の平面からも唐の新技術が用いられたと推定される。この技術の実際は薬師寺東塔〈730〉で見ることができる《2-6・7》。

仏教建築として我が国にもたらされた高度な木造建築の技術は，中国では本来宮殿のための技術として発達した。それが寺院建築として移植され，定着したのである。日本で大規模な宮殿が初めて建設されたのは，大化改新〈645〉後に造られた難波京（大阪）の宮殿，難波宮《3-1》である。しかし掘立柱であって伝統的な技術が用いられていた。本格的な中国風の宮殿（大極殿）が設けられたのは694年に遷都した藤原京《3-2》の宮殿（藤原宮）からである。藤原京内には官の大寺として薬師寺（本薬師寺），大官大寺が建設された。薬師寺は塔が2基計画された初例である。大官大寺も同じ形式で計画されたようだが，塔は方5間，9重という大きなもので，金堂・講堂の規模は大極殿と同じと推定される（正面153尺・約46メートル，奥行70尺・約21メートル）。大規模建築の標準設計であったかもしれない。

710年，都は平城京《3-3》へと遷った。平城京は藤原京のほぼ4倍の面積を持った。大極殿は同じ大きさで，藤原宮からの移建かどうか議論がある。藤原京の四大寺のうち飛鳥寺・薬師寺・大官大寺が移転し，それぞれ元興寺・薬師寺・大安寺となり，新たに興福寺が加わった。伽藍配置では，金堂の前庭を回廊が囲むようになり，塔がその外側に出るようになったのが大きな変化である。また回廊は藤原京では単廊（梁行1間）であったが，平城京からは複廊（梁行2間）を用いるようになった。また止住する僧侶の増加に合せて，多数の僧房が計画され，それに合せて講堂・食堂という仏堂，大衆院・倉垣院・花園院・賤院・苑院などの諸施設が大規模化した。

薬師寺では藤原京薬師寺と同じ形式の堂・塔が計画された。天智天皇（626-671）・持統天皇（645-702）発願，建設の由緒を継承しようとしたのだろう。当初中門，回廊も同形式で計画されたが，途中で規模を大きく変更した。大安寺は中国から養老2年〈718〉に帰朝した高僧道慈〈?-744〉が関わり，設計変更されたようで，金堂の完成は天平14年〈742〉である。中国的要素が多かったようで，長安の西明寺を模した，との伝承がある。興

❖2-5 ［山田寺回廊の復元］ 奈良国立文化財研究所飛鳥資料館/奈良国立文化財研究所許可済

❖2-6

❖2-7

❖2-12

❖2-6［薬師寺東塔］国宝　奈良時代・天平2年〈730〉 奈良
❖2-7［薬師寺東塔の組物］
❖2-12［薬師寺金堂］奈良時代創建，昭和時代再建　奈良

福寺は藤原氏の氏寺で，中心の中金堂《2-8》の周囲に，藤原不比等(659-720)の廟堂北円堂〈721〉《4-7》，聖武天皇(701-756)が元正太上天皇(680-748)の病気平癒を願った東金堂〈726〉，光明皇后(701-760)の母 橘 三千代(?-733)の供養のための西金堂〈734〉などが次々と建設された。

天平勝宝4年〈752〉には東大寺金堂(大仏殿)が完成した《2-9》。聖武天皇の発願にかかる毘盧舎那仏を内部に安置する。正面290尺(約87メートル)，奥行170尺(51メートル)という規模で，平城京内で最大であった平城宮第1次大極殿の4倍以上の面積をもった。建設期間は3年弱で，他寺の金堂にくらべると驚くほど短い。過去の経験が最大限に活かされ，巨大建築が建設されたのであろう。大規模ゆえの技術的課題がどのように解決されたのか判らないが，約20年後には軒先に支柱を立てたというから，結果的には十分な強度をもたなかったことになる。ただし，建築そのものは治承4年〈1180〉の平家の南都焼討ちまで立ち続けた。

西大寺は藤原仲麻呂(706-764)の乱〈764〉の戦勝祈願のために孝謙上皇(後の称徳天皇)(718-770)が発願した，大寺である。薬師金堂・弥勒金堂という2棟の金堂があり，さらに八角七重塔が計画された(四角五重で実現)。金堂の屋根には中国的な装飾が多く施されていた。鴟尾の上に鳳凰，棟の上に獅子が支えた茄子型がのり，軒先には多くの火炎型装飾が置かれていた。西大寺のもう一つの特色は，四王院・十一面堂院という子院である。それぞれ仏堂の前に礼堂を置いた双堂という形式であり，内部を一体で使用していたらしい。礼堂付きの仏堂が一般化するのは平安時代に入ってからである。

❖2-9

私達が当時の建築を実際に見ようとするならば，仏堂ならば唐招提寺金堂・講堂，東大寺法華堂，新薬師寺本堂，海龍王寺西金堂など，塔ならば薬師寺東塔，海龍王寺五重小塔，元興寺五重小塔，倉庫だと正倉院正倉などがある。

唐招提寺金堂 天平勝宝6年〈754〉に来朝した鑑真が東大寺から移って創建したのが唐招提寺であり，金堂は8世紀後半のものである。大きな屋根，どっしりとした全体の姿を堪能することができる《2-10・11》。大寺の金堂は重層(法隆寺《2-3》・薬師寺《2-12》など)か，裳階を付けて外観を重層に見せる(興福寺，大安寺，東大寺など)かのどちらかであって，それからは一段格下の意匠である。しかし，大寺の金堂は現存しないから，当建築は当時の金堂の姿を実際に見ることのできる貴重なものと言わざるをえない。

薬師寺東塔 東塔は，寺院の平城京への移転の後，天平2年〈730〉に建立された。唐様式で建設された最古の建築であ

❖2-9 ［東大寺金堂(大仏殿)の復元模型］ 東大寺，奈良

❖2-10

❖2-11

❖2-10 ［唐招提寺金堂］ 国宝 奈良時代 奈良
❖2-11 ［唐招提寺金堂の組物］

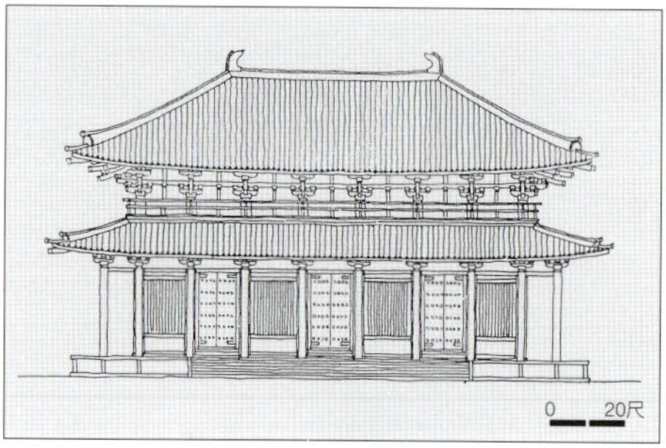

❖2-8

❖2-13

❖2-14

❖2-8 ［興福寺中金堂正面想像復元図］（大岡實著『南都六大寺の研究』より）
❖2-13 ［東大寺法華堂（三月堂）］ 国宝　正堂：奈良時代・天平12年頃〈747頃〉，礼堂：鎌倉時代　奈良
❖2-14 ［正倉院正倉］ 国宝　奈良時代中期　奈良

❖2-15

って，組物は肘木・斗・尾垂木だけで構成された三手先を用いる。3重の各層に裳階が付いていて，太い柱を隠す効果があって，全体に柔和な雰囲気をかもし出すのに成功している《2-6・7》。奈良時代の建築のなかでも特異な意匠であったようで，後には「龍宮造」という言葉で褒め讃えられた。かつて藤原京から移建の可能性も指摘されたが，現在では平城京で新造されたと考えられている。

東大寺法華堂　東大寺の前身であった羂索院（金鐘寺）の仏堂で，天平12年〈740〉頃建立された。創建時の正堂（本尊を安置）と鎌倉時代再建の礼堂の複合建築である。正堂は正面3間，奥行2間の身舎に1間の庇が巡って，全体では正面5間，奥行4間となる。内部は土間だが創建時には床張りであったらしい。奈良時代前期の数少ない仏堂遺構の一つであると同時に，大寺以外の仏堂の例として貴重である《2-13》。

正倉院正倉　光明皇后が聖武天皇の遺品を東大寺に納めた天平勝宝8年〈756〉頃の建設。東大寺の最も重要な倉の一つで勅封とされてきた。明治8年〈1875〉に内務省の管理となり，現在は宮内省正倉院事務所管理。短い柱の上に三角形断面の校木を横に積み上げて，高床の校倉とする。南北に長く，全体に寄棟の屋根がかかる。北倉と南倉が校倉であり，中倉は板を張る板倉である。奈良時代には地方の役所郡衙や寺院に正税などを納める正倉院が設けられたが，その唯一の遺構である。法隆寺綱封蔵（平安時代）が同じ形式だが，中央に倉を造らず吹放しとし，北・南倉の扉を中央に向けて明けて，そこを収納物出納の作業スペースとしている。こちらの方が本来の形式であろう《2-14》。

最後に建築の軒を出すための装置，組物について触れておきたい。前述したとおり，法隆寺での雲型組物は法隆寺西院と斑鳩地方の法起寺三重塔〈706〉，法輪寺三重塔（7世紀末建立，昭和19年焼失，同50年再建）に見られるが，7世紀中期に中国唐から新様式が入ると，こちらが主流となった。唐の様式はその後，断続的に導入されたようで，平城京の大安寺や西大寺が中国的要素の多く用いられた建築であったことも前述した通りである。

しかし，中国の敦煌壁画に含まれる唐代の建築図《2-15》を見ると，四手先の組物があるし，尾垂木の先端は鋭角にとがっている。日本国内では三手先組物が最高級であって，それより大きな手先はなかったようだし，尾垂木の先端は直角に切られている。中国に見られるこのような技術は日本に入らなかったらしい。ここに中国建築技術を移植した時の選択的な態度を見ることができる。［藤井恵介］

❖2-15 ［中国の組物　四手先］（敦煌第172窟南壁壁画より）　中国唐時代

平安時代の寺院建築

平安京遷都にはじまる平安時代という区分は，様式的観点から寺院建築を概観するうえで，必ずしも妥当な区分といえないかもしれない。端的に言えば，平安時代の寺院建築は，飛鳥・奈良時代，あるいは鎌倉時代のように，朝鮮半島や中国大陸から新様式が移入されたわけではないからである。また，飛鳥・奈良時代や鎌倉時代に比べ，相対的に現存する建築が数少ないこともある。

しかし，周知のように，遷都には大和の寺院勢力から政事（まつりごと）を分離するという一面があった。当初，平安京の国家寺院が東寺と西寺に限られたことは，8世紀までの国家と寺院の関係と最も異なるところであった。一方で8世紀以降は仏教が全国的に広く流布し，各地に定着したことがよく知られている。また，最澄（さいちょう）・空海（くうかい）による天台宗（てんだいしゅう）・真言宗（しんごんしゅう）の成立と展開，末法思想（まっぽうしそう）にともなう浄土教の著しい流行など，宗教面でも画期的な展開がみられた。さらに寺院の造営も，国家だけでなく，貴族・僧侶・地方の有力者など主体者の幅が広がり，様々な寺院建築のありかたを生み出していった。

こうした背景のもと，平安時代の寺院建築は飛鳥・奈良時代と異なる多様な寺院建築の成立が可能となったのである。

平安時代初期の様相

平安時代初期の代表には，最澄と空海が開創した寺院がある。天台宗の比叡山延暦寺（ひえいざんえんりゃくじ），真言宗の高野山金剛峰寺（こうやさんこんごうぶじ）や高雄山神護寺（たかおさんじんごじ）はいずれも山岳に造営され，平地寺院のように整然とした伽藍配置ではなかった。金堂や講堂など従来の建築に，法華堂（ほっけどう）や常行堂（じょうぎょうどう），真言堂や五大堂および灌頂堂（かんじょうどう），大塔や多宝塔など，新たな形式の建築が加えられたことが注目される。これらの寺院の特徴はそれぞれの教義や仏事にかなう建築を加えた堂塔構成にあると考えられる。なお，真言宗は早くから国家と強く結びつき，密教の修法（すほう）や灌頂が国家仏事として位置づけられた。その結果，宮中真言院や東寺灌頂院など，密教特有の建築がつくられた。これらの新たな形式の堂塔は，求心的な平面や礼堂（らいどう）の付加などに特色の一面を見いだすことができるものの，平安初期に建てられた遺構が現存しないため，その建築様式については具体的にわからない。

仏堂の建築様式と野屋根

奈良県南部にある室生寺金堂（むろうじこんどう）《2-16》は山岳寺院の小規模仏堂で，9世紀初期の建築と推定されている。平面は桁行（けたゆき）5間，梁行（はりゆき）4間が建立当初の姿で，のちに正面に孫庇（まごびさし）を延ばして礼堂とし，現在の堂姿となっている。内部は低い床（ゆか）を張り，身舎（もや）一杯に仏壇を構え，組物（くみもの）は大斗肘木（だいとひじき）と簡素である。10世紀中期に醍醐（だいご）天皇（在位897-930）の御願で創建された醍醐寺は，五重塔を除き，創建期の建築が残っていない。薬師堂（やくしどう）《2-17》は保安（ほうあん）2年〈1121〉の建築で，3間4面庇の平面，すなわち桁行5間，梁行4間の典型的な五間仏堂である。内部は土間で，身舎と周囲の庇を区画した平面に特色があ

❖2-16

❖2-17

❖2-16［室生寺金堂］国宝　平安時代前期〈9世紀初期〉　奈良
❖2-17［醍醐寺薬師堂］国宝　平安時代・保安2年〈1121〉　京都

❖2-18

❖2-19

❖2-18 ［法隆寺大講堂］ 国宝　平安時代・正暦元年〈990〉 奈良
❖2-19 ［當麻寺本堂(曼荼羅堂)］ 国宝　平安時代・永暦2年〈1161〉 奈良

❖2-20

る。組物は平三斗，中備は間斗束であるが，身舎には装飾性の強い蟇股が入れられている。

室生寺金堂と醍醐寺薬師堂のわずか2例にすぎないものの，平安時代の一般仏堂は，基本的に奈良時代の建築様式の継承であったが，組物の比例や蟇股などの装飾細部に造形の指向と変化が読み取れる。

一方，正暦元年〈990〉建立の法隆寺大講堂《2-18》は，平安時代中期を代表する建築で，数少ない建立年代の明確な仏堂である。飛鳥時代と同じ位置に，桁行8間，梁行4間の同規模で再建された。組物平三斗，中備間斗束であり，細部に特色があるわけではないが，ここに用いられた野屋根の構造は，現存する遺構の中で最も古い。

野屋根は建築構造上に画期的な変革をもたらし，これにより平面形式に拘束されない自由な屋根の架構が進展し，結果として平安中期以降の仏堂は複雑な内部空間構成を獲得していった。

その代表的遺構が當麻寺本堂《2-19》である。通称曼荼羅堂とも呼ばれ，内陣には浄土曼荼羅を安置する国宝六角厨子（平安時代前期）がある。現在の堂姿は，それまでの一回り小さかった仏堂を拡大する形でつくられており，その完成は永暦2年〈1161〉である。この平面は内陣・両脇陣の前方に下陣（礼堂）がつく形式で，鎌倉時代以降に全国へ広まった仏堂の先駆的な位置にあり，中世への展開の示唆に富む仏堂である。

密教の進展と浄土教の隆盛

10世紀後半以降にかけては，藤原氏による摂関政治や白河天皇（在位1077-1081）以後の院政，密教の進展と浄土教の隆盛など，政治や宗教において著しい

❖2-20 ［平等院鳳凰堂］ 国宝 平安時代・天喜元年〈1053〉 京都

❖2-21

❖2-22

❖2-23

動向がみられ，ここに平安時代を特徴づける寺院建築の新曲面がもたらされた。その画期は藤原道長(966-1027)によって造営された法成寺，白河天皇が造営し承暦元年〈1077〉に供養された法勝寺と目される。両寺とも伽藍に広大な苑池をもち，金堂・講堂だけでなく，阿弥陀堂，五大堂，法華堂など，平安後期の宗教観の集大成ともいうべき堂塔構成を実現した。また法勝寺には他に類のない八角九重塔も建てられた。

法成寺と法勝寺の建築は残っていないが，この時期を代表する寺院が宇治にある平等院である。天喜元年〈1053〉に藤原頼通(992-1074)によって建てられた鳳凰堂《2-20》は，貴族社会に広まった浄土教にもとづき，極楽浄土を希求したなかから生み出されたものといえる。3間4面庇の単純な平面であるが，両側に延びた吹き放しの翼廊と一体となった建築構成，身舎を高く建ち上げ庇を裳階とした構造形式，壁画・彩色・飾金具・螺鈿からなる堂内の荘厳など，まさに造形と工芸を究めた建築といえる。

京都と奈良の県境にある浄瑠璃寺は別名九体寺とも称し，緑深い山中に開かれた境内には池がある。嘉承2年〈1107〉建築の本堂《2-21・22》は桁行11間，梁行4間の規模で，9間の身舎の柱間1間毎に一体の阿弥陀仏を安置している。11世紀の浄土教の盛況により，六勝寺をはじめとする寺院では，仏像安置形式を優先した長大な桁行規模の仏堂が数多く建設されたが，そうした仏堂形態の平安時代

❖2-21 ［浄瑠璃寺(九体寺)本堂］ 国宝 平安時代・嘉承2年〈1107〉 京都
❖2-22 ［浄瑠璃寺(九体寺)本堂内部］
❖2-23 ［中尊寺金色堂内部中央壇］ 国宝 平安時代・天治元年〈1124〉 岩手

❖2-24

❖2-25

❖2-26

❖2-27

の遺構はごく僅かである。

浄土教の全国的な流布を物語る仏堂には，まず中尊寺金色堂があげられる。栄華を極めた奥州藤原氏が天治元年〈1124〉に建てたもので，地方の有力豪族の思想と財力を顕著に示す地方仏堂といえる。構造形式は方3間・宝形造，いわゆる1間4面堂であるが，鳳凰堂と同じく，彩色・飾金具・螺鈿からなる堂内の荘厳《2-23》は装飾美の極致といえる。福島県にある永暦元年〈1160〉建立の白水阿弥陀堂，大分県にある平安時代後期の富貴寺大堂はいずれも方3間，三斗組の簡素な仏堂であるが，内部には彩色も残っている。とくに白水阿弥陀堂《2-24》は前に広大な苑池があり，建築を取り巻く環境が見事である。なお，京都洛北にある往生極楽院（三千院）の阿弥陀堂《2-25》は，久安4年〈1148〉の建築で，浄土教の建築としても独特の内部空間に特色がある。

住宅系仏堂と塔の建築

さて，天台宗と真言宗は平安時代を通じて徐々に宗派を成長させ，思想や教義を拡張していった。その結果，流派の系統を相承していくための門跡寺院がつくられるようになった。門跡寺院は，東寺西院にみるように，高僧の住房をもとに成立する場合が多く，皇族や貴族等の有力者が入寺することで，寺院としての形態を格段に整備していった。代表的なものには青蓮院，聖護院，醍醐寺三宝院などがあり，住宅系の建築群で構成されて

❖2-24［願成寺阿弥陀堂（白水阿弥陀堂）］ 国宝 平安時代・永暦元年〈1160〉 福島
❖2-25［往生極楽院（三千院）阿弥陀堂］ 重文 平安時代・久安4年〈1148〉 京都
❖2-26［鶴林寺太子堂］ 国宝 平安時代・天永3年〈1112〉 兵庫
❖2-27［豊楽寺薬師堂］ 国宝 平安時代・仁平元年〈1151〉 高知

❖2-28

❖2-28 ［室生寺五重塔］ 国宝　奈良時代末－平安時代初期　奈良

❖2-29

❖2-30

❖2-29 ［醍醐寺五重塔］ 国宝 平安時代・天暦6年〈952〉 京都
❖2-30 ［一乗寺三重塔］ 国宝 平安時代・承安元年〈1171〉 兵庫

いたと考えられる。

また，院政期には，天皇・上皇・女院等が鳥羽・白河の地に数多くの寺院を造営したが，これらは仏堂と住宅とが融合した形態であった。また，有力貴族は大規模な邸宅内に仏堂を建てたり，御堂と呼ばれる仏堂を中心としたような邸宅を営むことがあった。

兵庫県南部の加古川市にある鶴林寺は本堂《4-21》，護摩堂，行者堂などが建ち並び，太子堂《2-26》が天永3年〈1112〉の建築，常行堂も平安時代後期と推定されている。太子堂は方3間の正面に1間通りの庇を付けた形式である。一方，豊楽寺は高知県のほぼ中央部，谷筋を入った山中の地方寺院である。仁平元年〈1151〉建立の薬師堂《2-27》は，基本的に方3間の内陣の周囲に庇が付いた平面で，丸柱に板壁，舟肘木，一軒疎垂木(木舞打)という形式である。いずれも板床で周囲に縁がつき，檜皮葺の屋根や勾配の緩やかな軒，簡素な組物などが相俟って実に繊細な造形である。これらは住宅建築の要素の顕著な仏堂であり，おそらく門跡寺院の建築や住宅系仏堂もこれに類したものと推察できる。

なお，鳥取県のほぼ中央部にある三仏寺奥院(投入堂)《2コラム-2》は，平安時代後期の建築と推定されている。地方にある小規模で簡素な仏堂であるが，懸造という特異な形態に最大の特色がある。大面取りの角柱，舟肘木，蔀戸などに，住宅建築の細部形式が認められる。

平安時代の塔建築では，最初に宝塔や大塔という新形式の導入があったが，現存する遺構は層塔形式のみである。9世紀前期の建築と考えられている室生寺五重塔《2-28》は，奈良時代の五重塔のほぼ3分の1の規模である以外，奈良時代からの形式と技法で造られている。天暦5年〈951〉に完成した醍醐寺五重塔《2-29》は，天皇御願寺の創建時の遺構として唯一のもので，平安時代中期の建築技術の頂点を示すといってよい。相輪部が総高全体の約3分の1を占めるという比例と，三手先組物に奈良時代にない工夫がみられる点に特色がある。

一乗寺は兵庫県山間部の加西市にあり，国宝三重塔《2-30》のほか，本堂，妙見堂，弁天堂，護法堂，五輪塔が重要文化財に指定されている。三重塔は頂部にある伏鉢の銘から承安元年〈1171〉の建築と判明し，心柱は一層目の天井裏で止まり，板床で，中央方1間に仏壇を構え，4面に縁を廻した平面は3間仏堂を思わせる。これらは平安中期までにみられなかった特色であり，鎌倉時代への展開を示すものとして貴重である。

平安時代の寺院建築の性質

以上，遺構をもとに通観したが，平安時代の寺院建築は必ずしも特定の様式名称が当てはまるものではない。しかし，仏堂の土間式から床式への変化，野屋根の成立と複雑な内部空間の発達，建築群と周辺環境が一体となった外部空間構成，仏像と絵画および装飾が融合した内部空間構成，建築全体のみならず個別部材にまで認められる特有の比例感覚，構成部材間の対比や曲線および装飾細部にみる造形感覚など，独自性を持ちながら多様な面で進展し，鎌倉時代の寺院建築への基盤を築いたといえるのである。

［上野勝久］

懸造の誕生

松﨑照明

岩や崖にもたせ懸けて造られ，床の一部が長い柱で支えられた建物の形式を懸造と呼ぶ。

この特異な形式は，日本の神仏混淆，特に山海での修験によって生み出された。修験とは，山海の霊場行場を巡って厳しい修行を行い，神仏から特別な呪術的力“験（しるし）”を得ることである。

すでに奈良時代には，山岳（山林）修行が行われ，平安初期の最澄（766-822），空海（774-835）も山に入って山岳寺院を開いたが，彼らの時代に懸造の記録はない。その最澄，空海の天台，真言密教（純密）が広まった9世紀の中頃，奈良時代以来の雑密系観音霊場に，験仏と呼ばれる霊木（神木）で造られた仏像や，その仏像の立つ岩座の霊験をうたう寺院が現れ，貴賤の信仰を集める。懸造の舞台で名高い清水寺《2コラム-1》や長谷寺，石山寺などである。

これらの寺にはそれまで，僧が修行する仏堂があっただけだが，この時期に，霊験を求めて参詣参籠する人々のために礼拝空間（礼堂）が増築される。その際，観音が据えられた信仰対象の岩座（清水寺は背後地主権現の岩）とそれを覆う仏堂は動かせず，前面に礼堂を造るため，そこに大規模な懸造の礼堂や舞台が造り出される。神祇信仰のアニミズムと山岳仏教との混淆による懸造の誕生である。

これに対して平安時代の中頃になると，都周辺にある純密系の山岳行場に，修験で獲得した特別な力を持つ験者と呼ばれる行者が現れ，都の貴族の信仰は，験仏から行者その人へと移る。そして，その信仰に応えるように，験者が苦行したと言われる険しい行場に懸造が建てられ始める。たとえば京都・上醍醐の山上に建つ聖宝（832-909）の如意輪堂（慶長11年〈1606〉再建）などである。さらに摂関・院政期，特に平安末に至ると，都での仏教の形骸化や華麗な阿弥陀堂建立などの美的享楽主義に反発して山岳に入った念仏聖や修験をもっぱらとする山伏が続々と各地の山岳行場を開き，そこに目を驚かす見事な懸造が造り出される。

修験道の祖とされる役の行者が，空中から材料を投げ入れて造ったと言われる三仏寺奥院投入堂（蔵王堂，12世紀中頃，国宝）《2コラム-2》は修験行場に建つ平安末の代表的な懸造である。堂内には修験が造り出した日本独自の尊像・蔵王権現を祀っている。島根県・鰐淵寺の滝裏にある蔵王堂《2コラム-3》も平安時代からの修験行場にある。

このような峻厳な行場に造られた懸造は，中世に入って，さらに岩窟岩座に密接密着する形で，数多く造られるようになり，盛期を迎える。

❖2コラム-1

❖2コラム-2

❖2コラム-3

❖2コラム-1 ［清水寺本堂］ 国宝 江戸時代・寛永10年〈1633〉 京都
❖2コラム-2 ［三徳山三仏寺奥院（投入堂，蔵王堂とも）］ 国宝 平安時代後期 鳥取
❖2コラム-3 ［鰐淵寺蔵王堂］ 江戸時代・弘化3年〈1846〉再建，昭和58年〈1983〉再々建 島根

飛鳥・奈良・平安時代の神社建築

はじめに

現在，神社とその建築の形成については，主として建築史で主張されている，農耕儀礼のなかから臨時の祭祀施設(神籬)・仮設の神殿・常設の神殿という発展段階を踏んで神社が成立するという説(福山敏男)と，歴史学で主張される，国家による神社建設や有力社の成立が自然発生的な神社よりも先行するとする説(岡田精司)の，2説がある。本書では，前者にその根拠となる論考のないことから，後者の立場で記述する。また，これまでの神社建築史は，神を祭るための場所や施設を神社とするとして，その定義を広くとったために，神社建築の形成や変化とその意味についての考察をかえってあいまいにした。神社の定義は歴史的な検討から定められるべきであり，神社建築史の記述も，歴史上神社と考えられたものの建物の変遷に即してまず行われる必要があろう。

『魏志倭人伝』によれば，卑弥呼は鬼道につかえて人とあうことがなく，弟がその言葉を伝えた。彼女が籠もって神の託宣を得た建物は，今日の歴史学・考古学では神社とは別の「祭殿」と呼ばれ，天武天皇(在位672-686)の時代になっても天皇自らがこうした祭殿に籠もる憑依の祭祀が行われようとしていた。在地首長の祭祀権をどのように大和朝廷が収奪したかはいくつかの説があるが，7世紀後半の天武朝になってはじめて在地首長の領域内の民衆に国家の支配が直接に及ぶようになったことを考えれば(石母田正)，当時，在地首長も同様の祭殿や祭壇などの施設によって神と交霊し民衆を宗教的に支配していたと考えられる。

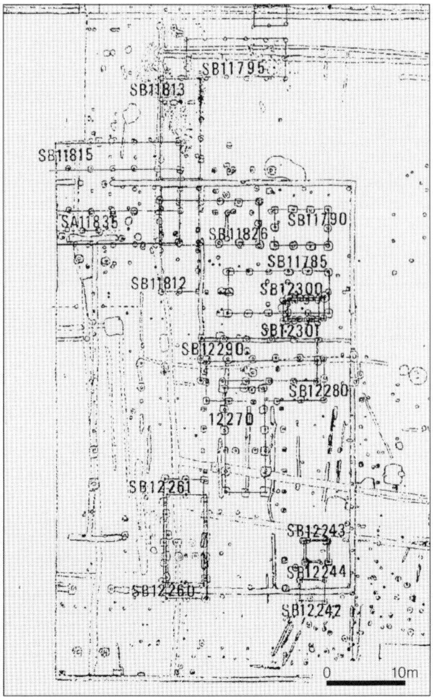

❖2-31

天皇の守護神として伊勢神宮が創祀されたのは，5世紀後半から6世紀後半まで各説あるが，まだ当時は神殿がなく，天皇の肉親である皇女が天皇の代理として斎宮に籠もって皇祖神に仕えたと考えられている。この初期の神宮も祭殿の系譜に連なるものであろう。この，神と交霊する施設はやがて天皇の独占するものとなって，即位のための大嘗宮《2-31》や平安時代には毎年の新嘗祭を行なうため

❖2-31 ［平城宮跡の大嘗宮遺構図］(建築史学会編「建築史学」20号より)

の神嘉殿に継承される。

『古事記』・『日本書紀』や『風土記』から知られる天武朝より前の神社の建設は，比較的確かな記事として鹿島神宮（常陸国風土記，大化5年〈649〉）と熊野大社（一説に出雲大社，『日本書紀』，斉明天皇5年〈659〉）が僅かにあるのみである。また伝説的な記載でも住吉三神や宗像三神の鎮座や杵築大社（出雲大社）の建設が想像できるにとどまる。天武朝以前の祭祀の状況は今後の発掘の成果を待たなくてはならないが，対外関係や版図拡大のための軍事的守護神と在地の強力な首長の祭祀対象に対する神社の建設が先行したのであろう。特に杵築大社については，その伝承がみずから建てるのではなくすべて朝廷から宮を与えられることとなっているのは注意すべきである。そして，天武天皇の創始した官社の制度によって，本殿を持つ神社が広く普及するようになったと考えられる。

神社建築のはじまり－天武朝

天武天皇は壬申の乱の後に強力な軍事政権を樹立したが，その施策の一つとして，今日，律令的神祇体制と呼ばれる宗教上の支配体制を創り出そうとした。これは，全国の祭祀施設についてその有力なものを，等級（社格）を設けて国家の帳簿に記載し，神官を任命して祈年祭に参集させ，国家から神々に幣帛を分け与えるというものである。諸国の神々を天皇の支配下に位置づけるシステムであった。全国の有力な神はそのほとんどが官社となり，これらの官社に対しては国家によって社殿が建設された。官社の頂点の伊勢神宮も社殿が改められると同時に定期造替の制度が定められた。この官社の制度によって，神と交霊する施設から神に奉仕する施設へと更新されて，神社が建物をもつという，神社建築の種子が全国にまかれたと考えられる。

ここで，官社制発足当時の社会の信仰を考えるならば，地方では在地首長の指揮下にあったであろうが，中央や先進的な地域では道教の人形を用いた祓が行われ，『日本書紀』の記載では渡来の漢神や常世神が崇拝され，祖廟が建設されてい

伊勢神宮の式年造営

伊勢神宮は現在も20年ごとに建物・神宝・調度を新しく造り改めている。この制度は持統天皇（在位687-697）のときに始められたと伝承されており，ある時期から式年造替・式年遷宮と呼ばれるようになった。この定期造替は律令官社制のもとで企図され，のちに住吉・香取・鹿島など国家に最重要な神社にも及ぼされた制度であるので，それら国家的な神社の存続を永久に保障するためのシステムであったと考えられる。伊勢では造替に際して常に隣接する敷地に現社殿が存在するので，定期造替が順調な期間は建物の形式がほぼそのまま継承されたと考えられる。内宮・外宮の正殿に限ってその床下には心御柱と呼ばれる祭祀の対象があり，これは遷宮後も旧殿地に残され，次の造替のときに更新される。室町時代の半ばからは造替も滞るようになり，ついには正殿が両宮とも消滅した。現在の建物は，16世紀の後半に再建された形式を継承するもので，当時の復元考証の成果である。

た。仏教も伝来してからかなりの期間を経ており，今後の発掘成果に待たねばならないが民間にも浸透していたと考えるべきであろう。こうして多様化した信仰状況のなかで企てられた官社制は，在来の神祇信仰を継承したというよりは，天武朝の皇祖神話の確立を機に在来信仰の一部を天皇を中心に再構築しようとする，政治的なプログラムであった。この官社化の過程で国家の与えた本殿の形式は不明としなくてはならないが，1室で庇のない形式の建物が社格に応じて大小の規模の差をつけて立てられたのであろう。後にこれらが母胎となって庇をつけた形式が流造となり，全国に最も多く分布することになったのではなかろうか。また，官社にすくい取られなかった在地の信仰は，山岳宗教や本地垂迹（神仏混淆・神仏習合）の施設として現れることとなる。

国家は以後平安時代初期まで官社制の普及維持に腐心するが，出雲国のように多くの官社を成立させた地方がある一方で，神官の怠慢によって荒廃する社殿について国家が介入を続けなければならなかった。しかし，その一方で，地方神の神社や国庁・郡衙に付属する神社が並列して周囲に出現することにより，かつては在地首長の祭祀のもとで姿を現し難かった在地の信仰が，神社という形式で現れる途を開いたことは重要である。東大寺の越中国の庄園では奈良時代の半ばには80坪前後のわずかな土地に「土神」（その土地の神であろう）が祭られていることが知られる。

神社建築の発展－平安時代

❖2-33

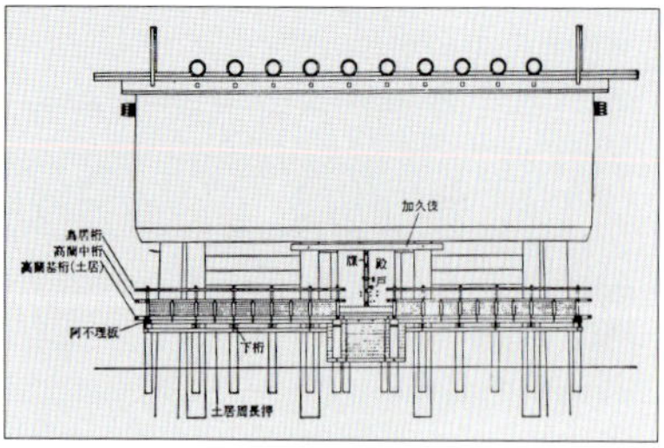

❖2-32

❖2-32 ［奈良時代末から平安時代初頭の伊勢神宮内宮正殿推定図］（『福山敏男著作集』4より）
❖2-33 ［石清水八幡宮］（『一遍聖絵』巻9　石清水八幡宮に詣でより）　国宝　円伊筆　鎌倉時代・正安元年〈1299〉
清浄光寺，神奈川/歓喜光寺，京都

官社制は奈良末の光仁(こうにん)天皇(在位770-781)から平安初期の桓武(かんむ)(在位781-806)・嵯峨(さが)天皇(在位809-823)のときに抜本的なテコ入れが行われ，管理の強化と社殿修造の具体的な手当が行われた。この時期には，伊勢神宮や賀茂(かも)社などの有力な官社が社殿の形式を改めた可能性がある《2-32》。しかし，この後は急速に官社制は名目的なものとなり，国家や貴族も個別の有力神社のみを支援するようになる。この時期までに官社の中で今日知ることのできる特色ある本殿形式を成立させた神社があるかどうかは，伊勢神宮を除いて史料上は確認できない。官社の制度はその建設と維持が国家の管理にあったことから，独自の特色ある建物の形式を生み出すことは難しかったのではないか。官社一般が建築の面からは停滞にあったと考えられる一方で，奈良時代の半ば以降，神社建築を大きく動かしたのは本地垂迹系の神社であった。これらの神社は，僧侶が建設し仏式の法会(ほうえ)で仕えたので宮寺(みやでら)と呼ばれ，神威に勝っていたために多くの帰依(きえ)を集めてそれぞれ

❖2-34

❖2-35

❖2-34 ［八坂神社（祇園社）本殿］ 重文 平安時代前期〈9世紀末〉創建，現本殿は江戸時代・承応3年〈1654〉 京都

❖2-35 ［春日大社］（『春日宮曼荼羅』部分） 根津美術館，東京

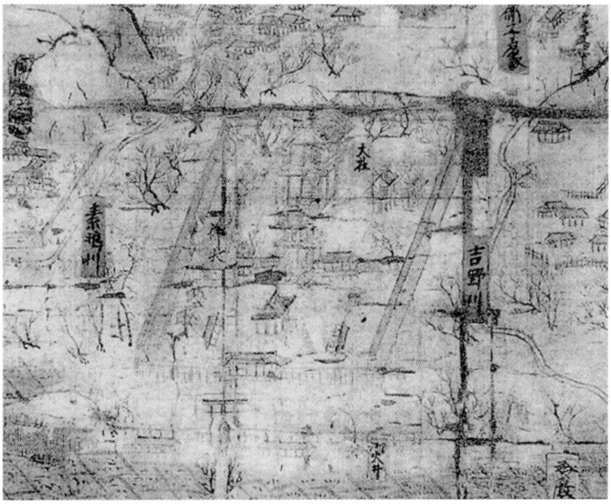

❖2-36

が特色ある建築を生み出した。

宇佐神宮は東大寺に大仏建立を援助する託宣などによって大きな力を得たが，平安前期には京都に勧請されて石清水八幡宮となり，宇佐神宮と前後して八幡造と呼ばれる本殿形式を生んだ。また，楼門と回廊で本殿を囲む社頭の構成《2-33》は，後の神社に大きく影響した。日吉大社は延暦寺の守護神として発展し，日吉造の本殿形式を生んだ。9世紀末に創立された八坂神社（祇園社）《2-34》は，横長の神殿の前に同じ長さの礼堂の立つ形式であったが，やがて平安中期までには両者が一つの大屋根に納められて現在の本殿とほぼ同様の大規模な仏堂のような外観の形式となった。北野天満宮は10世紀の創立当初は日吉造に類似する本殿であったが，前方に位置する拝殿をやがて土間で本殿と連結する複合的な社殿を平安後期には成立させていた。後に権現造・八棟造と呼ばれる形式である。また，熊野三社も平安後期にはそれぞれが特色ある社頭の景観を形成していた。また，春日大社は平安中期以降は興福寺の鎮守とされ，末期には楼門と回廊も導入されて社頭の景観が改まった《2-35》。本殿の春日造は平安末期には成立しており，定期造替後の旧殿分与によりその後畿内に広まった。また，春日造の一種とされている隅木入春日造は，熊野信仰の伝播により中世以降全国に広まったと考えられている。

神社建築史のこれから

本地垂迹系の神社が史料によってその成立と変化をある程度たどれるのに対して，従来古代の神社本殿形式の代表となっている，出雲大社の大社造，住吉大社の住吉造についてはその形式の成立が古代であることを示す史料がない。

出雲大社については鎌倉時代の絵図《2-36》がその形式を示す最古の史料であり，住吉大社は史料から平安時代後期の本殿の軒の長さと，平安時代には2室の構成であったことが僅かに知られるのみである。これまでの古代の神社建築史

❖2-36［出雲大社及近郷絵図部分］（宮地直一監修・日本電報通信社編『神社古図集』より）

❖2-37

は，成立の古いとされる神社について，現代に伝わる建築形式を単純な形式から複雑な形式へとならべてその歴史としてきた。伊勢神宮の神明造（しんめいづくり）や出雲大社の大社造・住吉大社の住吉造が奈良時代より以前に成立した後に，さまざまな本殿形式が平安時代の末までに成立した，とするのである。しかし，仏教の影響を受けない神社本殿の基本的な形式がまずさきに成立した，とするこの枠組みは，僅かな数の神社で支えているにすぎず，またその神社自体が本殿形式の成立に史料上の根拠を持たない。伊勢神宮は官社の頂点ではあるが本質は宮中祭祀の施設であるから神社一般からは除外し，出雲大社は史料がないので棚上げにすれば，神社建築の問題は平安時代以降の歴史として記述することも可能であろう。現在，出雲大社の形式を中心にその形式が近世の復古的な創作ではないかと問題になりつつあり，やがて再検討の機運は神社建築史全体に及ぶことであろう。問題設定は宮寺の建築に対して神社建築としての自覚がどのように形成されるかということになるのではないか。

現在に伝わる平安時代以前の神社建築は平安時代後期の宇治上（うじかみ）神社《2-37》と山岳宗教の遺構である三仏寺奥院（さんぶつじおくのいん）(投入堂（なげいれどう），蔵王堂（ざおうどう）とも)《2コラム-2》のみである。神社建築の様式史を記述することは，遺構の面からも史料からも難しい。

［丸山茂］

❖2-37 ［宇治上神社本殿］ 国宝　平安時代後期　京都

3

The Concise History of Japanese Architecture

古代II［飛鳥・奈良・平安時代］

宮殿・住宅

平山育男

飛鳥・奈良時代の宮殿と住宅

本章では天皇の住まいである皇居(宮)とその外郭に配された都城との関連を含め，宮殿建築とその他の住宅を中心に述べる。

『記紀』によれば，皇居を飛鳥の地に置いたのは5世紀中頃の允恭天皇(在位412−453年)以来であった。この当時は在位中，複数回に渡って宮を移る天皇もあったが，宮は不浄を避け一代限りとするのが原則であったようだ。以後，都の置かれる場所は飛鳥やその周辺の地が多く選ばれ，一時的にこの地を離れても数代後には飛鳥へ戻っている。この時代における代表的な宮の遺跡としては6世紀末から7世紀初めにかけて造られた推古天皇(592−628)の豊浦宮，小墾田宮や，7世紀後半に皇極(642−645)，孝徳天皇(645−654)の宮とされたとする飛鳥板蓋宮の伝承地が挙げられる。豊浦宮では石敷を持つ掘立柱の建物が確認され，小墾田宮では蓮華模様を持つ塼や庭園が発見されている。また，飛鳥板蓋宮の伝承地は周囲が掘立柱の太い柱で囲われ，妻に階段を持つ高床形式と考えられる建物や，別区画には60mの長さを越える長い廊下状の建物とともに，およそ10m四方の大井戸などがあり，これらの軒下には敷石が確認されている。このように当時の宮ではいずれの建物も柱は掘立で，飛鳥板蓋宮の伝承地などでは瓦が全く発見されてはいない。恐らく宮殿の建物は掘立柱に茅葺や檜皮葺もしくは宮の称号にあるような板葺で，周囲を瑞垣等によって囲った程度と考えることができそうである。なお，宮の所在を飛鳥の地に多くが選択した理由としては，大王(後の天皇)を中心とする連合政権が生み出した氏姓制度が遠因として挙げられている。つまり，有力豪族の本貫(本籍)が飛鳥周辺にあり，その均衡としてこの地が集中的に選ばれたと考えることができるのである。また，条坊制の部分を持たず，天皇の住居を中心とする宮であったことが一代ごとに都を変える造宮を可能にしたわけで，これも，当時の朝廷の持つ性格をよく示すものと言える。

また，飛鳥以外に置かれた都の代表例としては難波宮《3-1》が挙げられる。大阪城の南方から発見された建物群の遺跡は，同一の中軸線を持つ2時期に分けられ，掘立柱で瓦を用いない建物群は飛鳥板蓋宮に続く孝徳天皇の難波長柄豊碕宮，礎石建で瓦葺のものが聖武天皇(724−749)の難波宮と推定されている。

持統天皇(645−702)は朱鳥8年〈694〉、飛鳥を離れ，その西北方の地に造られた新益京と史書に呼称された藤原京《3-2》へ移り，以後，文武(683−707)，元明天皇(661〜721)が都とした。天皇の住まいとなる内裏部分の実態は明らかではないが，京師では1町の敷地に掘立柱の貴族か高官と考えられる屋敷跡が発掘されている。この都が従来と大きく異なる点は，条坊制の都市計画による京と呼称される都城の部分を備えたこと，宮殿は礎石建の軸組に瓦葺の屋根を持つ大陸の制度に則る点であった。最

❖3-1

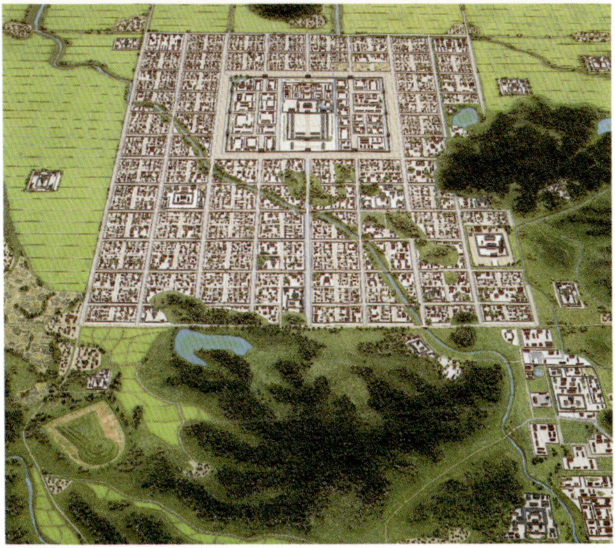

❖3-2

❖3-1 ［難波宮跡俯瞰］ 史跡 大阪
❖3-2 ［藤原京全景の復元模型(1/1,000)］ 奈良国立文化財研究所飛鳥資料館/橿原史教育委員会，奈良国立文化財研究所許可済

❖3-3

近の研究で都城は東西4.2km，南北4.8km，20.2km²の広さを持ち，宮は後の平城京，平安京とは異なって，京城の中央に置かれたと考えられるようになったが，これを中国北魏の洛北城等の影響とする説もある。このように従来とは異なる都城が造営された背景として，当時の社会情勢を抜きに考えることはできない。国外では新羅を中心とする朝鮮半島の動向，唐の成立など緊迫する大陸の情勢があり，遣隋使，遣唐使の派遣は国内に大化の改新を初めとするより強力な統一を持つ，官僚制を前提とする中央集権国家の成立を迫ったのである。つまり藤原宮では皇居，朝堂院に加えて官衙地区を持ち，さらにその外郭へ広がる都城部分は百官の宅地として班給を行ったが，これは同時に律令制度を前提とした古代都市の成立を意味したわけである。

16年後の和銅3年〈710〉，平城京へ都は移された《3-3》。その理由は詳らかではないが，藤原氏の台頭とともに律令体制の完成と都域の拡張を考え，唐長安を手本とした都の造営が行われたためと言われる。面積は藤原京の約3倍，南都七大寺をはじめとする寺院の積極的な造営があり，東西には市も置かれた。平城宮は戦後の発掘により明らかとなった部分が多い。規模はかつて藤原，平安宮などと同様に8町（1町は約120m）四方と考えられていたが，当初から東側への張り出しがあり，ここには東院とされる庭園施設《3-4》などのあったことが判明した。現在は奈良時代中期以後の姿として，全体に玉石を敷き詰めた洲浜を模した池と石組の築山とともに，池の中に大きく張り出す，八角形に近い大面取りの柱を用いた建物が復元されている。また，宮の建物は和銅造営当初，朱雀門正面の中央部分に天皇が政を行う大極殿と百官が庶政を執る朝堂院，東側には天皇の住まいとなる内裏が配され，このうち東朝集堂が唐招提寺講堂に移築を受けたと推定されている。そして恭仁，紫香楽，難波と都を転々とした後，天平17年〈745〉以後とされる第2次の平城宮では中央部分が西宮とされ，東側の内裏部分前方に大極殿と朝堂院が整備された。内裏は築地回廊以外すべて掘立柱の檜皮葺で，前半の南側は正殿両脇に2棟づつ脇殿を配した政務の場，背面の木塀で囲まれる一角が後殿として天皇の日常生活に用いられたようである。さらにこれを取り巻くように後宮的な建物を配し，東築地の回廊際では天皇専用と考えられる井戸も発掘された《3-5》。なお，恒久的な都を目指した平城京では，宮も数代に渡って用いら

❖3-3［平城宮跡全景］特別史跡　奈良/奈良国立文化財研究所許可済

❖3-4

❖3-5

❖3-4 ［平城宮東院庭園の復元］ 特別史跡 奈良/奈良国立文化財研究所許可済
❖3-5 ［平城宮内裏正殿の復元模型(1/10)］ 奈良国立文化財研究所平城宮跡資料館遺跡展示館/奈良国立文化財研究所許可済

❖3-6

❖3-7

れたが，度重なる宮の造営・改造は天皇の死没時期との関連も指摘されている。

京内で班給された土地は官位により面積が異なった。大規模な貴族住宅では給地を区画して外周には付属屋を配し，中心部では正殿を中心に建物を並列させるものと，コの字型に配する形式が多く確認される。左京三条二坊一・二・七・八坪の4町に広がる敷地は，出土した木簡から左大臣長屋王邸と判明している《3-6》。中心部は居住施設で内裏に類似した正殿を中心とした区画，東は瓦葺建物を中心に政務施設，外画は家政の施設の区画と推定される。また，南隣の左京三条二坊六坪では奈良時代後期と考えられる旧河道を用いた池が発見されている。建物や樹木とともに復元され，玉石が敷き詰められた屈曲のある流路は曲水の宴に用いられたとも想定されている《3-7》。

平安時代の宮殿

延暦3年〈784〉，桓武天皇(737−806)は長岡京への遷都を断行した。旧勢力との絶縁，行き過ぎた寺院勢力の抑制などが理由として挙げられている。宮の建物は難波宮や平城宮からの移築が推定されており，朝堂院は8堂という変則的なものではあったが，内裏の正殿に当たる建物は身舎の4面に庇が取り付く十字形の平面で，後述の平安宮に類似したものとなっていた。

ところが長岡京遷都には根強い反対があり，10年後の延暦13年〈794〉，平安京の造営が始まった。東の鴨川，南の巨椋池(現在は干拓された)，西の山陰・山陽道，北の船岡山をしてかつて聖徳太子(574−622)によって四神相応とされたこの地は，全体的に北東が高く，南西に低く，これは各戸における造園にも便宜をもたらした。京の規模は南北38町，東西32町で平城京と大差はないが，外

❖3-6［平城京左京三条二坊長家王邸の復元模型(1/100)］奈良国立文化財研究所平城宮跡資料館/奈良国立文化財研究所許可済

❖3-7［平城宮左京三条二坊宮跡庭園の復元　池園全景］特別史跡・特別名勝　奈良/奈良市教育委員会，奈良国立文化財研究所許可済

❖3-8

京は設けられていない。東西に市が設けられ，寺院は東寺・西寺を除いて平城京からの移転は禁じられた。

平安宮は早い段階で北辺が取り込まれ南北10町，東西8町の規模となったとされ，周囲に12門と上土門の形式であった上東，上西2門が置かれた。宮の南中央，朱雀門の正面奥(北側)に応天門を構え，この左右に付く回廊に囲まれた部分に朝堂院，背後に大極殿を配した。朝堂院との境となる大極殿の南側を回廊で閉ざさないのは長岡京以来の形式で，平安京ではここに龍尾壇と呼ばれる段差を設け，東西の両脇に，壇へ昇るための歩道である龍尾道を設けた。なお，現在の平安神宮は康平元年〈1058〉火災後に再建の大極殿を模し5/8に縮小して建てられており《3-8》，在りし日の大極殿の姿を忍ぶことができる。この西側に位置した豊楽院は外国使節の謁見などを受ける遊宴の場で，以上2院は丹塗に瓦葺と唐風であったのに対し，宮内の東北に営まれ天皇の住まいとなった内裏は白木造で檜皮葺であった。建物は南面する紫宸殿の東側に宜陽殿(歴代の御物を納める)，日華門を挟み春興殿(武具などを納める)が西面し，西側には校書殿(文殿)，月華門を挟み安福殿(侍医の控所)が東面して南庭をコの字型に囲み，南側に承明門を開く。現在の建物は江戸時代後期に裏松固禅(1736-1804)が30余年を費やして著した『大内裏図考証』に基づくもので，安政2年〈1855〉に建築され，平安時代後期の様式をよく伝える。中心となるのは政の場となる紫宸殿で，身舎は桁行9間，梁行3間で中央に高御座を置き4面に庇を廻す。屋根は入母屋造だが庇部分に段差を設ける錣葺で，隅部の階部分は更に低い落屋根となる《3-9》。天皇の日常用の居所として古くは紫宸殿北の仁寿殿が用いられたが宇多天皇(867-931)以後は常の御所として清涼殿が用いられた。清涼殿には寝所とされた塗籠形式の夜御殿，居間の役割を持つ昼御座を中心に，遥拝に用いられた石灰壇などがある。また，かつて后妃の居所とされた承香殿

❖3-8［平安神宮大極殿(外拝殿)と龍尾壇］平安時代後期の様式に依り明治28年〈1895〉建築　京都

❖3-9

❖3-10

❖3-9 ［京都御所紫宸殿］ 平安時代の様式に依り江戸時代・安政2年〈1855〉建築
❖3-10 ［京都御苑俯瞰］

や，北半の常寧殿，貞観殿を中心とした一画が後宮とされた。この他には祖霊を祀る中和院，修法所の真言院，各省官衙等があり，平安宮を構成した。

火災などに際して天皇が内裏以外に御所を移すことがあり，初めは天皇の後院である冷然院(後に然へ泉の文字を当てた)などを用いた。後には臣下や摂・関の外戚などの邸宅も当てて，これを里内裏と呼称し，内裏以外の天皇御所に広くこの名が用いられるようになった。ところが平安時代後期，白河院(1053-1129)の院政期以後になると，内裏の建物がありながら内裏の様式に則った御所－土御門烏丸内裏が造られ，近隣に上皇の御所も置かれ，院政が行われた。そして鎌倉時代前期以後は内裏が再建されることはなく，内裏以外の御所が天皇の御所として専ら用いられるようになったが，現在の京都御所も平安宮内のものではなく，南北朝期に造られた東洞院土御門の地に建つものである《3-10》。

平安時代の住宅

平安時代の貴族住宅を寝殿造と呼ぶが，これは中心となる正殿を寝殿と呼んだことによる。当時の建物は現在には伝わらないが，文献と発掘等によってその形態を知ることができる《3-11》。一口に寝殿造と言っても平安時代400年の間には9世紀末に遣唐使の中止もあり，国風化としての変化も見逃すことはできない。

平安時代初期では右京一条三坊九町遺構(山城高校遺跡)がある。1町四方の敷地内で，正殿を中心にその左右に置かれる殿舎はコの字型に配され，発掘された瓦の量が少ないため，屋根は檜皮葺で甍棟として復原がされている。

中期以後の摂・関時代を代表する邸宅には11世紀初頭に造られた藤原道長(966-1027)の土御門殿がある。建物は寝殿を中心に背後には北対，東西に対屋を置き，建物を渡廊などでつなぎ，これらと中門廊が南庭を囲み，その南側に池を設けた。

東三条殿は摂・関期には里内裏としても用いられ，藤原氏の氏長者が代々伝来した。11世紀中期に頼通(992-1074)が造った東三条殿は，以後120年間に渡り存続したが，この頃から摂関家藤原氏の儀式を行う邸宅としての役割を担い，平安時代の後期を代表する住宅の一つである。南北2町の敷地を占めた東三条殿は，寝殿西側に泉が涌いたことなどもあり，東対だけで西対は設けられずこの部分に透廊だけが建てられるに留まった。このため全体としては左右非対称の平面構成で，正門となる東門を中心に侍廊，車宿，随身所などが置かれた。また，寝殿と東対の間には遣水が設けられ，東対前では石組の間を流れ南池に注ぎ，西透廊先端には池へ張り出した釣殿が設けられた《3-12》。寝殿は東西に棟向け，桁行6間，梁行2間の身舎四周に庇，北側には孫庇が取り付き，身舎の東側2間四方を塗籠とする。南北に棟を置く東対は桁行5間，梁行2間で四周に庇，南側には

❖3-11

❖3-13

❖3-11 ［貴族の邸宅］（『年中行事絵巻』住吉家模本　巻3　闘鶏の場面より）　原本：平安時代〈12世紀〉，模本：江戸時代〈17世紀〉　田中家，東京

❖3-13 ［類聚雑要抄指図巻］（川本重雄・小泉和子編『類聚雑要抄図巻』より）

❖3-12

吹放ちの孫庇が取り付く。

なお，9世紀末以後，政治の骨格も固まり，政と表裏をなす儀式も確立を見たが，様々な儀式の会場となる寝殿を初めとする建物は，儀式にあわせ，様々な室礼を行うことによってその役割を果たした《3-13》。

ところで，寝殿造は大きく見ると，上のように左右対称から非対象な配置へと変化したと考えることができる。かつてその理由は貴族の経済的凋落と考えられたが，近年では貴族生活の重要な部分を占める儀式の変化との関係で考えることが有力になっている。ただし，発掘の成果によると，右京六条一坊五町では南庭が極端に狭く，正殿，後殿，脇殿などの中心殿舎を敷地の南東に寄せ，北側には雑舎を疎らに置く構成が見られる。このような住宅も含め，寝殿造の成立とともに，その具体像を考えるべきであろう。

また，絵巻物には京師における庶民住宅の初期的な形態と考えることのできる長屋の姿も描かれている。当然ではあるが，これらを含め平安京は都として成り立っていたのである。

平安時代の庭――『作庭記』に見る石立の原理

日本の庭は自然の風景をそこに準える自然風景式庭園に分類されるものであった。その代表的なものの一つが，寝殿造と当時の寺院に見られた浄土式庭園《3コラム》である。

寝殿造では寝殿とともにその前の南庭も儀式に際しては使われた。南庭に続いては南池，またこれに至るまでの滝や泉，建物の間を流れる遣水があり，池には反橋を架けて中島が置かれ，要所には前栽，石立等が配され，これらは歌の題材にもなった。このように寝殿造では建物，庭，儀式は一体のものであったと言えるだろう。一方，道長の法成寺，頼通の鳳凰堂，白川院の六勝寺等，この時代に競って造られた寺院は浄土思想の影響も強く受け，庭園は寝殿造の庭園をベースに浄土の姿を現世に写した姿として造られた。

作庭の－庭を作る－ための考え方がどのようなものであったのかは，現代に伝わる造園書等を通して知ることができる。平安時代の作庭は，橘俊綱（1028-94）の作とされている『作庭記』に「生得の山水をおもはへて」，「石のこはん（乞）にしたがいて」石を立つる，と記されている。これは石のもとあった姿を尊重し，自然の形態を第一とする考え方であると同時に，厳しくそれを読み取る作庭者の力量をも問うもので，後の時代に顕著となった名石指向とは大きな差異が見られる。この時代における作庭の根幹はこのような考えに則っていたのである。

❖3コラム

❖3-12 ［平安京東三条殿の復元模型（1/50）］ 国立歴史民俗博物館，千葉
❖3コラム ［毛越寺全景俯瞰］ 特別史跡（毛越寺跡 附鎮守社跡）・特別名勝（毛越寺庭園） 岩手

4

The Concise History of Japanese Architecture

中世Ⅰ[鎌倉・南北朝・室町時

寺院・神社

後藤 治＋松﨑照明

中国からの新様式1：大仏様

大仏殿の再建と大仏様

治承4年〈1180〉東大寺は，源平合戦のなか奈良に入った平重衡(1156-85)の焼き討ちにあい壊滅的な打撃を受ける。この時に焼失した主要伽藍の復興は，鎌倉時代初頭における一大事業のひとつであった。このなかでも大仏殿の再建《4-1》には，解決すべき様々な問題があった。建築様式との関係でいえば，以下のふたつが特に大きな課題であった。

ひとつは，木材の調達である。大仏殿は当時我が国で最大規模を誇る建築であり，その再建には長く径の太い大木を多数用意する必要があった。ところが鎌倉時代に入る頃には，京都・奈良近辺ではそれまでに大材を使った建物が多数造られたこともあって，適当な材が見当たらなくなっていたのである。

いまひとつは，平安時代以前の建築が持つ構造上の欠陥を補うことであった。平安時代以前の建築は，地震等の水平方向の力に対して，太い柱の自立性に頼る構造で，建物を水平方向に繋ぐ部材が少ない不安定なものだった。このことは，治承元年に京都・奈良地方を襲った大地震で寺社建築に多くの被害が生じたことや，藤原定家(1162-1241)が日記『明月記』に自邸の持仏堂が倒壊した原因を「長押なきによる」と記していることによくあらわれている。

これらの課題を解決するために，中国から新たに導入されたのが，それまでの建築(和様と呼ばれる)とは異なる新様式大仏様であった。

大仏様の特徴

大仏様を導入したのは，東大寺の復興事業にあたり，実質上の事業責任者である東大寺大勧進職に就任した俊乗房重源(1121-1206，コラム参照)であった。大仏様のもとになったのは中国福建省近辺の建築様式で，中国(宋)に何度か行った経験を持つ重源が，自ら実見した建築の技術・手法を我が国にもたらしたものと推定されている。

重源が造営に関与した建物で現存する東大寺南大門《4-2》や浄土寺浄土堂《4-3・4》は，大仏様の代表的事例といわれている。両者に共通する特徴のうち，和様と異なるものを中心にまとめると，次のようなものがあげられる。

① 貫・挿肘木等の柱を貫通する部材を多用して軸部を水平方向に固める
② 挿肘木を重ねて軒の荷重を支える
③ 柱を貫通した部材の先端に木鼻をつくり，その上部や下部に繰形を付ける
④ 柱を貫通して交差する部材の継手・仕口に発達した工夫がみられる
⑤ 断面形状が円形の虹梁を用い，虹梁の下端に錫杖彫りを施す
⑥ 断面形状が円形の束を虹梁上にのせて，柱を省略する
⑦ 組物の間に遊離尾垂木を用いて小屋の荷重を支える
⑧ 野小屋をつくらず，垂木の勾配をかえて屋弛みをつくる

❖4-2

❖4-1

大勧進重源

重源(1121〜1206)は，紀季重の子として生まれ，醍醐寺で密教を学び，その後大峰・熊野・高野等の聖地ですごしたり中国(宋)へ渡来する等によって修行を積んだ人物と伝えられている。こうした出自に起因する独自の宗教観に基づき，自らを南無阿弥陀仏と称し，東大寺復興に向けてともに行動する人々に阿弥陀仏の称を与え，結社的な集団を形成してその事業にあたったことが知られている。東大寺大勧進職への就任にあたっては，そうした宗教者としての能力に加えて，中国への渡来経験が3度あったことが大きな意味を持ったと推定されている。

勧進僧として重源が注目されるのは，公家や武家からの公的支援が保証された「職」という権限を得たことにある。造営事業を勧進によって行う手法は，既に古代からあったが，「職」を得たのは重源が最初であり，重源以降この手法が定着していく。重源は「職」となったことで，諸国の荘園等における経営の権限を持つことができた。その結果，大仏殿に必要な大材を，経営権限を得た周防国で発見し，奈良に首尾よく運び込むことに成功するのである。

❖4-1 ［鎌倉再建東大寺大仏殿復原図］(大岡實著『南都六大寺の研究』より)
❖4-2 ［東大寺南大門］ 国宝 鎌倉時代・正治元年〈1199〉 奈良

❖4-3

❖4-4

❖4-3 ［浄土寺浄土堂（阿弥陀堂）］ 国宝 鎌倉時代・建久3年〈1192〉 兵庫
❖4-4 ［浄土寺浄土堂（阿弥陀堂）内部］

⑨　隅の垂木を扇状に配る(中央は平行に配る)
⑩　垂木の先端に鼻隠板を打つ
⑪　扉に桟唐戸を用い，扉の軸を藁座で受ける

以上のうち，④は長い部材の節約，⑤は太い部材の節約，⑪は分厚い板を供給する大木の節約という点から，前掲第1の課題に有効だったと考えられる。この他にも，東大寺南大門では断面形状が同一の部材を多用して木取りの手間を減らし材料を節約する工夫がなされていることから，大仏殿でも同様の手法で第1の課題を克服したものと推定される。第2の課題については，①がその直接の回答であるが，③の木鼻についても隅柱上部で頭貫を十字形に直交させ組み固めることが可能になるため，有効な回答のひとつだったと考えられる。

ところで，重源が没した後に建立された建物には，上記の特徴の多くを備えたものは，東大寺鐘楼等の一部の例を除きみられない。また重源が造営した建物も，細かく比較すると一致しない部分が多い。このため大仏様は，重源がかかわった建物にほぼ限定され，規範をもったまとまりもない，様式としてはやや特異な存在といわねばならない。

一方，重源が復興した東大寺大仏殿は，その比類のない大きさから，後に大規模建築をつくる際にしばしば参考にされた。その代表例は豊臣秀吉(1536-98)が建立した方広寺大仏殿で，他に東福寺三門，東寺金堂等の現存事例がある。この点からみれば，東大寺大仏殿に用いられた様式としての大仏様の影響は決して少なくない。17世紀の木割書『匠明』には，東寺金堂と推定される建物を「大物作り」(読みは「だいぶつづくり」か)と記しており，当時の工匠達にも大仏様が他の建物の様式とは異なるものとして認識されていたことが判明する。

なお，大仏様はかつて天竺様とも呼ばれていた。けれども，様式としては天竺とは何の関係もなく，大仏殿の再建を中心にした東大寺復興事業で用いられていることから，近年は大仏様が学術用語として使われている。

❖4-5

❖4-6

❖4-5 ［浄土寺浄土堂(阿弥陀堂)の詳細部］
❖4-6 ［東大寺開山堂の双斗］ 国宝　鎌倉時代・建長2年〈1250〉 奈良

大仏様の細部と新和様

先述のように，重源没後の13世紀以降につくられた寺社建築のほとんどは，大仏様の特徴を多くは備えていなかった。むしろそれらは，従来の和様の建物に近かった。

一方13世紀以降には，南都及びその近辺を中心に，大仏様の一部の特徴が限定的に継承されていく。それは，柱に貫(主に内法貫と足固貫)を通す構法，繰形を付けた頭貫の木鼻《4-4・5》，桟唐戸《4-5》と藁座，双斗(浄土寺浄土堂と東大寺南大門には無いが，東大寺開山堂に用いられている《4-6》)等で，いわば細かな部分のデザイン(例えば，木鼻・双斗等)と，鎌倉時代までに発生していた問題に答えた実用的な部分(例えば，貫・木鼻・桟唐戸等)であった。

このような大仏様を限定的に継承した建物は，意匠の面では従来の和様を基調としていたため，新和様と呼ばれている。寛元2年〈1244〉建立の元興寺本堂や仁治元年〈1240〉建立の唐招提寺鼓楼等は南都につくられた新和様の代表的な事例である。

大仏様がそのまま継承されなかったのは，大仏様がそれまでの建築と比較してあまりにも異質であったことの他に，13世紀以降に南都及びその近辺で行われた造営事業の性格(古代建築の修理・改造・再建，複雑な組物を要さない本堂の新築等が中心)とも関係するものと考えられる。

鎌倉時代における南都の建築様式

興福寺の建築

興福寺も東大寺と同様，治承4年の平重衡の焼き討ちによって，主要伽藍が焼失するなど大きな被害を受けた。その復興も東大寺のそれと肩を並べる一大事業であった。

中世になると，荘園の領有・経営等によって独自の勢力を誇るようになった寺社は，天皇・貴族等を中心とする公家，幕府・御家人等を中心とする武家と権力を分掌して補完しあいながら存在する体制(「権門体制」と呼ばれる)を形成した。興福寺は権門体制を形成した有力寺院のひとつで，藤原氏の支援を受け南都一円を支配するなど強大な勢力を誇った。このためその復興事業は，その後南都で行われた寺社の造営事業にも大きな影響を及ぼした。

復興事業は，寺，藤原氏並びに朝廷の支援によって進められた。工事を行ったのは，興福寺の工匠と朝廷・藤原氏と関係が深い京都の工匠の両者であった。この事業形態は，平安時代末期における平安京周辺の大規模寺社と大きな違いは無かった。このため，復興された建物の意匠・形式も平安時代末期と似たものだったと考えられている。北円堂《4-7》は，この時代で年代が判明する現存唯一ので，そのことをよく示している。

ただし，北円堂においても，仕口等にはそれまでにない工夫をみることがで

❖4-7

き，東大寺の復興と同様，鎌倉時代より前の建築がもつ欠点(水平耐力の不足)を補う工夫がなされたことが知られる。

工匠と中世の寺社建築

13世紀に入ると南都及びその近辺では，東大寺・興福寺以外の各寺社でも盛んに新築・復興・修理等の造営事業が行われるようになる。

それらには，興福寺の復興事業に携わった工匠やその系譜を引く工匠(以下「興福寺系列」の工匠と呼ぶ)が関与した事例が多く，興福寺が南都一円を支配していたことの影響をみることができる。法隆寺三経院(寛喜3年〈1231〉)，霊山寺本堂(弘安6年〈1283〉)《4-8》，薬師寺東院堂(弘安8年)等はその事例で，天井を一面に張り蔀戸を多用する等，意匠・形式に共通性がみられ，同じ系列の工匠が造営したということがよくわかる。

工匠の工事参加という点では，東大寺系列の工匠も，興福寺系列の工匠と同じく造営に関与している。前記した大仏様の細部を取り入れた新和様の建物には，東大寺系列の工匠が参加したものが多い。唐招提寺鼓楼(仁治元年〈1240〉)，長弓寺本堂(弘安2年)《4-9》はその代表的事例である。

古代の主な寺院建築の造営は，木工寮・造東大寺司等の国の機関によって行われていたため，それに参加する工匠もその組織の一員に過ぎなかった。これに

❖4-7［興福寺北円堂］国宝　鎌倉時代・承元4年〈1210〉奈良

❖4-8

❖4-9

❖4-8［霊山寺本堂内部］ 国宝 鎌倉時代・弘安6年〈1283〉 奈良
❖4-9［長弓寺本堂内部］ 国宝 鎌倉時代・弘安2年〈1279〉 奈良

❖4-10

対して，中世には各寺院で様々な造営形態がとられるようになる。このため，南都及びその近辺に限らず全国において，工事に関係した工匠の出自や系譜が，寺社建築の様式を決める上で大きな比重を占めるもののひとつとなった。

勧進と中世の寺社建築

13世紀の寺社の造営事業においては，勧進又は勧進職に任じられた僧侶が事業の主導的な役割を果たし，それを公家・武家等の有力者達が支援するという事業形態が，全国に広く定着する。重源が大勧進職をつとめた東大寺復興事業はそのさきがけということになる。

勧進・勧進職となったのは律宗(りっしゅう)・禅宗(ぜんしゅう)寺院の僧侶（律僧・禅僧）や市中や山間を活動の場にしていた聖(ひじり)の場合が多かった。これは，律僧・禅僧や聖の持つ特有の性格（無縁性）が，交通の要衝や山間を活動の場として資金・資材を調達する，不特定多数から造営に必要な資金を集める等の勧進特有の活動に適していたためと考えられている。

勧進僧が主体となって造営した建物には，勧進僧が採用した工匠の好む意匠が発揮されることになったため，中世の寺社建築の様式を決定する上で，勧進僧は重要な役割を果たしていたといえる。重源が造営した建物に大仏様が採用されているのはそれを示す好例といえるだろう。また，先にみた南都及びその近辺につくられた新和様建築については，南都に律宗の拠点的寺院である西大寺(さいだいじ)が存在したこともあって，元興寺等のように律僧が勧進となり造営事業を行ったものが多い《4-10》。これらにみられた工匠の系譜の違いは，勧進僧とも密接な関係があったものと推定される。

❖4-10 ［元興寺本堂］ 国宝　鎌倉時代・寛元2年〈1244〉 奈良

中国からの新様式2：禅宗様

初期の禅宗様

12世紀末に栄西(1141-1215)が初めて我が国にもたらした禅宗は，14世紀には確固たる地位を確立する。これは，得宗政権や室町幕府が，既存の権門体制を形成した寺社にかわる新たな宗教勢力として禅宗寺院を位置付け，それを支援したからであった。得宗政権や室町幕府の支援を得て建立された大規模な禅宗寺院には，仏殿・法堂・方丈・庫裏等のように呼称・形式・技法・構法等において禅宗特有の性格を備えた建物が数多くつくられた。なかでもとくに仏殿等の伽藍の中核となる建物に用いられた建築様式は，それまでの和様とは大きく異なるものであった。その様式は禅宗様と呼ばれ，禅宗の普及とともに全国に定着した。

禅宗様は，江戸時代の木割書等では「唐様」とされており，かつてはこの呼称がそのまま用いられていた。しかし現在は，禅宗とともに定着普及した様式であることから，学術用語としては禅宗様が用いられる。

初期の禅宗寺院としては，栄西によってつくられた京都の建仁寺，鎌倉の寿福寺等がある。これらにあった建物は既に失われていてその詳細は不明だが，現存する栄西がつくった建物に東大寺鐘楼《4-11》があり，初期の禅宗様を知る手がかりとなる。東大寺鐘楼は基本的には大仏様と似るが，柱間にも組物を並べる詰組とする，組物が横への広がりをもつ等，後の禅宗様と類似する部分も多い。

五山寺院と禅宗様

我が国に普及する禅宗様のさきがけとなったのは，北条時頼(1227-63)がつくった建長寺の伽藍と建物であったと考えられている《4-12》。北条氏はその後も鎌倉において円覚寺，浄智寺等をはじめとする禅宗寺院の新造や整備を行い，「五山十刹」と呼ばれる禅宗寺院の格と系列を定めた制度を整えた。建長寺はその筆頭として位置付けられており，この結果，建長寺の建築様式が鎌倉を中心に流布していったものと考えられている。

室町幕府は，京都を中心に五山制度の再編成を行った(後に京都・鎌倉それぞれに五山を整備)。これによって，京都には南禅寺，天竜寺，相国寺等の大規模な禅宗寺院が整備・新造された。また室町幕府は，国ごとに安国寺を建設し禅宗を発展普及させる計画も実施した。こうして禅宗様は全国に普及していく。

五山制度は，中国における禅宗寺院の制度を真似たもので，建築様式としての禅宗様も，五山制度と同じく中国の建築様式にその源流を求めることができる。実際に建長寺は，中国からの来日僧である蘭渓道隆(1213-78)を開山として，南宋・元時代の中国五山寺院を模して造営したものと推定されている。

禅宗様の特徴と地方展開

現存する禅宗様の建物は，14世紀以降のものがほとんどである。これらには西と東(例えば功山寺仏殿《4-13》と円覚

❖4-11

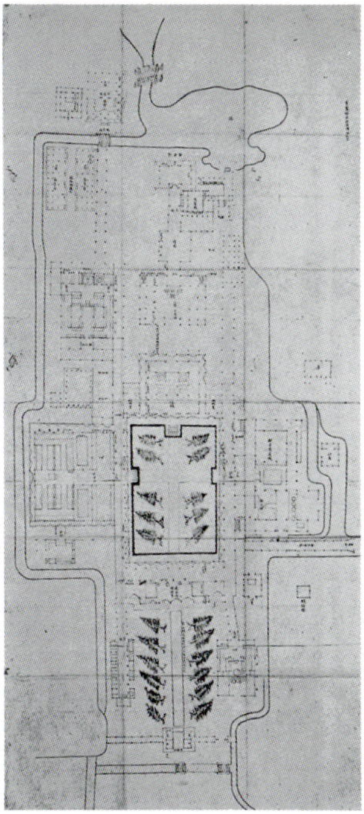

❖4-12

寺舎利殿《4-14》)でわずかな違いが認められるものの，建築様式という点では全国的に数多くの共通項があり画一性が認められる。全国にある禅宗様の仏殿の多くにみられる特徴を記すと以下のようなものがある。

① 一重裳階付の形式をもつ
② 各部を構成する部材の木柄が細く，全体的に繊細な意匠をもつ
③ 内部に組物や梁等の架構を意匠としてみせる
④ 頭貫の上に台輪を置き，その上に横に広がりをもつ組物を詰組に置く
⑤ 主体部の柱と裳階の柱を海老虹梁でつなぐ
⑥ 粽付の柱を礎盤の上に置き，床は土間(瓦・石・せん等を敷く)とする

❖4-11 ［東大寺鐘楼］ 国宝　鎌倉時代・承元年間〈1207-1211〉 奈良
❖4-12 ［建長寺指図］ 建長寺　神奈川

❖4-13

❖4-14

⑦　母屋の天井を縁のない鏡天井とし，庇は化粧屋根裏とする

⑧　軒に扇垂木を用い，屋根は強い反りをもつ

⑨　欄間に波形の連子，窓に花頭窓，扉に藁座で受けた桟唐戸を用い，壁を竪板張りとする

⑩　その他細部の特徴：尾垂木の強い反り，肘木の円弧曲線・水繰，虹梁の袖切・欠眉・錫杖彫り，木鼻・実肘木・持送等の繰形や渦文

禅宗様が全国に普及した背景には，前記した時の権力による庇護に加えて，中世において交通ルートが整備されたことや全国の各地において武家の勢力が増強し彼らが禅宗を庇護したという事情もある。中山道沿いにある安楽寺三重塔（鎌倉時代末期）や旧山陽道沿いにある功山寺仏殿（元応2年〈1320〉，後世の改造有り）はその好例である。

もちろん，交通の整備や地方の発展等によって，普及展開したのは禅宗様だけではなく，先に見た大仏様の他，様々な建築の技法・工法等も普及展開していった。このため全国各地には，和様，大仏様，禅宗様等の様々な要素を適宜加えてつくった中世の本格的な建物（折衷様と呼ばれる）が数多く残されている。

子院・塔頭と寺院の境内

古代の寺院では僧侶は伽藍中心部（例えば講堂・食堂の左右と後方等）にある僧房に居住していた。一方中世になると僧侶の居所は，伽藍中心部を離れ境内周縁域にある子院へと移っていく。禅宗寺院では，子院を塔頭と呼んだ。中世の大規模な寺院の境内では，堂塔がある伽藍を中心に，その門前等の境内周縁域に子院が並び《4-15》，さらにその周辺に寺院に関わる様々な階層の人々の住居が建つといった光景が，一般的になっていった。こうした寺院境内とその周辺の構成は，寺院を中心とする都市的な広がりとしても注目されている。

子院の中心となる建築は，禅宗以外の寺院では貴族住宅（寝殿造）と類似するものだった。これに対して塔頭では，持仏堂を兼ねた住居として伽藍中心部にある方丈の形式が用いられ，それに庫裏を並立させるという形が多かった。これは，接客並びに炊事・台所という日常生活に最も関わりが深い機能を持つ部分に限定して，伽藍中心部の建築を子院の建築に引用したものと考えられる。龍吟庵方丈

❖4-13［功山寺仏殿］国宝　鎌倉時代・元応2年〈1320〉　山口
❖4-14［円覚寺舎利殿］国宝　室町時代　神奈川

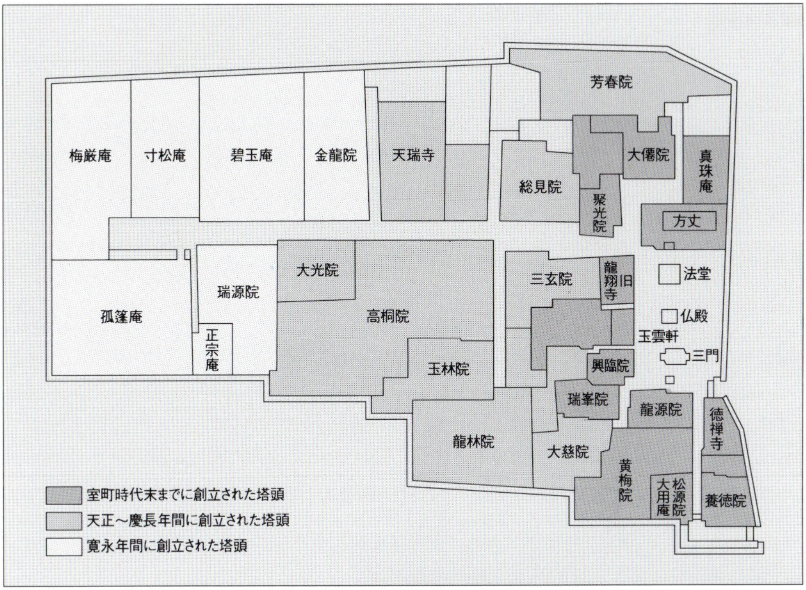

❖4-15

❖4-16

(嘉慶元年〈1387〉)《5-5・6》，大仙院本堂(永正10年〈1513〉)《4-16》は，中世に禅宗寺院の塔頭につくられた方丈の代表的事例である。

近世になると中小規模の寺院において，方丈形式の平面を持つ本堂，庫裏と呼ばれる僧侶の住居というふたつの建物を伽藍の中心とする構成が，宗派をとわず一般的な形態のひとつとなる。この源流は，禅宗寺院の塔頭に求められるものと考えられる。僧侶の住居を示す通語として庫裏という語が用いられていることはそのあらわれといえよう。

❖4-15 ［大徳寺伽藍と門前の塔頭配置図］(高橋康夫・吉田伸之編『日本都市史入門』Ⅰより)
❖4-16 ［大仙院本堂］ 国宝 室町時代・永正10年〈1513〉 京都

寺社建築のデザインをかえたもの

桔木

小屋組に桔木(はねぎ)を入れ梃子の原理を応用して屋根の荷重を支える工夫は，平安時代の末頃には既にあった可能性が高いと考えられているが，それが普及定着するのは中世のことである。この工夫は寺社建築の意匠に大きな変化をもたらした。

桔木が入ったことによって，それまで屋根荷重をおもに支えていた組物・尾垂木・垂木等の部材への負担が軽くなり，その構造上の役割が減った。

その結果まず，組物で受ける軒桁(のきげた)の先に垂木を長く伸ばすことが可能になり，深い軒の出をつくることがさらに容易になった。同時に，簡略な組物を用いながら軒の出が大きい建物をつくることも可能になった《4-17》。このため，五間堂，七間堂等といった規模が大きく桔木の尻を奥まで伸ばすことが可能な建物では，簡略な組物を用いた事例が増加した。これに対して，塔や楼門のように平面の規模が比較的に小さく桔木の尻を伸ばすことに限界がある建物では，桔木の支点となる場所を出来るだけ外側に持ち出す必要があるために，組物が簡略化されていない事例が多い。

また桔木の出現は，構造上の役割が減じた部材の木柄を細くすることを可能にした。これによって，繊細な意匠をもつ建物をつくり出すことができるようになった。さらに，構造上の役割が減じた部材を省略する事例もみられるようになった。例えば，般若寺楼門(はんにゃじろうもん)（文永年間〈1264～75頃〉）では，上層の組物が外側の通常みえる部分だけにつくられていて，内側の通常みえない部分では省略されている。

内部の柱の省略

先に触れたが，構造面における大仏様と和様との最大の違いは，柱どうしを貫通して繋ぐ貫の有無にあった。貫は禅宗様でも大仏様と同様に用いられており，両者の導入を契機に全国に広まったものと考えられている。貫は，構造上の大きな変革をもたらしただけでなく，意匠にも大きな影響を与えた。

まず，柱材の径を細くすることが可能になった。次に柱筋以外の軸組全体で屋根荷重を分担して支え，柱筋にある組物等の構成部材を小さくすることができるようになった。このことも木柄の細い意匠の建物が中世に出現する一因となった。さらに，側柱(かわばしら)を貫で繋ぐことによって軸組全体に一定の強度が確保できるようになったため，側柱以外の柱の省略が比較的に容易になり，様々な平面や空間を創出することが中世には可能になった。

柱の省略という点では，桔木によって入側柱(いりかわばしら)の省略が容易になったことも見逃せない。かつては軒荷重を側柱と入側柱で直接支える必要があった。これが桔木の導入によって，軒荷重は桔木が受け，桔木にかかる荷重はその支点を受ける側柱筋で受ければすむようになったからである。

入側柱の省略は，古代建築にみられた身舎(もや)と庇という区分にとらわれない平面

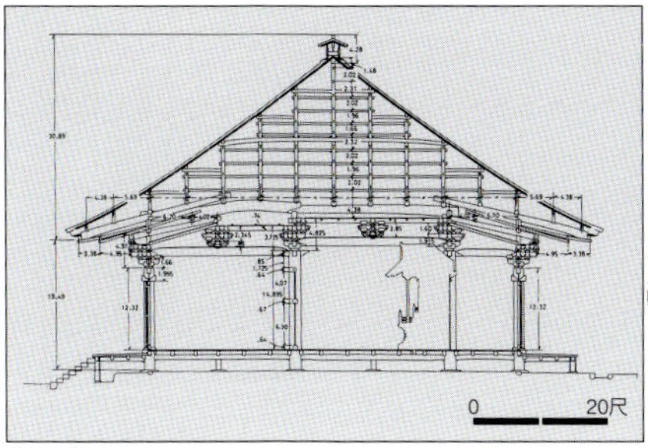

❖4-17

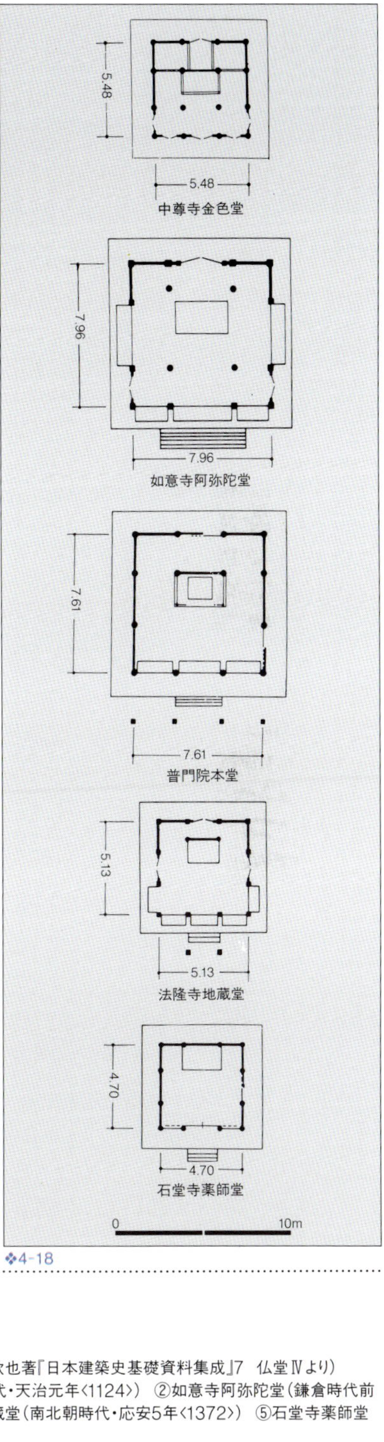

❖4-18

構成や室内意匠を可能にした。小規模な方三間仏堂の平面を時代順にみてみると，その様子がよくわかる《4-18》。

細かな寸法計画と木割

中世の寺社建築では，建物全体の比例や部材の寸法を細かく高度な寸法体系によって定める「木割」と呼ばれる設計システムが確立する。その成立には，繊細な意匠の流行や細かな部材を多用する禅宗様の流布が大きな影響を及ぼしている。

中世においてまず注目されるのは，垂木どうしの間隔(支を単位として数える)を基準にして柱間寸法を決定する「支割(＝校割)」が確立することである。支割は13世紀の中頃には広くみられるようになる。

垂木の納まりはさらに，組物との関係や隅木との関係においても整然とした形をみせるようになり，木割へと展開していく。前者については，三斗組の上に計6本の垂木を並べる「六支掛」《4-19》と呼ばれる手法が14世紀中頃には広くみられるようになる。後者については，地垂木と飛檐垂木の境界に「論治垂木」《4-20》を用いて納める手法がとられるようになる。論治垂木が定まると，軒反りと

❖4-17 ［大善寺本堂梁行断面図］(太田博太郎監修・関口欣也著『日本建築史基礎資料集成』7 仏堂Ⅳより)
❖4-18 ［三間堂の平面の変遷］ ①中尊寺金色堂(平安時代・天治元年〈1124〉) ②如意寺阿弥陀堂(鎌倉時代前期) ③普門院本堂(鎌倉時代後期) ④法隆寺地蔵堂(南北朝時代・応安5年〈1372〉) ⑤石堂寺薬師堂(桃山時代・天正3年〈1575〉)

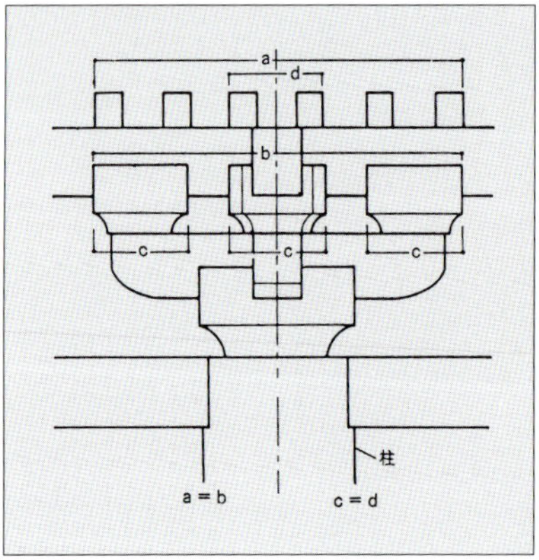

❖4-19

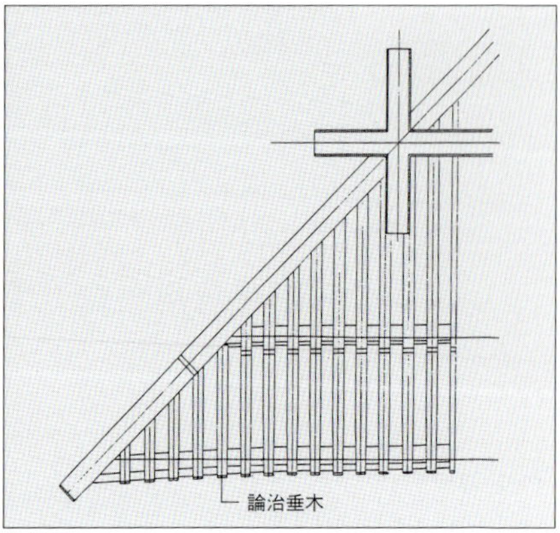

❖4-20

垂木の関係も整然と決められるようになり，それを納める「規矩」という手法も確立する。論治垂木は14世紀中期以降に，規矩は16世紀以降に広くみられるようになる。

16世紀になると大工達は，自らが整えた「木割」を書物として著すようになる。これは木割書と呼ばれる。木割書は，大工が木割を秘伝として継承し自らの権限継承の裏付けにするべく作成したものと考えられている。江戸時代に幕府の大棟梁を勤めた平内家に伝わる『匠明』や，鎌倉建長寺の大工を代々勤めた河内家に伝わる『鎌倉造営名目』等はその代表的事例である。

意匠化した部材

大仏様・禅宗様の特徴のひとつは，構造部材を意匠として積極的にみせることにあった。とくに禅宗様では，虹梁・大瓶束等のように部材そのものにも細かな細工が施され意匠上の見せ場とする扱いがなされていた。

13・14世紀の和様を基調とする寺社建築をみると，大仏様・禅宗様の頭貫木鼻・虹梁・組物等を，そのまま形をかえずに採用した事例が多く，単に表層的な意匠だけでなく空間構成にも大仏様・禅宗様が影響を与えたことがわかる。和様を基調とする中世仏堂の外陣（礼堂部）には，その様子がよくあらわれている事例が多い《4-21》。

一方，木鼻のように時代とともに構造上の役割が薄れ装飾としての意味合いが強くなったものもある。先述のように中世前期における木鼻は，構造上有効な存在であった。それが，中世の後半になると木鼻の形は次第に複雑になり，16世紀末には象の形をした木鼻（象鼻と呼ばれる）が登場する。また構法面においても，頭貫とは別の材でつくって軸部を組んだ後に取り付ける形の木鼻（掛鼻と呼ばれる）があらわれる。

この他，既に平安時代には装飾的な部材となっていた蟇股等についても，より装飾としての傾向が強まる。蟇股は，平

❖4-19 ［六支掛］（木造建築研究フォラム編『木造建築事典』より）
❖4-20 ［論治垂木］（大森健二著『社寺建築の技術』より）

❖4-21

❖4-22

❖4-23

安時代末には左右対象で輪郭を残して繰り抜いて模様をつくっていたのが，中世になると輪郭内に彫刻を入れたものがみられるようになり，中世の後半になると輪郭内の彫刻が次第に立体化していく。蟇股の他にも同様の傾向を示す部材に手挟(たばさみ)等があり，こうした部材の装飾化(彫刻化)傾向は近世へと引き継がれていく。

5　厨子の発達

厨子は古代から存在したが，仏像を入れた厨子が置かれるのは私邸の持仏堂等においてのことであり，寺院の主要堂舎では，堂内に壇を築きその上に仏像をそのまま安置する場合がほとんどであった。これが中世になると，堂内に須弥壇(しゅみだん)をつくりその上に厨子を置き，厨子内部に仏像を安置する事例が多くなる。このため厨子は，中世の仏堂内部の空間構成や意匠をより豊富にしたもののひとつとして注目される。

大別すると厨子には，いわゆる春日(かすが)厨子と呼ばれる箱形のものと，「宮殿(くうでん)」と呼ばれた屋根をもった小建築の形式をとるものとがある。中世の仏堂内につくられた厨子の多くは後者である。小建築の形式をとる厨子では，堂内に造り付けたものと単独で建つものの両者がある。前者は中世前半の事例が多く，後者は14世

❖4-21［鶴林寺本堂外陣の詳細］国宝　室町時代・応永4年〈1397〉　兵庫
❖4-22［本山寺本堂内厨子］国宝　鎌倉時代・正安2年〈1300〉　香川
❖4-23［法用寺本堂内厨子］重文　鎌倉時代・正和3年〈1314〉　福島

紀以降になると本格的な禅宗様を取り入れたものがあらわれ，それ以降禅宗様の影響を保ちながら次第に小型化し，厨子の主流となる。本山寺（もとやまでら）本堂（正安（しょうあん）2年〈1300〉）内厨子《4-22》は前者の好例で，法用寺（ほうようじ）本堂内厨子（正和（しょうわ）3年〈1314〉）《4-23》は後者のなかで本格的禅宗様を取り入れた現存最古の事例である。

なお，神社本殿においても，内部に小規模な神殿を置き神像等を祀（まつ）る事例はみられる。ただし，神社本殿の場合には小建築の形式をとっていても，内部空間が比較的に狭いこと等もあって，簡略な形式になる場合が多い。むしろ小規模な本殿では，本殿そのものが覆屋（おおいや）の中に入っていることもある。

地方の発展と寺社建築のデザイン

地域的特色の創出

中世には各地で，武家が台頭したことや商人・職人の活動が活発化したこと等によって，様々な有力者が登場し，地域において多数の寺社建築を造営するようになる。この傾向は，南北朝から室町時代にかけて時代が降るほど顕著になり，やがて各地に特色ある地域性を備えた寺社建築があらわれる。

各地の有力者達が造営したものとしては，例えば先に触れた，全国の主要交通路沿いに所在する中世仏堂や禅宗様建築等の本格的な建物がある。そのなかには地域性を備えたものもみることができる。一方，この他のもので顕著な地域性を備えたものとしては，次のようなものがあげられる。

まずその代表的なものとして，古くから勢力をほこった在地の大規模な寺社の建物をあげることができる。それらの多くは戦国大名と呼ばれる武家が再建・修理等の何らかの造営事業を行っており，その結果，独特の意匠や形態を保っている場合が多い。毛利氏による厳島（いつくしま）神社，長曽我部（ちょうそかべ）氏による土佐神社《4-24》等の造営事業はその代表的事例である。これらの意匠が，周辺の寺社建築の意匠に強い影響を及ぼしている場合も多い。

次に，中小規模の寺社建築がある。滋賀県の前室付の流造本殿（ながれづくりほんでん）《4-25》，大阪府・和歌山県の屋根を千鳥破風（ちどりはふ）・唐破風（から）で飾り細部に彫刻・彩色等の装飾を多用する神社本殿，茨城・千葉県の方3間1重の小規模な禅宗様を用いた仏堂等はその例である。

中小規模の寺社建築の地域性は，構造及び形式にかかわる部分だけでなく，細部の意匠にもみることができる。それは，組物・木鼻・虹梁等に禅宗様・大仏様の意匠をどのように取り入れているのかといったことや，木鼻や虹梁の形態の違いやその側面に施された渦文・絵様の違い等によくあらわれている。

茨城県地方を中心にみられる虹梁側面の八双形の絵様《4-26》，熊本県の人吉（ひとよし）・球磨（くま）地方にみられるくちばしのように先端を尖らせ大きく巻き込んだ渦文をもつ木鼻《4-27》等はその代表的な事例である。

❖4-24

❖4-25

❖4-27

❖4-26

❖4-24 ［土佐神社境内（本殿，幣殿及び拝殿など）］ 重文 室町時代・元亀2年〈1571〉 高知
❖4-25 ［苗村神社西本殿］ 国宝 鎌倉時代・徳治3年〈1308〉 滋賀
❖4-26 ［善光寺楼門の虹梁］ 重文 室町時代後期 茨城
❖4-27 ［山田大王神社本殿頭貫の木鼻］ 重文 室町時代・天文15年〈1546〉 熊本

❖4-28

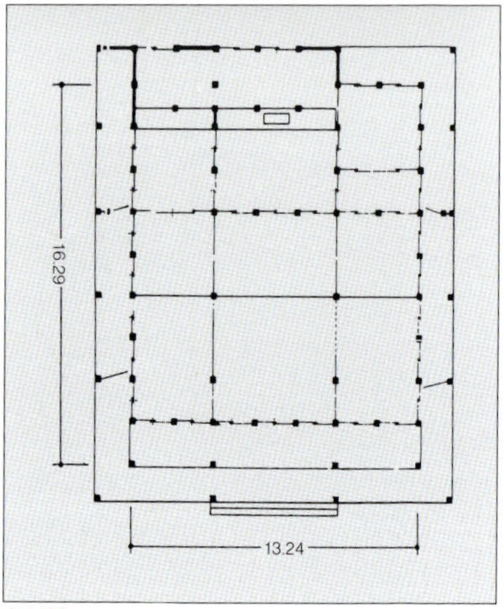

❖4-29

鎌倉新仏教の建築

鎌倉時代に，鎌倉新仏教と呼ばれる新たな仏教の宗派(浄土宗，浄土真宗，日蓮宗，時宗等)が形成されたことはよく知られている。これらの新宗派を支えたのは庶民からの信仰であったことが知られているが，各宗派の建築様式という点からみれば，その形成を支援したのはやはり，武士や富を得た庶民等の地域の有力者達であった。

鎌倉新仏教各宗派の建物は，宗派ごとに独自の形式をもっているが，それが全国に普及し目立つようになるのは近世に入ってからのことである。一方，その祖形ができあがったのは，中世にまで遡ると考えられている。浄土宗の知恩院勢至堂(享禄3年〈1530〉)，浄土真宗の照蓮寺本堂(永正元年頃〈1504頃〉)《4-28・29》，日蓮宗の本蓮寺本堂(明応元年〈1492〉)，時宗の西郷寺本堂〈14世紀後半〉はその事例である。

❖4-28 ［照蓮寺本堂］ 重文 室町時代・永正元年〈1504〉 岐阜
❖4-29 ［照蓮寺本堂平面図］(文化庁監修『国宝・重要文化財大全』Ⅱ 建造物 上巻より)

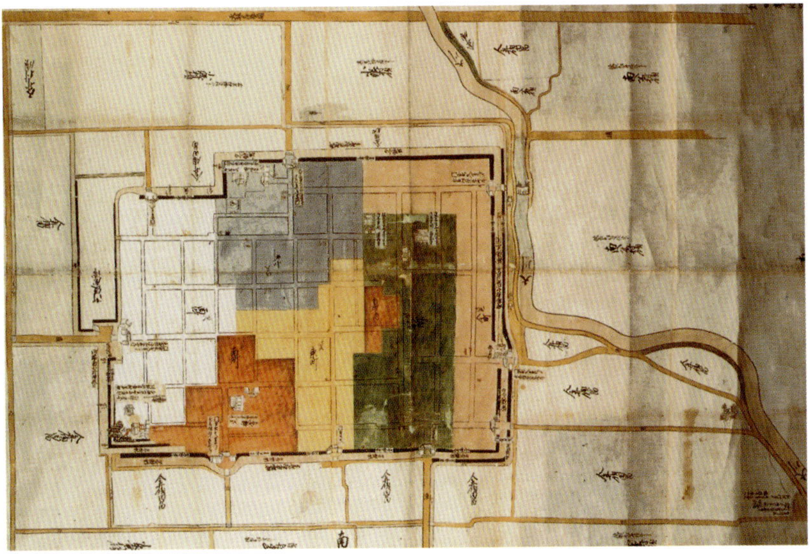

❖4-30

いずれも近世に継承される宗派独自の形式を備えているが，堂内を内陣と外陣(正堂と礼堂)に分けるなど基本的な構成については，それ以前の仏堂(中世仏堂)と共通していることがわかる。このことは，鎌倉新仏教の建築様式が中世仏堂の建築様式を継承発展させたものであることを示している。

寺院と都市－寺内町

中世には各地の小集落が発展し，そこに暮らす人々が相互の結び付きを強め共同体的な集団を形成するようになっていた。この結合は惣と呼ばれ，複数の村落が共同体的に集まったものは惣村と呼ばれた。その代表的なものに，寺社を拠点にした結合があり，こうしたところでは有力者を中心にして庶民の力による寺社造営も行われた。こうした惣のような人々の地域的な結び付きは，人々が集住する町場でも形成された。

中世末には，惣的な結合を持つ町が，都市的な広がりを持つ寺院境内と合体し，寺院を中心とする都市を形成するようになる。この中心となったのは，浄土真宗，日蓮宗等の庶民の信仰をとくに集めた宗派の寺院であった。これらのなかには，周辺に濠等の構えをつくり，構えのなかに計画的に町や道路を配置する寺内町と呼ばれる都市をつくるものもあらわれる。興正寺を中心に形成された富田林，称念寺を中心に形成された今井町《4-30》等はその代表的な事例である。

寺内町の形成期につくられた寺院建築は現存しないため詳細は不明だが，寺内町と寺院との関係は，都市と建築との関係という点で近世の先駆となるものとして注目されている。

❖4-30 ［今井町古絵図］ 橿原市教育委員会今井町並保存整備事務所，奈良

長床

松﨑照明

平安時代に入って，山岳での修験が盛んになると，全国の霊場行場を巡る行者が，修験関係の社寺に数多く集まるようになり，長床と呼ばれる長大な礼殿（修験では拝殿，礼堂と言わず礼殿と呼ぶことが多い）が造られる。長床は多くの修験者が参籠修行を行う道場として，また加持祈禱，験競べ，延年の舞などの修験儀礼を行うために長大な平面を持ち，全面吹き放ち，あるいは一番外側の柱間（側通り）だけに，板扉や壁が設けられ，内部にはほとんど間仕切りがない。床は普通，板張だが，一部が土間の場合もある。

長床という言葉は，平安時代のはじめには，一般に，仏教行事の際に設けられる長い畳敷きを意味していた。しかし，熊野修験の本拠地である熊野本宮や新宮の礼殿が平安中期ごろに長床と呼ばれ，修験道では本殿，正堂前にある修験道場の建物という意味で使われるようになる。そして中世には床堅という修験儀礼も生まれる。

また，熊野の長床は常住の僧ではなく，各地から集まる修験山伏の代表が管理しており，この山伏たちが長床衆と呼ばれるにいたって，長床は修験関係の社寺で，巡歴の山伏たちを管理する人たちの職名としても使われる。

このように熊野本宮，新宮の礼殿が長床と呼ばれ始めたことから，長床は熊野系の神社にあることが多い。だが，中世には熊野系に限らず多くの修験系の社寺に長床はあった。たとえば，高野山の葛城修験者たちの道場であった天野社礼殿も中世には長床と呼ばれ，長床衆が置かれていた。このほか，淡路島の諭鶴羽山上にあった諭鶴羽権現，広島県・厳島神社背後の弥山水精寺，島根県の大麻山五社権現など，各地の修験関係社寺に長床があった。

遺構は数少ないが，唯一の中世建物である福島県喜多方市の熊野神社長床（鎌倉前期，桁行9間・梁行4間・重文）《4コラム-1》，平安時代に本宮の長床衆が移り住んだと伝える岡山県児島の熊野神社長床（現建物は江戸時代の再建）《4コラム-2》がある。

修験の建物は，山で獲得した呪術的な力，験力を誇示するかのように力強く，また巨大であることが多い。これら2棟の建物も，児島の長床は桁行13間，梁行3間と長大な建物で，喜多方の熊野神社長床は，純和様を使って木太く，堂々とした力強い意匠である。なお喜多方の長床には，かつて側通りに板扉，壁があったことが分かっている。

❖4コラム-1

❖4コラム-2

❖4コラム-1 ［熊野神社長床］ 重文 鎌倉時代前期 福島
❖4コラム-2 ［熊野神社長床］ 江戸時代の再建 岡山

5

The Concise History of Japanese Architecture

中世II [鎌倉・南北朝・室町

住宅

藤田盟児

鎌倉時代の上層邸宅

源頼朝(1147－99)によって鎌倉幕府が開かれると，その首都となった鎌倉では，宋から輸入された禅宗をはじめとする新文化を摂取しつつ，新たな住宅様式である書院造の形成がはじまった。この時代の住宅遺構は残らないが，絵画や文献資料からその変化を追ってみよう。

京都の貴族住宅 — 寝殿造りの変質

この頃の京都の貴族住宅は，伝統を守ろうとしつつも，社会の変化に合わせて変貌を余儀なくされていた。皇族や上級貴族の邸宅では上段のある弘御所や公卿座に使う対代廊のような接客用の建物が出現し，逆に寝室を含む常御所は寝殿から独立して，これを中心とした居住空間では書院造にみられる角柱や，遣戸と呼ばれる舞良戸，明障子や襖障子(現在の襖)などの建具が多く使われて小部屋に分割されるようになった。また，寝殿にしても中級以下の貴族住宅では中門廊を短くした中門を付けることが多くなり，14世紀末期に再建された東寺(教王護国寺)の大師堂(西院御影堂)《5-1》がそのような姿を今に伝えている。

鎌倉の武士住宅 — 書院造りの発生

一方，鎌倉では，13世紀中頃から住宅の変化が目立ってきた。武家社会では武士団を形成する必要から，もともとデイと呼ばれる接客室が重視され，主屋の南面を占めていた。また，封建制度の維持のために，主君が家臣宅を訪問する御成も必要であった。嘉禎2年〈1236〉に執権の北条泰時(1183－1242)が，初めて将軍の御成用に檜皮葺の寝殿を建てると，これが契機となって，それまで掘立柱建物であった武家住宅が礎石建てに変り始め，北条時頼(1227－1263)の在職中にデイは，「座席」または「座敷」と呼ばれる客室に変化した。

同じ頃，将軍の居住する幕府御所でも，寝殿は儀式専用になり，小御所の平面を伝える明王院文書の指図《5-2》を見ると，必要に応じて大小の部屋に分割した書院造的な平面をしている。このような部屋割りを自由にすると不規則になる構造材や，高さが変化する屋根を隠すために天井が必要になり，この頃に現代まで続く竿縁天井という吊り構造の天井が生まれた。

鎌倉後期の重要な政治家である安達泰盛(1231－85)の邸宅を描く絵巻《5-3》をみると，画面右手に描かれたデイもしくは座敷は室内の周囲に沿って畳を敷く追回し敷きである。畳を相対して2列に敷いていた寝殿造にくらべて，室内空間の形と性質が変化したことを示している。鎌倉後期にはこのような形の座席または座敷が普及するとともに，大流行していた連歌や茶会などの文芸会合でも用いられ，そうした会合のために会所という部屋も出現した。また，画面左端にはひも状の引手がついた襖障子が見える。これと同じ建具が鎌倉末期建立の高野山金剛峯寺の不動堂に残されている。本来，屏風や衝立と同類であった襖

❖5-1

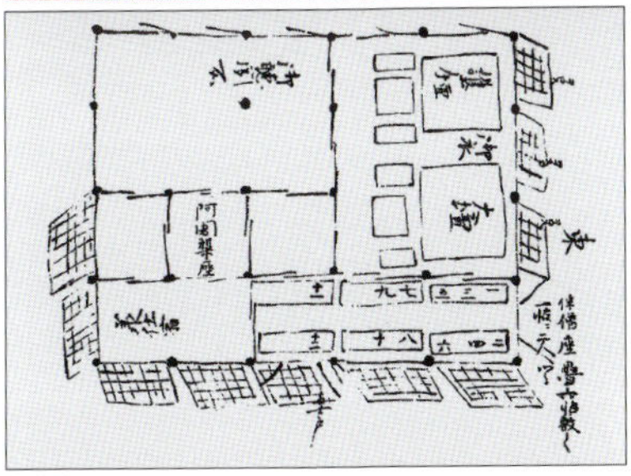

❖5-2

障子や，同構造の張付壁は，中世を通じて華麗な絵や模様が施され，部屋の間仕切りになったが，この頃から襖障子の引手は現代と同じ座金だけのものに変化した。

南北朝・室町時代の上層邸宅

南北朝の動乱を収束させた足利義満(1358－1408)のもとで，公武の両世界は統合され，北山文化が花開いた。孫の義政(1435－90)の時代には，政治や宗

❖5-3

❖5-1 ［東寺(教王護国寺)大師堂(西院御影堂)］ 国宝 室町時代・康暦2年〈1380〉 京都
❖5-2 ［鎌倉幕府小御所の指図］(鎌倉市史料編纂委員会編『鎌倉市史』史料編 第1より)
❖5-3 ［秋田城介泰盛の館］(『蒙古襲来絵詞』上巻より) 御物 鎌倉時代・永仁元年〈1293〉 宮内庁三の丸尚蔵館，東京

❖5-4

❖5-5

❖5-6

❖5-4 ［鹿苑寺舎利殿(金閣)］ 室町時代・応永5年〈1398〉創建，昭和30年〈1955〉再建　京都
❖5-5 ［龍吟庵方丈の広縁と弘庇］ 国宝　室町時代・嘉慶元年〈1387〉　京都
❖5-6 ［龍吟庵方丈室内］

教よりも生活芸術に重きをおく東山文化へと変質し，そうした中で能楽，連歌，水墨画，生花，茶湯などの現代まで継承される生活文化とともに，会所や座敷飾り（コラム参照），庭園などが発達して書院造が完成した。

南北朝から北山文化まで
(1334-1434) ― 庭園建築と座敷飾りの発達

この時代を代表する建築が，応永5年(1398)に義満が北山殿に建てた舎利殿(金閣，1955年再建)《5-4》である。このような楼閣建築は鎌倉時代の禅宗寺院に起源があり，多元的ものの並立を志向する時代精神を背景にして，上から禅宗様仏堂風，和様仏堂風，寝殿造住宅風と異なる様式を積み重ね，各部に折衷様的手法が用いられている。このほか北山殿には寝殿，小御所，持仏堂，泉殿，看雲亭があり，金閣の北には二階建の廊下でむすばれた二階建の会所（天競閣）もあって，その座敷では天皇の行幸のときに唐絵唐物の展示や猿楽が行われた。

同じ頃に東福寺の塔頭である龍吟庵に建てられた方丈《5-5・6》は，一部に寝殿造の蔀と妻戸を残すが外周の多くは舞良戸と明障子であり，室内は2列6室の間取りで畳は南中央の主室を追回しとする他は敷き詰めである。柱はすべて面取角柱で貫でつなぎ，外側では舟肘木をのせ，室内側では柱上端をつなぐ長押の上に天井小壁もしくは蟻壁と呼ぶ白壁を作り，その上に竿縁天井を吊るという書院造の意匠をもった現在最古の遺構である。

吉野の吉水神社の書院も部分的にこの頃の遺構とされているが，この時代の

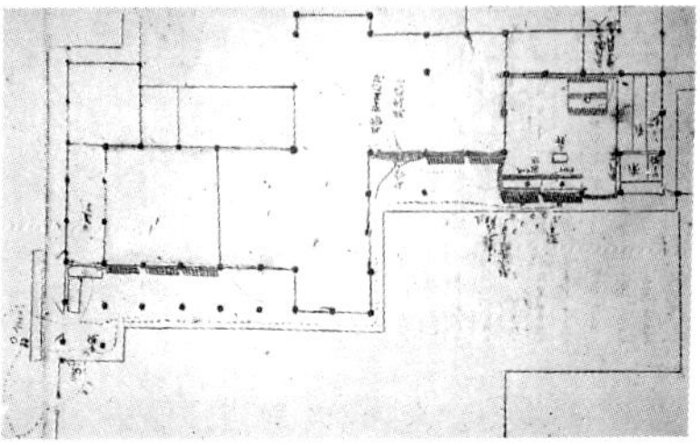
❖5-7

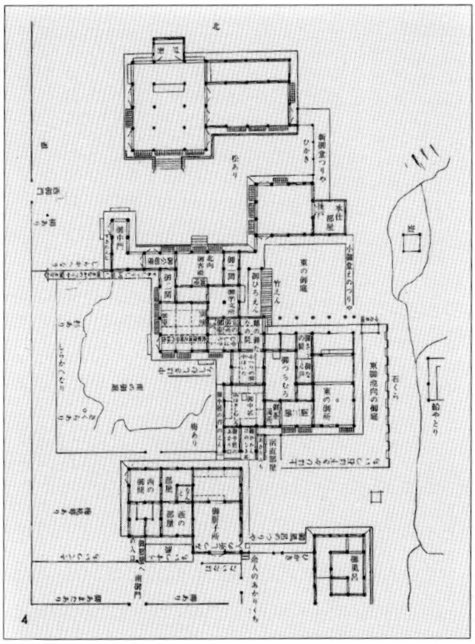
❖5-8

上層邸宅の姿がよく分かるのは，醍醐寺門跡の京都の住まいであった法身院の指図《5-7》である。右側の小御所は，突き出た中門をもち前面に広縁がある。広縁の柱は1間ごとに立てられており，柱を省略した金閣や龍吟庵方丈よりも古い形である。中門の奥には公卿座があり，その左に一辺3間の正方形である九間と呼ばれる主室があり，背面は小室に分かれている。このような平面の建物は一般に主殿と呼ばれるが，ここでは格式の高い門跡の住宅であるために小

❖5-7 ［法身院小御所と会所の指図］（東京大学史料編纂所編『大日本古文書』家わけ編　第19より）
❖5-8 ［仁和寺常瑜伽院の指図］（日本建築学会編『日本建築史図集』より）

御所と呼んでいる。図中には破線で動線が描かれ，小御所の縁側を通って西の会所へ達している。会所は作り合いの間で小御所に接続し，その主室である九間の上手には棚付の「床」と呼ばれる上段がある。このように主殿と会所の２棟で構成されるのが，当時の上層住宅の一般的姿である。

同じ頃，仁和寺に造営された常瑜伽院の指図《5-8》は座敷全体がよく分かる史料である。表側になる北から子院に必要な大小二つの仏堂，折れ中門のある北向きの客殿，東の池に面し茶湯所のある東の御所，台所，風呂が市松様に配されている。追回しと敷き詰めの両様の畳や，各種の座敷飾りは書院造の初期の状況をよく示し，とくに注目されるのは，東の池向きの庭に沿って押板と違棚だと思われる座敷飾りを北端に設置した東の御所の続き間座敷である。また，客殿背面の南庭に面した九間は，永享４年〈1432〉に義満の子義教(1393 - 1441)の花見の座敷に使われており，上層邸宅の主室は，鎌倉後期から室町時代を通じてこのような九間であることが多い。

東山文化
(1435-1500)── 建築美の質的転換

義教の子義政は，東山殿に文明７年〈1485〉に持仏堂として東求堂《5-9》を，３年後には銀閣(観音殿)《5-10》を建てた。東求堂の阿弥陀三尊を祀る仏間の裏には，書斎兼小会所である４畳半の同仁斎があり，現在最古の座敷飾り《5コラム-1》が残されている。銀閣は上層が禅宗様仏堂風で，初層は金閣とは違い南北朝

会所と座敷飾り

会所は，連歌や茶会など社交的会合の場所として鎌倉時代に生まれ，南北朝時代の婆沙羅のエネルギーを受け継いで北山期には独立建築に発展した。唐絵唐物の展示のための押板，違棚，付書院なども南北朝までに生まれ，北山期には会所などの座敷飾りとして組み合わせて使うようになった。現在最古のものは，東求堂の同仁斎の違棚と付書院である《５コラム-１》。押板は，書画軸を掛ける壁と香炉や花瓶を置く机が一体化して生まれたが，近世になると茶室の上段(つまり床)から生まれた床の間の方が普及した。書院は本来，善院の居間の名前であったが，そこにあった出窓風の机である出文机とともに住宅に入り，出文机が南北朝頃に文具を飾る場所になるとその名称も書院もしくは付書院となった。違棚は書籍や工芸品を飾るために寝殿造の棚付き家具が造り付けになったものである。これら座敷飾りの演出や，道具類の管理，鑑定を担当したのは，阿弥号を名乗る時宗の徒が多かった同朋衆であり，座敷飾りの記録である『君台観左右帳記』や『御飾記』を残した能・芸・相阿弥や，千利休の祖父の千阿弥，立花の立阿弥らが有名である。

❖5コラム-1

❖5コラム-1 ［慈照寺東求堂書院床飾り(文房具飾り)］ プロデュース及び美術品所蔵は徳川美術館

❖5-9

❖5-10

❖5-9［慈照寺東求堂］ 国宝 室町時代・文明17年〈1485〉 京都
❖5-10［慈照寺銀閣(観音殿)］ 国宝 室町時代・長享3年〈1489〉 京都

時代に生まれた腰高障子を使う書院造住宅風である。龍吟庵と同じ方丈建築でも，16世紀初頭の大徳寺の大仙院と龍源院は蔀や妻戸を使っていない。このように住宅様式の規範はこの頃までに書院造に移行し，それとともに各部の寸法体系を比例関係から決定する木割りという技術が住宅建築にも用いられるようになった。また，義政や数々の数寄者によって見いだされた「渋さ」や「侘び」という美意識と，彼と交流のあった村田珠光(1422－1502)が創始したといわれる茶室が，この後の住宅建築に多大な影響を与えるが，それは第7章で扱う。このほか今西家書院や，妙喜庵書院，法隆寺北室院太子殿なども同時代の遺構とされる。

戦国期
(1500-72) ──文化の拡散から再統一へ

東山文化は，京都においては町衆文化，各地においては領国(戦国)文化へと伝播し，その後，安土桃山文化として再統一される。その過程にあった上層邸宅はすべて失われたが，福井県一乗谷の朝倉氏の居館は，遺跡の保存状態が良く模型などで復元されている《5-11》。ここには武家屋敷や庭園の遺構も数多く残り，質素な建物や荒々しい石組の厳しく中世的な様相からみて，この時代の住宅建築は東山時代とそれほど変化していなかったと思われる。したがって，書院造の次の大きな変化は，織田信長の登場後となる。また，この時期の遺構である妙心寺の霊雲院書院には床の間，違棚，帳台構が残されており，大徳寺の瑞峯院や興臨院などの塔頭や建仁寺には方丈建築が残されている。

❖5-11

中世の庶民住居 ──民家の発達

民家とその構造

これまでに述べてきた建物は，高い技術を持つ大工によって建てられ支配者階層のものであったが，多くの庶民はより簡素な建物に住んでいた。それら全体を民家と捉えるなら，古代の民家の主流は竪穴住居であった。鎌倉時代に掘立柱の長方形平面の住居が普及したが，竪穴住居も室町時代まで残されていた。中世に一般的になった長方形平面の民家は，1間ごとに丸太柱や面をとらない角柱を地面に埋めるが，外周だけに柱を立てるものと，その中まで柱を立てる総柱型がある。屋根構造も，同じ高さの柱の上に梁をかけ，その上に桁を乗せて軸組を自立させ，それらの上に束や叉首を乗せて屋根を支える小屋組をつくるものと，

❖5-11 ［福井県一乗谷にあった朝倉氏居館の復元模型］ 国立歴史民俗博物館，千葉

❖5-12

柱を棟木や母屋桁まで延長して軸組と小屋組を一体化するものがあったと思われる。屋根は垂木の上に長板や茅を葺き，壁は板や網代を貼るか土壁を塗り，床は一部または全部が土間で，板床のある上層民家では縁のない畳や薄縁，筵を敷くこともあった。また，廻り縁はなく，板戸や布，筵などを建具としていた。

中世民家の最大の変化は，竪穴住居の屋根を支えていた柱とその外を囲む側壁が発達し，屋根を支える上屋と，その軒先をやや細い柱でつくった壁で囲む下屋の二つの空間からなる建築構造が生まれたことである。現在最古の民家である兵庫の箱木家《5-12, 7-21》や同県の古井家は，そのような構造をよく示している。このほか現存する中世民家に奈良の堀家もあるが，これらは各村の地頭に相当する地位にあり，まだ少数であった礎石建であることなどから近世民家の原形として第7章で扱う。近世民間に比べると，こうした最上層の民家でも相当に小さいが，一般の百姓や使用人らの住居はさらに小さく，名主層でも10～20坪，被官百姓の家では4～7坪の床面積しかなかった。

町家と数寄屋建築の発生

中世は，一面で都市化の時代でもあった。京都などでは平安時代から町家が存在したが《5-13》，鎌倉後期からの商工業と流通の飛躍的発展は，各地に町場と呼ばれる小都市を生みだし，町家，土蔵，方形竪穴建物などが建てられた。中世の町家はやはり近世に比べると規模が小さく，最上層でも間口3間，面積10

❖5-12［箱木家住宅主屋の内部］重文　室町時代後期　兵庫

❖5-13

坪前後であった《5-14》。また，奈良では敷地間口の5~7割程度しか建物が建てられておらず，やや疎らな町並みの背後に土蔵や小屋あるいは畑などが広がっていたようである。しかし16世紀には，京都，奈良，堺，博多などで町衆文化が興隆し，密集化と高層化が起こる。また，そうした小さな町家から侘数寄の草庵茶室が生まれ，千利休(1522－91)によって数寄屋建築という新しい美が創造される。

寝殿造から書院造への様式変化

本章では書院造が各時期にどのように形成されてきたかを述べてきた。しかし書院造の様式定義は，まだ諸説があって定説化しておらず，未整理な状態にある。そこで本章では書院造をどのように捉えているかを最後に述べておく。

❖5-13 ［平安時代の町家］(『年中行事絵巻』住吉家模本 巻12 祇園会馬長より) 原本：平安時代〈12世紀〉，模本：江戸時代〈17世紀〉 田中家，東京

❖5-14 ［中世の町家］(『一遍聖絵』巻5 一遍上人と北条時宗の出会いの場面より) 国宝 円伊筆 鎌倉時代・正安元年〈1299〉 清浄光寺，神奈川/歓喜光寺，京都

❖5-14

書院造とはいかなる様式か

様々な説に共通する書院造の様式的特色をあげると次のようになる。①建物の内部は部屋に区切られる。②部屋には畳を敷き，舞良戸，明障子，襖障子，板戸などの引違いの建具とわずかな壁で囲み，天井を吊る。③角柱を貫，梁，桁などでつなぎ，大引，敷居，鴨居，長押などの水平材を加えて軸組を作る。④接客用の部屋に押板，違棚，付書院，床の間などの座敷飾りを使う。⑤敷地や建物が客用と家族の生活用に分かれている。

ところが中世の住宅では，着座する人の向きと部屋の向きと部屋の接続方向が近世住宅のように固定化しておらず，部屋を１列だけつくる建物がみえないことや，座敷飾りの位置や形式が固定化されていないことなどから，これを書院造とは別の様式とする考え方もある。

しかし建築は，構造，意匠，空間(平面)構成の三つの要素から成り立ち，最も広い範囲を指す様式名は三者が共に変化した場合にのみ与えられるべきだと思われる。したがって，一部に前時代の痕跡や未熟な箇所があることだけで別の様式とするのは適当ではない。

一方，中世と近世の接客空間は，封建社会への適応，もしくは御成や対面のような封建的王権の強化の手段として必要であったという共通の成立事情をもち，その結果，鎌倉時代にすでに「座敷」空間が生まれ，室町時代になると座敷飾りや対面所である会所が発達し，近世になって定型化した座敷飾りを設置した続き間の座敷が普及するのであるから，両者の関係は成熟と普及であって変質ではない。

建築様式に即してみていっても，上述の①〜⑤は，構造，意匠，空間構成の三要素すべてに寝殿造と対比をなすように定義したものであるから，これが中世のある時点から近世もしくは近代までの一群の住宅に共通するなら，それに寝殿造に対する書院造という様式名を与え，その発達過程で生じた平面や意匠の部分的な変化には，その下で細分化した様式名か「〜期」という概念を与えればよいと思われる。

書院造の誕生過程

最後に①から⑤の形成過程を整理して書院造がどのようにして生まれたかを述べておこう。②の建具や畳は，早いものは10世紀から私的な住居部に出現していたことが史料や絵巻物に示されている。その結果生じる①の部屋化は，鎌倉時代になると天井の普及とともに建物全体に広がり，寝殿造の構造に基づく間面記法は南北朝時代を境に使われなくなる。鎌倉後期には貫の使用によって③の軸部の形式が調えられ，⑤の接客空間と生活空間の分離も鎌倉の上層武士住宅を中心に進む。南北朝時代を過ぎて北山期に入ると④の座敷飾りが調えられて，皇族や将軍などの特殊な寝殿を除いて書院造化は完成したと思われる。この頃の法身院の小御所と近世初頭の『匠明』に掲載された「主殿之図」《7-1》がよく似ているように，少なくとも主殿は中世後期を通じて典型的な形式をもっていたと思われるので，ここに書院造の一時期としての初期書院造という細分化された様式期が設定できる。

では，その初期書院造が設定した場所はどこであったのかといえば，④以外の条件を満たす「座敷」が誕生した13世紀中期の鎌倉であったと考えられる。もともとヴァナキュラーな掘立柱建物であった武家住宅のデイが，そのとき普遍性をもった書院造という建築様式の座敷に変質したのである。そして，それは多様な文化が交流する鎌倉という都市的な場が引き起こした現象であったと推察される。

禅の庭

鎌倉時代に宋から輸入された禅宗は，中世のあらゆる文化を変質させたが，庭園文化もその一つであった。禅の目指した悟りの境地は多分に感覚的であり，それをあらわす様々な文物を重視した。唐絵唐物の珍重もその一つであり，「境致」をあらわす環境造形である庭園とその中の建築も，中世住宅に吸収されていった。南北朝頃の重要な造園家である夢窓疎石(1275－1351)が造った鎌倉の瑞泉寺庭園《5コラム-2》は，園池と山上の亭を回遊する立体的な構成を，谷奥の岩盤を削りだして造り，成立期禅庭の厳しく中国的な性質をよく伝えている。彼がその後造った西芳寺庭園は，室町殿をはじめとする上層邸宅に強く影響し，禅的色彩が濃い書院造の庭園文化が生まれた。東山期には河原者の善阿弥(1386－1482)らの職業的造園家も現れ，16世紀には龍安寺の石庭のように禅の庭と大和庭を高度に融合した庭園も生まれた。境致を造形するという禅の庭の理念は，その後，茶室の露地の影響を受けつつ，桂離宮のような近世の回遊式庭園へと変質してゆくが，日本の庭園文化の基調として現代まで継承されている。

❖5コラム-2

❖5コラム-2 ［瑞泉寺の庭園］ 名勝　夢窓疎石作　鎌倉時代・嘉暦3年〈1328〉 神奈川

6

The Concise History of Japanese Architecture

近世I［桃山・江戸時代］

城郭・寺院・神社

光井 渉

城郭建築

天守閣の出現

戦国時代には，いかにして戦いから防衛するかが，建築にとって最重要の課題となった。

複数の建築からなる施設全体を，濠や土塁などで囲い込む「総構」の発想は以前からみられたが，15世紀には朝倉氏の一乗谷城のような大規模な山城が築かれるに至った。また，近畿南部では平地にも総構をもつ施設が築かれ，そこでは土塁は石垣へと変貌し，濠に沿って防火用に漆喰で塗り込められた塀や櫓が築かれるようになった。さらに，15世紀末の山科本願寺では，宗教建築群や住宅などが2重3重の濠・土塁で囲われ，のちの城下町の起源となった。

こうした現象は，織田信長の安土城(天正9年〈1581〉)や豊臣秀吉の大坂城(天正11年〈1583〉)で統合され，高層建築である天守閣を中心として幾重にも濠や石垣を巡らし，その外側に町を置く城郭と城下町の形式が完成した。

このように城郭建築の各部は戦闘・防衛という理由付けを背景にして誕生した。しかし，城郭建築が独自性を獲得し，天守閣が出現したのは戦国時代の末期で，現在残されている遺構は，いずれも戦国時代が終了した後に建設されたものである。

天守閣の意匠 ― 望楼型と層塔型

この天守閣の建築には，望楼型と層塔型と呼ばれる二つの代表的な様式がある。

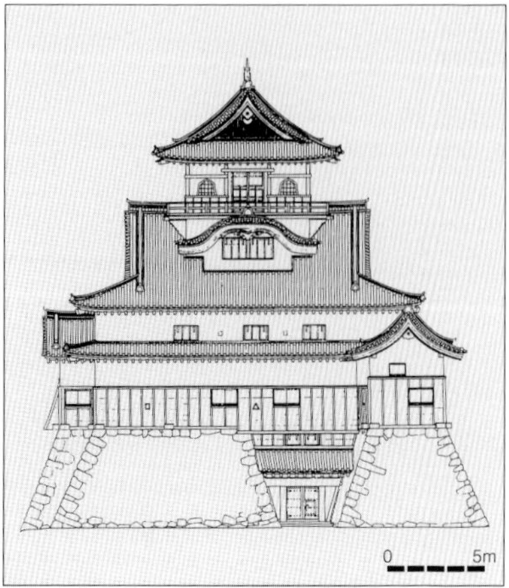

❖6-1

望楼型の代表的な遺構である犬山城天守閣(慶長6年〈1601〉)《6-1》は，緩く直線的な勾配となる石垣の上に建ち，入母屋造の1重目が白漆喰で塗り込められた比較的大型な建築であるのに，小振りな2重目は柱を見せる真壁で，周囲に縁と高欄が廻り，縁の下の千鳥破風も取って付けたような扱いである。

このように犬山城天守閣は1重目の存在感が強く，上方にいくにつれて大きくすぼまる輪郭線をもつ(逓減率が大きい)。同様の特徴は最古の天守閣と考えられている丸岡城天守閣でも見られ，御殿の上に物見台を据えた周囲を「見る」ための建築と考えられるので，望楼型と呼ばれている。

一方は，姫路城天守閣(慶長14年〈1609〉)《6-2・3》は，大天守以外に三つの小天守

❖6-1 ［犬山城天守閣立面図］（文化庁建造物課提供資料より）

❖6-3

❖6-2

を持つ独特な形式であるが，大天守自体を犬山城天守閣と比較すると以下のような相違点に気付く。まず背が高い石垣の勾配は下方で緩く上方では急で，5重の屋根は最上層を除くと薄く扁平で，大型の千鳥破風は一つの層に複数設けられ，形も三角形と唐破風（からはふ）とが混在している。外壁はすべて白漆喰で，最上層には縁や高欄はなく，逓減率も犬山城天守閣より小さい。

さらに，高松城北之丸月見櫓（つきみやぐら）（延宝4年〈1676〉）《6-4》や弘前城天守閣（文化7年

❖6-4

❖6-2［姫路城天守閣］ 国宝 慶長14年〈1609〉 兵庫
❖6-3［姫路城天守閣軒廻り］ 国宝 慶長14年〈1609〉 兵庫
❖6-4［高松城北之丸月見櫓］ 重文 延宝4年〈1676〉 香川

❖6-5

〈1810〉)《6-5》では，御殿風の下層部分は全く姿を消し，薄い屋根を廻した各層が積み重なり，所々にアクセントとして千鳥破風が付加する様式となる。このように物見台としての機能を失った，逓減率の小さい形式は層塔型と呼ばれている。

層塔型の内部空間には住宅建築の面影はなく，物見台の消失と相まって，外部から「見られる」ことが建築の存在理由となっている。これは，城郭が戦闘・防衛のためだけの建築でなく，権力の象徴となったことを示している。

従来，天守閣は望楼型から層塔型へと時代が進むにつれて変化したと考えられてきた。しかし，犬山城天守閣が現在の姿になったのは実は17世紀中期で，一方，層塔型の要素を強く持つ松本城天守閣は16世紀末に建設されている。したがって，時代によって変化したのではなく，16世紀末から17世紀初頭にかけての短期間に様々な形式がいっせいに開花したと考えざるをえなくなっている。そして，この城郭建築の華やかな時代は，元和元年〈1615〉の一国一城令で突然終了し，以後，新規の城郭建設は行われなくなるのである。

城郭は有史以来日本人が建設した最大級の木造建築であり，一時期に大量に建設された。この状況を支えた有能な技術者は，城郭建設が不可能となった17世紀中期以降，各種土木事業や寺社建築へと方向転換していったのである。

寺社建築Ⅰ〈16–17世紀〉

寺社の破壊と復興

戦国動乱の最中，中世的な世界は破壊され，それまで建築文化を担ってきた貴族と寺社は経済的な背景を失い衰退した。こうした中世の破壊は，永禄10年〈1567〉の東大寺大仏殿放火や元亀2年〈1571〉の比叡山延暦寺焼討ちでピークを迎える。

一方，戦国大名は寺社に対して政治的・経済的な弾圧と破壊を加えながらも，自身の体制に従ったものに対しては復興を図っている。これが近世寺社建築の出発点である。こうした事例には，毛(もう)

❖6-5 ［弘前城天守閣］ 重文 文化7年〈1810〉 青森

❖6-6

利氏の厳島神社復興(永禄2年〈1559〉)，長宗我部氏の土佐神社復興(元亀2年〈1571〉)，武田氏の甲府善光寺創建(天正16年〈1588〉)などがあげられ，織田信長も熱田神宮や伊勢神宮の遷宮を支援し，豊臣秀吉も醍醐寺や東寺(教王護国寺)・比叡山の伽藍を復興し，焼失した東大寺大仏殿に替わり，京都に方広寺大仏殿を建設した。

これら大名たちによる寺社建設事業の特徴は，工事の迅速さと復古性にある。迅速さは大名の持つ力の大きさや城郭で培われた建設システムに由来するもので，大がかりな工事も短期間で竣工するようになる。復古性は建築群の配置計画から個別建築の名称・様式・技法にまで及んでいる。

2重の雄大な外観をもつ東寺(教王護国寺)金堂(慶長8年〈1603〉)《6-6》の内部は，内陣と外陣の区別がなく1室で，床は土間仕上げとなり，古代的な「金堂」の名に違わないものとなっている。一方，構造面では，失われていた大仏様の技法を応用して，天井裏まで達する柱に横穴を穿ち，そこに差し込まれた組物が軒を支えている。このように東寺金堂は，古代と中世の両方を強く意識しながら新しい様式を創造した事例で，ここで用いられた通柱で一気に屋根の重さを支える構造手法は「立登せ柱」と呼ばれ，そ

❖6-7

❖6-6 ［東寺(教王護国寺)金堂正面中央部］ 国宝 慶長8年〈1603〉 京都
❖6-7 ［大崎八幡神社本殿・石の間・拝殿立面図］（文化庁建造物課提供資料より）

の後大型建築に普及していく。

こうした豪壮な意匠と明快な構造は，16世紀末から17世紀初頭にかけて次々と建設された城郭建築の考え方と強い類似性をもつ。城郭建設というテーマに合わせて工匠が組織化され，寺社建築にもその影響が及んだのである。そうした工匠の頂点に立ったのが中井（なかい）氏であり，配下に数多くの大工を抱え，多くの大型建設工事を指揮した。

近畿地方の優れた工匠は，建築ブームの中，各地の大名に召し抱えられ，その技術が伝播していった。大崎八幡神社本殿・石の間・拝殿（慶長12年〈1607〉）《6-7》は，仙台伊達氏が紀州から招いた工匠が担当したもので，のちに一般化する複雑な屋根形式と豊かな装飾性に特徴がある。しかし，子細に見ると，派手な彩色や彫物は組物と軒廻りに限られ，彫刻の彫線も厚手で，細部を見せるというよりも，全体の豪華さを狙った作品となっている。

17世紀の寺社造営

城郭建設は17世紀初期に終了したが，城下町の整備はその後に持ち越された。中でも新首都江戸では，3代将軍家光・4代家綱の治世下に徳川家の菩提寺である増上寺（慶長10年〈1605〉－）や寛永寺（寛永元年〈1624〉－）などの大型寺社境内が造営され活況を呈した。

この時代の寺社建築も復古性が強く，特に近畿地方では清水寺本堂（寛永10年〈1633〉）・延暦寺根本中堂（こんぽんちゅうどう）（寛永17年〈1640〉）・長谷寺本堂（慶安3年〈1650〉）など以前の様式を踏襲したものが目立つ。柱や梁（はり）などの構造部材は木太く量感豊かで，一方，細部意匠は地味で落ち着いている点に共通の特徴があり，結果として，材質や造りの良さを全面に押し出した作品が多い。

こうした傾向は，17世紀を通じて幕府や各藩が直接造営を行った寺社で特に顕著である。その背景には，官僚化した工匠集団が完成した建設システムがあり，『匠明（しょうめい）』に代表される建築書による知識の伝承，材料供給・請負などが，しだいに整備されてきたことがもたらしたものである。

幕府が主導する大規模な造営は5代将軍綱吉の治世下まで続き，江戸では護国寺造営（本堂：元禄10年〈1697〉）や寛永寺の大改造（根本中堂：元禄11年〈1698〉）などが行われた。

東大寺大仏殿《6-8・9》の再建（宝永2年〈1705〉）は，こうした一連の造営の最後を飾るもので，幕府以外に諸藩や民衆からの寄付が大きな役割を果たした。しかし，鎌倉再建大仏殿と全く同じ規模を再建するだけの巨大な資材を入手することが困難であったため，間口方向で3分の2にあたる約55メートルにまで縮小され，東寺金堂と同様の立登せ柱も複数の柱を金属のベルトで繋いで1本にする「金輪（かなわ）継ぎ」によって作られた。

資材不足の窮余の策である寄木（よせぎ）作りの柱だが，部材の継ぎ目は上方に向かう内部空間の性格を強調し，また，裳階（もこし）の軒を切断して新たに付加された大型の唐破風（からはふ）も，同時に建設された中門（宝永6年〈1709〉）から見た正面性を強く演出する意匠となっている点は重要である。

東大寺大仏殿は戦国時代に失われた建築の最後の再建であり，この再建により

❖6-8

❖6-9

復興の時代は幕を閉じ，本格的な創造の時代に突入していく。

黄檗宗の建築

17世紀には，復古的・保守的な作品ばかりではなく，黄檗建築と霊廟建築という二つの全く新しい建築様式も生み出されている。ここで使用された手法は，18世紀にオリジナルとは異なった用い方がなされ，近世寺社建築の全盛期をもたらすことになる。

承応3年〈1654〉の隠元(1592-1673)来朝を契機として，黄檗宗は全国に拡がり，17世紀初中期に長崎崇福寺・宇治萬福寺・萩東光寺などが相次いで建設された。これら黄檗宗寺院は，壇状の地形に配された堂宇を回廊で繋いだ閉鎖的で左右対称な伽藍配置を持ち，本堂を中心として開放的で不規則な配置となる，それまでの日本風の寺院とは異なった空間を提供した。

萬福寺大雄宝殿(寛文8年〈1668〉)《6-10》は，そうした黄檗寺院建築の初期の事例である。基壇上に建ち板床をもたないため腰高な印象で，比較的急な屋根勾配は大屋根を印象的に見せる。軒の組物は簡素だが，回廊と接続する前面部分には建具を設けず，その上部には間に束を挟んで梁を2重に組み，弧を描く垂木上

❖6-8 ［東大寺大仏殿］ 国宝　宝永2年〈1705〉 奈良
❖6-9 ［東大寺大仏殿内部］ 国宝　宝永2年〈1705〉 奈良

❖6-10

❖6-11

に湾曲する天井《6-11》が貼られている。黄檗天井と呼ばれるこの意匠は，間口方向の広がりと奥行方向の場の区分を同時に表現し，また空間の高さをも強調する手法である。

黄檗建築は，間取りから細部に至るまで様々な新しい要素をもたらしたが，黄檗宗寺院を離れ，建築の表現手法として定着したのは，大屋根の見せ方と黄檗天井である。

霊廟と複合型建築

元和2年〈1616〉に没した徳川家康は，はじめ静岡の久能山(くのうざん)東照宮(本殿等:元和3年〈1617〉)に祀(まつ)られたが，すぐに日光に東照宮が建設され，改葬された。

現存する日光東照宮の社殿は寛永11年〈1634〉から2年かけて改築されたもので，家康を祀る本殿は入母屋造の屋根を

❖6-10［萬福寺大雄宝殿正面］ 重文 寛文8年〈1668〉 京都
❖6-11［萬福寺松隠堂開山堂黄檗天井］ 重文 延宝3年〈1675〉 京都

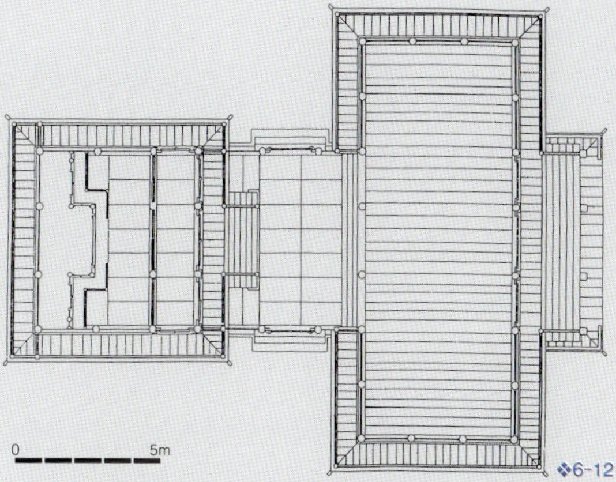

❖6-12

❖6-13

❖6-14

持つ1重の建築で，その前方に本殿と棟の向きを直交させて石の間が建ち，さらにその前方に本殿と棟の向きを揃えて入母屋造の拝殿が建っている。

このように，本来なら別の建物が軒を接し，内部では一つとなる建築様式を複合型と呼び，中でも東照宮のように，本殿・石の間(相の間あるいは幣殿(へいでん)と呼ぶ場合もある)・拝殿が合体したものを特に権現造(ごんげんづくり)と呼ぶ。

複合型は，北野天満宮(きたのてんまんぐう)本殿など，それ以前の神社建築でも例があるが，それらは1神社の固有の形式にとどまってい

❖6-12 ［上野東照宮本殿・幣殿・拝殿平面図］（文化庁建造物課提供資料より）
❖6-13 ［上野東照宮本殿・幣殿・拝殿側面図］（文化庁建造物課提供資料より）
❖6-14 ［大前神社拝殿向拝柱地紋彫］ 宝永4年〈1707〉 栃木

❖6-15

る。一方近世には，後述する別の理由付けがなされて，本格的に流布していく。その意味で複合型建築は近世に特徴的な形式ということができよう。

複合型建築を設計するうえで最も困難なのは，軒の接合である。軒の線や垂木は直材ではなく反りをもっており，垂木と組物の間には比例的な関係があるから，無理に接合しようとすると，軒曲線が波打つか，組物を含めたプロポーションが破綻してしまう。

この問題を完璧に解決するのは困難で，17世紀を通じて様々な試みがなされた。日光東照宮では，本殿の軒を一段高くして石の間の軒とは直接は接合させないで処理したが，上野東照宮（慶安4年〈1651〉）で本殿・幣殿・拝殿《6-12・13》の軒先の高さが揃う形式が実現した。こうした問題は些細ではあるが，伝承された知識や職人芸では解決不可能で，数理的な発想が建築デザインに導入された証となる。

こうした試み以外に，東照宮では，表面を飾る色と細部に新しい技法が用いられ，後世に大きな影響を与えた。

東照宮の建築群は銅瓦で葺（ふ）かれ，壁面は多数の彫物・彩色で埋め尽くされている。これは，それまでの建築が檜皮（ひはだ）や板・茅，あるいは瓦で葺かれ，軸部も素木か朱塗（しゅぬり）がほとんどであったのとは大きな相違である。

特に彫物は，平面的で抽象的な模様か

❖6-15［日光東照宮陽明門立面図］（文化庁建造物課提供資料より）

❖6-16

❖6-17

ら，立体的で具象的な彫刻へと変化した。また「地紋彫(じもんぼり)」《6-14》と呼ばれる柱表面に施された文様は柱の存在感を弱め，逆に漆(うるし)や胡粉(ごふん)で仕上げられた色鮮やかな壁面は強い印象を与えるようになる。日光東照宮陽明門（寛永13年〈1636〉）《6-15》はこうした彫刻で覆い尽くされた建築の代表で，彫刻による装飾化傾向は，18世紀の寺社建築に普及していく。

法令による寺社建築の規制

政治的な安定期を迎えた17世紀中期に，全国で寺院の数は爆発的に増大する。こうした莫大な数の寺院に対して，江戸幕府は京都や江戸に所在する大型寺院（本山）を頂点に据え，その支配下に地方の中小寺院（末寺）を組み入れ組織化した。そして，一般民衆の戸籍管理や旅行の際の証文発給を寺院が行う寺請(てらうけ)制度が機能し始めた。

こうした寺院のあり方は，一方で民衆支配の機関として寺院を位置づける江戸幕府の思惑を反映しているが，他方では一般民衆と寺院との距離を近づけた。

江戸幕府は寺社のあり方ばかりでなく，その建築にも介入を行った。寛文6

❖6-16 ［浄福寺本堂側面］ 享保18年〈1733〉頃　京都
❖6-17 ［浄福寺本堂礼堂正面］ 享保18年〈1733〉頃　京都

❖6-18

年〈1666〉に発令された三間梁規制は，莫大な数に膨れ上がった寺社の建築規模と派手な細部意匠を抑制することを狙った法令で，以後幕末まで実効力をもち，全国的な広がりと精緻な運用という点で初の本格的な建築法となった。

この法令の内容は，少数の本山級寺院を除き，建築の奥行規模を3間（＝約6m）の主体部分と，その前後の庇部分1間半（＝約3m）の計6間（約12m）に抑え，豪華な組物の使用を制限しようとしたものである。しかし，資金力のある寺院がより大型の建築を望むのは当然のことで，法令に合致しつつ，大型化する方法が模索されていく。

京都の浄福寺本堂《6-16・17》は，享保15年〈1730〉の大火で焼失した後に建築されたもので，2重屋根をもつ礼堂と漆喰で塗り込められた仏殿が別棟となり，両者を切妻造の合の間が繋いでいる。

この建物の規模は，礼堂の背の高い本屋根部分の奥行は3間，その周囲の裳階部分の奥行は1間，仏殿の奥行も6間以下で，いずれも三間梁規制に合致している。さらに細部を見ると，軒下の斗と肘木が一木で作られた不思議な形態となっている。この法隆寺の雲型斗栱に似た細部は，組物の代替物として採用されたものである。

このように，浄福寺本堂は，三間梁規制に合致した三つの建築を複合型として繋いで内部空間を大型化し，組物を用いないで軒を飾っているのである。

また，仏殿の土蔵造は，火災が頻発した都市で好んで採用され，白い壁面の強い印象とともに，漆喰を用いた鏝細工という新しい技法を生み出し，「伊豆の長八」（1815-89）などの名工を輩出させることになる。増上寺経蔵（享和2年〈1802〉）《6-18》はそうした土蔵造の一例である。

❖6-18 ［増上寺経蔵］ 享和2年〈1802〉 東京

❖6-19

寺社建築II〈18–19世紀〉

寺社の大衆化と装飾技法の発展

18世紀にはいる頃には幕府や諸藩の財政は悪化し，寺社の造営を行う力を失った。そのため，各寺社は本尊を公開し賽銭を集める「開帳（かいちょう）」や，町や村を廻り浄財を集める「勧化（かんげ）」に力を注いだ。特に秘仏を江戸まで運んで行う「出開帳」は多額の資金を集めるのに有効で，元文5年〈1740〉に長野善光寺が江戸で実施した出開帳では1万両を越す資金調達に成功した。

このように一般民衆へのアピールが必要となると，寺社建築にわかりやすさがもとめられ，効果的な手法として立体的で具象的な装飾で建築を飾ることが普及し，その動きは止めどもなく加速していく。

こうした状況は18世紀を迎えた関東地方で始まり全国に波及する。それまで新しい建築の動向は全て近畿が発信源だったのが，江戸開府後百年を過ぎてようやく関東が建築文化の先端に立ったのである。

千葉県の成田山新勝寺（なりたさんしんしょうじ）は，元禄16年〈1703〉以降江戸で出開帳を行い，初代市川団十郎（いちかわだんじゅうろう）が信仰したことで有名な寺院である（団十郎を成田屋と呼ぶのはこれに由来する）。新勝寺には18世紀初頭以降の建築が数多く残るが，中でも圧巻な

❖6-19［新勝寺三重塔軒見上げ］重文 正徳2年〈1712〉 千葉

❖6-20

のは正徳2年〈1712〉の三重塔《6-19》である。

三重塔は，長い石段を登るといきなり視界に飛び込んでくる。このため，三重塔は近くから見上げることを意識して作られている。具体的には，塔特有の深い軒の下面には垂木がなく平滑な板状となり(板軒(いたのき))，その表面には波涛を連想させる彫刻が施され，色鮮やかに塗りあげられている。

深い軒先は日本建築の象徴であり，そこに整然と並ぶ垂木の列に美意識が集約されてきた。しかし，新勝寺三重塔では，垂木を排除して彫刻で飾り，見る者に覆い被さるような印象を与える方法を選んだのである。

新勝寺三重塔では，軒下という最も効果的な一部分に集約して装飾を施している。しかし，享保20年〈1735〉に着工し宝暦10年〈1760〉頃に完成した埼玉県の歓喜院聖天堂(かんぎいんしょうてんどう)《6-20》では，さらに過激な手法が導入されている。

歓喜院は吉原の花魁(おいらん)たちの信仰を集めた寺院である。城郭を連想する豪快な門の奥に位置する聖天堂は，奥殿・中殿・拝殿からなる複合型で，全体が彫刻で埋め尽くされている。

柱や長押(なげし)といった構造部材には地紋彫が施され，部材の突出した部分(木口)には，獅子・麒麟・猿・波などの彫刻が施されている。特に奥殿の高い縁を支える組物(腰組(こしぐみ))の木口の彫刻では，彫線が材の内部にまで及ぶ「籠彫(かごぼり)」の技法が用いられている。

一方，宝暦6年〈1756〉の妙義神社本殿・幣殿・拝殿《6-21・22》では，彫刻は蟇股(かえるまた)や小壁(こかべ)などに限定して使用され，その他の壁面は深い光沢を放つ漆で仕上げられ，その上に「扇面流し(せんめんながし)」などの図様がはめ込まれている。なお，本殿に施された装飾はすべて水をモチーフとしており，訪れた者は個々の装飾と水との関係を考えながら鑑賞していくことになる。

この二つの建築は，彫刻と塗という異なった技法を用い，視覚的な印象も異なる。しかし，両者ともに装飾された細部

❖6-20 [歓喜院聖天堂奥殿腰組] 重文 延享元年〈1744〉 埼玉

❖6-21

❖6-22

❖6-21 ［妙義神社本殿・幣殿・拝殿］ 重文 宝暦6年〈1756〉 群馬
❖6-22 ［妙義神社拝殿軒見上げ］ 重文 宝暦6年〈1756〉 群馬

の存在感が強く，建築の構造は細部を据えるためのキャンバスにすぎなくなっている。

こうした状況の中で，一般民衆の耳目を集める建築と，そうでない建築の分極化がおこり，隆盛を誇る工匠(集団)が出現し始める。中でも，滋賀県を中心に活動した高木(信楽院本堂:元文4年〈1739〉など)や，長野県から出て関東・東海で腕を振るった大隅流(水上布奈山神社本殿:寛政元年〈1789〉など)，同じく立川流(神部神社浅間神社社殿:文化10年〈1813〉など)は，一家一門が流派を形成し，現代のゼネコンに例えられるような存在となった。

彼ら工匠集団は，いずれも装飾的細部に長け，その絵様(コラム参照)には流派の特徴が現れている。これは，建築がある個人や集団の作品として認知され始めた結果であり，左甚五郎伝説を生み出す素地となった。

絵様――渦と若葉

ほぼすべての近世寺社建築に見られ，装飾的細部の代表ともいえるのが，「渦」と「若葉」からなる絵様である《6コラム1･2･3》。この文様は，頭貫や虹梁といった水平の大型部材の両端，特に向拝の頭貫に必ずといってよいほど施されている。

絵様は中世から見られるものだが，近世には時代の進展とともに少しづつ変化するため，近世寺社建築の建築年代を判別する指標となっている。

その変化の様子は，渦については，円形を繋いだ単純な彫線が，17世紀には楕円形を組み合わせたカーブや，木瓜形と呼ばれるつなぎ目のある輪郭へと変化し，18世紀末には上下に押しつぶされたような形となっている。若葉については，楔型の小型のものが渦から離れて彫られていたのが，しだいに複雑化して渦と接続し，18世紀末には渦と一体化して波のような形となっている。

また彫線自体も，17世紀には一定幅の繊細だったものが，18世紀には幅広で目立つものへと変化し，さらに18世紀末には抑揚豊かで枝分かれのあるものへと変化している。

この絵様に着目して，近世の寺社建築を見ていくと，各時期の建築表現のティストが理解でき，古建築を見る楽しみが広がる。

❖6コラム-1

❖6コラム-2

❖6コラム-3

❖6コラム-1 ［萬福寺総門繋梁絵様］ 重文 元禄6年〈1693〉 京都
❖6コラム-2 ［東海寺(布施弁天)本堂繋虹梁絵様］ 享保元年〈1716〉 千葉
❖6コラム-3 ［新勝寺額堂繋梁絵様］ 重文 文久元年〈1861〉頃 千葉

❖6-23

❖6-24

❖6-25

参詣空間の充実

18－19世紀の寺社建築は，細部の装飾性ばかりに特徴があるのではなく，他にも様々な造形的試みを行っている。

その中でも重要なのは，明るく高い内部空間の追求である。仏教儀式を前提とした中世の本堂では，内部空間は閉鎖的で薄暗い。これに対してこの時期の本堂では，東寺金堂で見た立登せ柱を使用して，背の高い空間を作り上げ，外に面した建具には格子や障子などを用いて採光している。

こうした傾向は，専修寺如来堂（せんじゅじにょらいどう）(寛延元年〈1748〉)のような浄土真宗寺院で特に顕著である。また，新潟県村上市の浄念寺（じょうねんじ）本堂《6-23》(文政元年〈1818〉)は土蔵造の2重の外観をもち，その内部は西洋の教会のように，両脇よりも中央部分が高いため，視覚的に高さと奥行が強調される独特の空間構成を有している。

さらに内部空間以上に，向拝（ごはい）と呼ばれる，建築の前面に取りつく差し掛けの軒部分の充実は著しい。千葉県の龍正院（りゅうしょういん）本堂(元禄11年〈1698〉)《6-24》では，向拝は建築の正面部分と一体となり，その上部には2重に梁が重ねられて，高さが強調されたデザインとなっている。この造形は前述の黄檗天井の技法を応用したものといえよう。

参詣空間の充実は，寺社の大衆化がもたらしたものである。それまで僧侶という少数のプロが用いることを前提としていたものが，外来の参詣客をもてなすものへと変貌した結果なのである。空間の高さ・明るさを指向した部分が，向拝や外陣などといった建築の前寄り部分に集

❖6-23［浄念寺本堂］ 重文 文政元年〈1818〉 新潟
❖6-24［龍正院本堂向拝及び外陣見上げ］ 元禄11年〈1698〉 千葉
❖6-25［大神山神社奥宮拝殿］ 重文 文化2年〈1805〉 鳥取

❖6-26

❖6-27

❖6-28

中しているのはこのためである。

また，粉河寺本堂（享保5年〈1720〉）が，広い外陣に建具を設けず吹き放ちで開放的な空間にしているのも，大神山神社奥宮拝殿《6-25》（文化2年〈1805〉）が両翼で50m以上に及ぶ長大な拝殿をもつのも同様の理由による。

参詣空間の充実は，江戸の羅漢寺三匝堂（安永9年〈1780〉）で頂点を極める。この堂の内部には2重の螺旋階段が設けられ，参詣客は階段を登り降りしながら，脇に祀られた500体の羅漢像に参詣する仕組みになっている。この堂は現存しないが，旧正宗寺三匝堂《8コラム-3》（寛政8年〈1796〉）・曹源寺観音堂《6-26》（寛政5年〈1793〉）・蘭庭院栄螺堂（天保元年〈1830〉）《6-27》は同様の空間構成をもつ遺構である。

❖6-26 ［曹源寺観音堂］ 寛政5年〈1793〉 群馬
❖6-27 ［蘭庭院栄螺堂内部階段廻り］ 天保元年〈1830〉 青森
❖6-28 ［大神山神社奥宮末社下山神社社殿］ 重文 文化2年〈1805〉 鳥取

❖6-29

❖6-30

❖6-29 ［霧島神宮本殿他］ 重文　正徳5年〈1715〉 鹿児島
❖6-30 ［霧島神宮本殿前登廊］ 重文　正徳5年〈1715〉 鹿児島

奇想ともいうべきこうした堂の存在は，寺社が宗教空間の面よりも民衆の遊興空間として認識され始めた結果といえよう。

複雑化と周辺環境

霊廟建築に端を発し，三間梁規制によって普及した複合建築は，18世紀には小型の建築を連結させることによる効果を狙った作品に昇華していく。

大滝(おおたき)神社本殿・拝殿(天保5年〈1834〉)は，流造(ながれづくり)の本殿の前に入母屋造の拝殿が建ち，両者が繋がる部分と拝殿の前面に千鳥破風を付属させた屋根形式をもつ。個々の要素に分解すればありきたりだが，それらが連結し重なり合うことで生じる視覚的な効果は大きく，大神山(おおかみやま)神社奥宮末社下山(おくみやまっしゃしもやま)神社社殿(文化2年〈1805〉)《6-28》など，周囲に余地があり建築全体が眺められるような場合には好んで用いられた。

複合型の建築が持つ複雑さは，立地と組合わさることでより大きな効果を生む。霧島神宮(正徳5年〈1715〉)《6-29・30》は，急傾斜面上の本殿とその下の平坦地に建つ拝殿との間を，斜面を登る廊下で結び，さらに拝殿の前面を回廊で囲い込むという配置計画で作られている。こうした立地上の性格から，霧島神宮は見る方向によって複数の建築の屋根が様々に重なり合い，ダイナミックで変化に富む景観をつくりだしている。

周辺環境を意識した建築のあり方は，霧島神宮のような大型寺社ばかりでなく，町場や村落の普通の寺社でも見られる。

東海道の宿場，関宿(せきじゅく)の地蔵院(じぞういん)本堂(元禄13年〈1700〉，明和元年〈1764〉まで継続)は，宿場を貫く街道が折れ曲がる地点に建てられている。こうした立地条件により，パースペクティブの焦点に本堂を見据えながら，連なる町家の軒先をかすめるように旅人は行き交うことになる。

道の真正面に位置し，歩行者の目をひく建築をアイストップあるいはヴィスタと呼ぶ。こうした立地にある寺社は，道路からの眺めを考慮した設計を行ったのである。これは，現代に通じる都市景観の整備手法といえよう。

流行ものとしての建築様式

以上，駆け足で近世の社寺建築について見てきたが，さらに細かな時代区分で見ていくと，寺社建築には驚くほどの時代性が潜んでいる。ある時期には極彩色が，またある時期には素木(しらき)の彫刻が大勢を占めるなど，10年単位くらいでめまぐるしく変化するのである。

そして，幕末に近づくと尊皇攘夷思想との関わりの中で，文化7年〈1810〉の住吉大社本殿を皮切りに，文久元年〈1861〉の宇佐神宮本殿，文久3年〈1863〉の春日大社本社本殿・賀茂別雷(かもわけいかづち)神社本殿などで，流行とは無関係の旧形式を踏襲した造営が相次ぐことになる。

これらの建築は古代建築の姿を残しているものとして本書では取り上げてきた。しかし，実際の建築年代は実は比較的新しく，近世の最末期なのである。

装飾をほとんど施していないこれらの建築が，装飾化が進行した近世の最終局面で出現したことを記してこの章を終えよう。

7

The Concise History of Japanese Architectur

近世Ⅱ［桃山・江戸時代］

住宅

大野 敏

概要

近世の住宅は前代に比べて遺構・指図等がはるかに多く残り，支配者層の上層邸宅と庶民住宅の二軸において，より具体的な姿と変遷をたどることができる。上層邸宅では，中世に原形が現れた書院造が近世独自の形式に変化発展する。また茶室が建築の一分野として大成し，書院造に新たなヴァリエーションを生じさせる要因となった。一方，民家は近世封建社会における本百姓層成立を契機に，農家建築が掘立式の「小屋」から石場建の「家」へと変化しはじめる。また，町家においても，石場建に加えて防災や正面景観に配慮するなど，大きな変化が認められる。なお，草庵風茶室が民家の本質的な美しさを極めて成立し，民家は格式を高めるために書院造の座敷飾りや玄関を取り入れようとするなど，上層邸宅と庶民住宅は決して無縁に存在したわけでない。また両者の中間的な存在である近世後半の中下級武士住宅が，接客空間を通じて近代住宅に影響を与えたことも見逃せない。

支配者層の住宅

近世初期(17世紀初頭まで)の書院造

近世は織田信長・豊臣秀吉ら覇者の時代により幕を開けた。そして安土城や聚楽第・伏見城等の大造営に関する伝承とともに，その居館も豪華絢爛なイメージが強い。たしかに近世の上層邸宅を発展させた原動力は武家に求めることができる。しかし遺構が多い近世のなかにあって16世紀末当時の上層邸宅はほとんど残っておらず、秀吉時代の伏見城遺構の伝承をもつ西教寺客殿(慶長2-3年〈1597-98〉移築か，滋賀)をみると、木割は細く、障壁を水墨画で飾り、造作も華麗過ぎない等、落ち着いた建築である。つまり近世初期の上層邸宅はイメージと実像に食い違いがありそうである。この点を知るよい史料として『匠明』がある。

『匠明』は慶長13年〈1608〉幕府大棟梁平内家初代・政信が著したとする秘伝書で，建築の木割を記す(原本は残らず)。このうち殿屋集に住宅に関する記述があり，「昔六間七間ノ主殿之図(以下「主殿之図」と記す)」《7-1》，「東山殿屋敷ノ図」《7-2》，「当代広間ノ図」《7-3》，「屋敷の図」《7-4》の指図4枚を掲載する。これらは特定の建物でなく，「主殿之図」と「当代広間ノ図」は住宅の間取りと建具の種類・屋根方向などを記し，それぞれを主屋とする屋敷配置図が「東山殿屋敷ノ図」と「屋敷の図」である。「東山殿屋敷ノ図」は室町末期の将軍邸をもとに上層邸宅を描いたと考えられている。このことは「主殿之図」と平面・屋根方向とも酷似する光浄院客殿(慶長6年頃〈1601〉，滋賀)《7-5・6》が現存し，その外観と「洛中洛

❖7-1
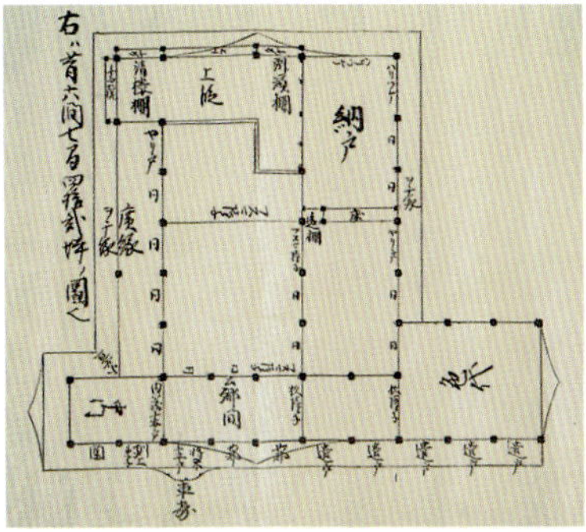

❖7-2
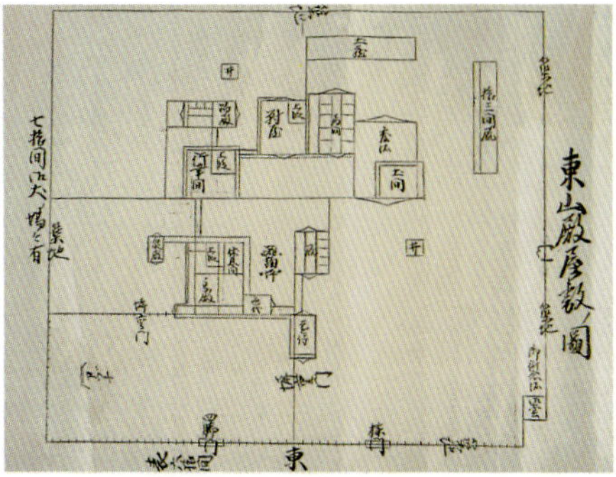

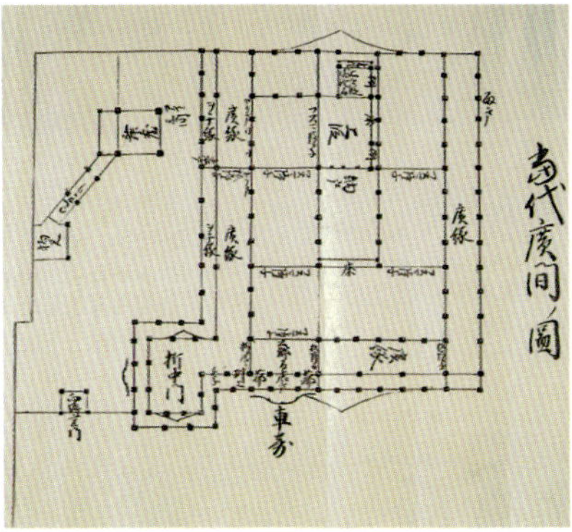
❖7-3

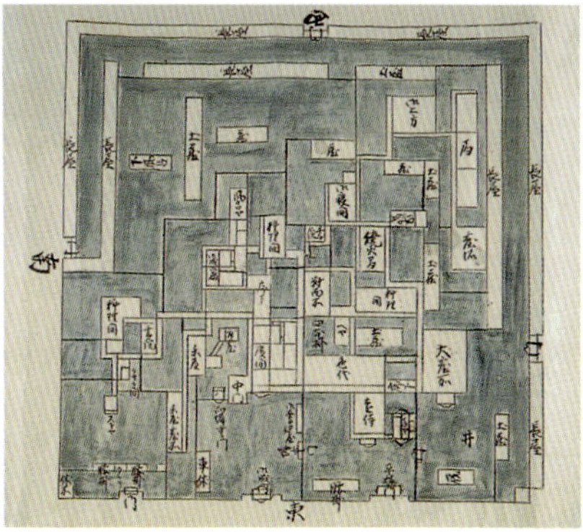
❖7-4

外図屛風」(上杉本)に描かれた細川管領邸の主屋が類似し，さらに細川管領邸の建物配置が「東山殿屋敷ノ図」と類似することからもうかがえる《7-7》。逆にいえば，光浄院客殿は室町末期の書院造を継承したものといえる。また，光浄院客殿と類似する観智院客殿(慶長10年〈1606〉，京都)は，納戸・帳台構が本来の機能に忠実に配されており，「主殿之図」より古式を示す。以上3例とも押板(床)・棚・付書院・帳台構の座敷飾りがひととおり揃う点も注目される。

一方「当代広間ノ図」は，近世初頭に武家住宅主屋呼称として広間が登場したことを示す。この広間は，「主殿之図」と異なり3列9室平面と大型化しており，聚楽第大広間や仙台城大広間指図など当時の最上層武家邸宅主屋と共通する。ただし，「当代広間ノ図」と聚楽第・仙台城大広間は上段配置が異なる。遺構は勧学院客殿(慶長5年〈1600〉，滋賀)《7-8》が「当代広間ノ図」に類似しており注目される。勧学院客殿は園城寺の学問所という性格もあって納戸や帳台構がなく，大規模とはいえないが，上手座敷に室全幅の押板(床)を設け格式の高さを示す。このように主殿から広間への移行は，部屋数増加，規模拡大，機能に応じた室配置などを伴ったと推察されるが，外観の変化は少なく，中門，正面車寄の妻戸と蔀

❖7-1 [『匠明』殿屋集より「昔六間七間ノ主殿之図」] 慶長13年〈1608〉 東京大学大学院工学系研究科建築学専攻
❖7-2 [『匠明』殿屋集より「東山殿屋敷ノ図」] 慶長13年〈1608〉 東京大学大学院工学系研究科建築学専攻
❖7-3 [『匠明』殿屋集より「当代広間ノ図」] 慶長13年〈1608〉 東京大学大学院工学系研究科建築学専攻
❖7-4 [『匠明』殿屋集より「屋敷の図」] 慶長13年〈1608〉 東京大学大学院工学系研究科建築学専攻

❖7-5

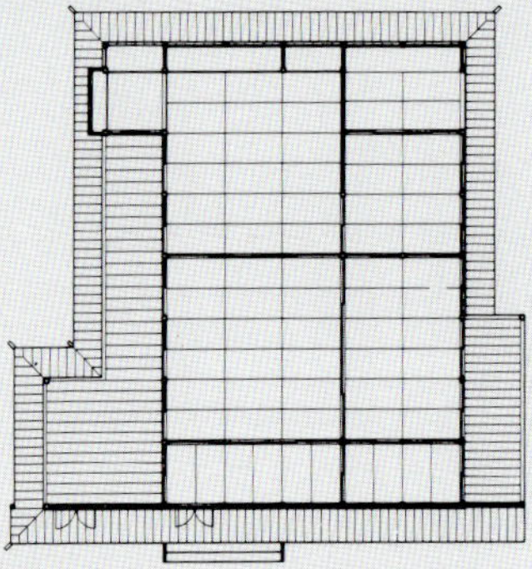

❖7-6

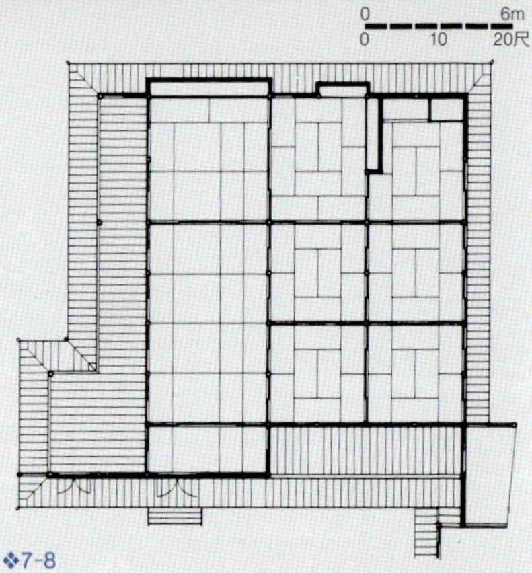

❖7-8

❖7-5［園城寺光浄院客殿］ 国宝　慶長6年〈1601〉 滋賀
❖7-6［園城寺光浄院客殿平面図］
❖7-8［園城寺勧学院客殿平面図］

❖7-7

(勧学院客殿は蔀がない)に寝殿造の名残が明瞭である。なお,「当代広間ノ図」に対応する「屋敷の図」をみると,式台の大規模化,泉殿から舞台への変化,対面所と御成御殿の併存,書院にクサリ間・数寄屋が付随するなど,接客部分が細分化して充実する点が興味深い。

三宝院表書院(慶長3年〈1599〉頃,京都)は外観上,光浄院客殿・勧学院客殿と類似するが,1列3室の間取は明暦江戸大火以降の書院造一般平面と共通する。しかしこの建物は本来能楽のために建立された施設と推定されているので,平面の特異性は一概には論じられない。なお,上記の各遺構とも,蟻壁を用いた棹縁天井,筬欄間,内法下の障壁における金碧濃彩と水墨画の使い分け,畳敷詰等基本的な内部意匠は共通する。

以上『匠明』の指図をもとに,遺構や他の指図を加味して近世初期の書院造をみると,外観は基本的に室町期の書院造を引き継いで寝殿造の名残をとどめ,内部意匠は決して過飾すぎない建築像が浮かんでくる。平面は3列9室の出現が見られるが,画一的でなく,むしろ屋敷配置において機能別に建物が分化する傾向に拍車がかかる点が重要である。

書院造の完成(慶長末〜寛永期)

『匠明』にややおくれて造られた名古屋城本丸御殿表書院(慶長18年上棟〈1613〉,戦災焼失)《7-9》は中門と蔀が消滅しており,書院造はここにいたって寝殿造色を払拭した。ただし金碧濃彩の障壁画は小壁に達せず,素木の折上小組格天井,筬欄間,六葉を標準とする飾金具など,装飾の華麗さにおいて二条城二の丸御殿大広間に及ばない。

二条城二の丸御殿は,慶長期造営の建物を三代将軍家光の御成に備えて寛永3年〈1626〉に大改造したものである《7-10》。寛永車寄玄関付の遠侍・式台・大広間《7-11》・黒書院・白書院が雁行し,奥に台所・清所を配す。これに広間前の舞台や行幸御殿,御殿に付属する亭と呼ばれる数寄屋など欠失部を復すると,『匠明』「屋敷の図」をより大規模化した構成であることがわかる。主要な対面・接客空間

❖7-7 [「洛中洛外図屏風」(上杉本)より細川管領邸・部分模写図](日本建築学会編『日本建築史図集』より)

❖7-9

である大広間と黒書院は，廊下まで格天井を用い上段部は折上格天井とし全体を極彩色し，欄間に極彩色丸彫り彫刻を駆使し，飾金具は大型で多種におよび，金碧濃彩の障壁画が小壁まで埋め尽くすなど装飾化が頂点に達する。当然中門や蔀は存在しない。

西本願寺書院（元和4年〈1618〉，寛永10年〈1633〉大改造）は，本来別個の建物であった対面所《7-12》と白書院を一体化したもので，南北にそれぞれ能舞台を備える。内部意匠は二の丸御殿同様豪華絢爛で，中でも対面所の巨大な畳敷き空間は圧巻である。なお，対面所の平面は浄土真宗仏堂独特の形態を基本に成立したものと考えられる。

こうした例が決して特殊でなく，諸侯の屋敷も当時華美を競っていたことが「寛永の始，大猷院（だいゆういん）様御在世，御成（おなり）の儀（ぎ）仰（おお）せ出（い）だされ，諸侯その御用意のため，御営作美麗なり。その建て様は表に大棟門あるひは2階の楼門，向かって玄関・遠侍・式台・大広間・御成書院・御対面所このほか奥方・勝手むきの家々，大台所等これを建つ」（甲良向念「大広間雛形（ひながた）」宝永3年〈1706〉）によりわかる。また，玄関がこの時期に出現することも注意を要する。

以上，名古屋城本丸表書院において寝殿造色を払拭した書院造は，寛永期の二条城二の丸御殿群や西本願寺書院にいたって内部意匠が頂点をきわめ，ここに近世独自の書院造が完成する。なお，江戸城本丸大広間の場合，寛永期およびその後の再建においても中門が存続する。これは室町期の将軍住宅様式を留めることで，間接的に源氏以来の武家総棟梁としての地位を誇示したものであろう。しか

❖7-9 ［名古屋城本丸御殿表書院内部］ 慶長18年〈1613〉（戦災焼失） 愛知（文化庁建造物課提供資料より）

❖7-11

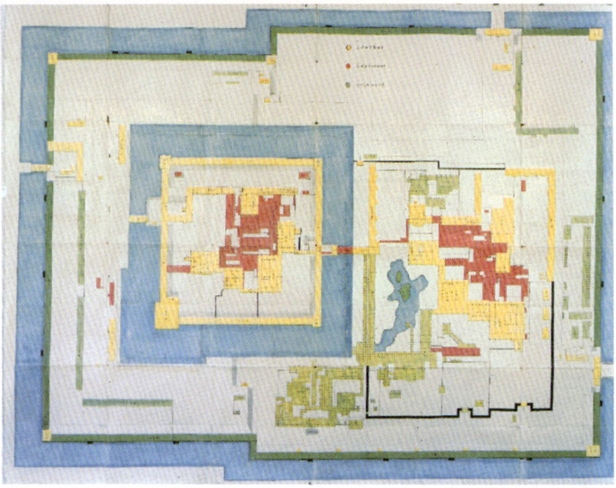

❖7-10

❖7-10 ［「二条御城中絵図」(二条城御殿配置図)］ 天保5年〈1834〉 京都大学付属図書館
❖7-11 ［二条城二の丸御殿大広間内部］ 国宝 慶長8年〈1603〉京都

❖7-12

し，さすがに建具は蔀から舞良戸に変化している。

書院造の規格化(明暦大火以後)

明暦3年〈1657〉1月に起こった2度の大火により，江戸市街ははほとんど灰燼に帰した。再興に際して幕府は大名屋敷の配置替を行い都市計画を修正する。同時に禁令により屋敷家作を制限しはじめる。華美な生活の蔓延による支出の増大が，幕藩体制に影響を与えはじめたのである。

当時の武家屋敷典型例は，明暦4年〈1657〉の宇和島藩江戸中屋敷平面図《7-13》によりわかる。玄関を備え，公式な接客・対面用の大書院・小書院(広間という呼称が大書院へ変わる)と私的な御座の間・居間が中心で，各棟は一列間取となり，各主室の座敷飾は床・棚・付書院を備え，南側は広縁・落縁を経て庭にのぞむなど単純化・規格化が認められる。このことは，武家の儀礼と生活形式がこの頃に定着したことを示すものであろう。なお，帳台構は復古的な江戸城本丸御殿を除いて消滅する。

公家と寺院の住宅

これまでは，おもに武家住宅を中心に様式の変化をみてきた。しかし上層邸宅には公家住宅や寺院住宅も存在する。指図(中井家文書)でみる公家住宅は，内裏の場合，紫宸殿・清涼殿・小御所・学問所・

❖7-12 ［西本願寺書院対面所内部］ 国宝　寛永9年〈1632〉 京都

❖7-14

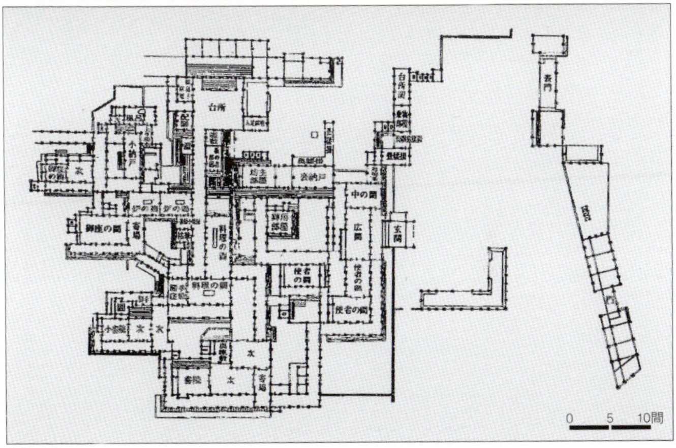

❖7-13

❖7-13 ［宇和島藩江戸中屋敷平面図］（原図・平井聖）
❖7-14 ［瑞厳寺本堂（元方丈）上段の間内部］ 国宝 慶長14年〈1609〉宮城

❖7-15

常御殿を，摂関家の場合，寝殿・大書院・小書院・常御殿を主としている。接客空間である大小両書院を中心に，居住建物である常御殿を備えた構成は武家住宅と共通し，これに紫宸殿・清涼殿あるいは寝殿といった儀式用建物を加えた構成といえる。天正度内裏女院御所は南禅寺大方丈として現存し，常御所が分離するとともに上中下段の対面所が成立したことを伝えている。また，慶長度内裏の紫宸殿は仁和寺金堂として現存し，蔀や檜皮葺屋根(現在は本瓦葺)などに寝殿造色が見られる。反面，妻飾りや向拝(階隠し)は仏堂的要素が認められる。このように内裏中心建物にも中世以来の変化が認められるが，寛政度内裏以降は考証学の成果を得て，紫宸殿と清涼殿を平安末の平面形式に復する努力がなされ，現在に引き継がれている。

寺院住宅は先述の光浄院客殿や西本願寺書院のほか方丈・庫裡が存在する。近世の方丈は金地院方丈(桃山時代)をはじめ，瑞巌寺方丈(現本堂，慶長15年〈1610〉)《7-14》，大徳寺方丈(寛永13年〈1636〉)，知恩院大方丈(寛永18年〈1641〉)など仏堂化するものが多く，金地院・瑞巌寺・知恩院では座敷飾を備えた豪華な上段がつくられた。特に瑞巌寺の場合，広縁に突出した書院に古式を留めながらも，内部意匠の装飾性が高まる点に書院造の発達段階をみることができる。また，知恩院小方丈(寛永18年〈1641〉)のように，仏間を持たず本来の住宅建築の姿を留めるものも存在する。庫裏は寺院の台所であるが，土間，調理・食事場のほか納戸や書院を備え住宅の側面も持ち合わせている。瑞巌寺庫裏(慶長14年〈1609〉)・妙心寺庫裏(承応2年1653)のように大型切妻造・妻入で架構を生かした妻面意匠を見どころとするものが多い。ただし，地方にあっては旧青柳寺庫裏(18世紀前半，神奈川)《7-15》のように，その地域の農家と同系統でより大規模化を示すものも存在する。

❖7-15 ［旧青柳寺庫裏］ 18世紀初期頃　神奈川

茶室と数寄屋風書院造

喫茶の習慣は中世以降，禅院や上流階級で普及し，室町後期の村田珠光(1423-1502)・武野紹鷗(1502-55)を経て千利休(1522-91)により茶道として大成した。紹鷗の茶室は4畳半で書院造風な端正なものと考えられているが，利休は当時上流階級の間で好まれていた山荘や茶屋，あるいはこれらの原形となった民家の建築をもとに妙喜庵待庵(天正10年〈1582〉)《7-16》のような草庵風茶室を完成させた。そこでは路地・土庇・躙口により庭と室内の一体化がはかられ，小さな躙口をくぐると2畳の室内は天井の高さの変化や自在な窓の配置，床内の入隅柱や天井を土壁で覆った室床，などによって驚くほどの拡がりを見せる。しかも柱は面皮の細い材を使用し長押は用いず，苆入り土壁，竹・木を自在に組み合わせた天井など，茅葺民家のもつ素朴なたたずまいの中に，日本人が慣れ親しんできた洗練された感覚を見事に抽出している。このように，茶室の建築は茶人の精神すなわち「数寄」が表現されたもので，数寄屋という呼び名もここに由来する。そして各人が研鑽した独創的な形式を「好み」と表現する。また，弟子たちは，オリジナルの茶室を模した「写し」により，形式のみならず茶の精神を継承する。こうした点が茶室の特質といえる。利休は紹鷗の示した4畳半茶室の草庵化も進めた。利休4畳半は，写しといわれる又隠(天明8年〈1788〉以後，京都)に伝えられている。一方，利休の弟子織田有楽(1547-1622)や古田織部(1544-

❖7-16

❖7-17a

❖7-17b

❖7-16［妙喜庵待庵内部］国宝　天正10年〈1582〉　京都
❖7-17a［大徳寺孤篷庵忘筌床の間］重文　寛政5年〈1793〉焼失後まもなく再建　京都
❖7-17b［大徳寺孤篷庵忘筌・板縁より内露地をのぞむ］重文　寛政5年〈1793〉京都

❖7-18

❖7-19

1615)は武家茶人として草庵風茶室の空間に格式を創出し，その好みは如庵(17世紀初期，愛知)や燕庵(天保2年〈1831〉，写し)にみることができる。こうした書院化を完璧なまでに推し進めたのが小堀遠州(1579-1647)による忘筌(寛政5年〈1793〉再建)《7-17a，b》である。『匠明』「屋敷の図」に数寄屋を記すことは，17世紀初頭の上層武家における接客施設として茶室が定着していたことを示す。

また，書院造の中において，草庵風茶室のもつ数寄なる要素を柱・土壁・欄間・窓・天井等に取り入れ，形式張った意匠を和らげようとするものがあらわれる。このような建築は数寄屋風書院造あるいは数寄屋造と呼ばれ，桂離宮御殿群(元和元年-寛文3年〈1615-63〉)《7-18》や三溪園臨春閣(江戸前期，元紀州候岩出御殿)《7-19》のような別荘建築や，西本願寺飛雲閣(桃山)のような，亭と呼ばれる屋敷内施設において流行し，ついで座敷書院そのものに取り入れられて，西本願寺黒書院(明暦3年〈1657〉)のような傑作が生まれた。ここで創出された内部意匠は，近代以降の和風住宅に大きな影響を与えることになった。

❖7-18 ［桂離宮御殿群(右より古書院，中書院，新御殿)］ 元和元年－寛文3年〈1615-1663〉 京都
❖7-19 ［三溪園臨春閣住の江の間内部］ 重文 江戸時代前期(大正4年〈1915〉三溪園に移築)
三溪園保勝会，神奈川

庶民住宅—民家

民家は庶民のすまいである。日本では気候・風土・生業・立地・身分などの諸条件により各地に様々な民家がつくられた。民家には農家・漁家・町家をはじめ中下級武家住宅なども含まれる。このうち遺構において圧倒的多数を占めるのは農家であり，町家その他も原形は農家とさほど変わらないと考えられるので，まず農家を中心として民家の概要を述べる。しかし近世の民家は，町家や中下級武家住宅など各々独自の様式を展開することから，その特質をついても触れることにする。漁家の場合はその立地により農家あるいは町家に類するものとみてよい。なお，遺構でみる限り民家はいずれも礎石建で，梁行4間程度の規模は珍しくない。しかし農家の場合，18世紀初期頃には梁行4間の家は村の中でごくわずかであった。また，最近の考古学の成果によっても明らかなように，18世紀後半頃まで掘立式の民家が主であった。したがって遺構だけでは民家の全体像を語ることはできず，現存遺構は庶民とはいえ，上層の人々のすまいである点に注意する必要がある。

中世民家の遺構

中世民家は室町時代後期の3例が現存する。いずれも地侍層を出自とする農家である。箱木(はこぎ)家住宅《7-20》・古井(ふるい)家住宅は，ともに兵庫県所在の前座敷(まえざしき)3間取(まど)り平面をもつ茅葺建物で，軒が低く，土壁が多く，土間の占める面積が大きく，座敷に書院造の影響がみられない。軸部は上屋(じょうや)・下屋(げや)からなり，小屋組は垂木構造(古井家は叉首(さす)構造も併用)である。一方，堀家住宅(奈良)は近世の改造が大きく原形は不明な点が多いが，当初板葺で落棟(おちむね)形式の一部2階建建築で，平面は土間の面積が大きく，1階の床上(ゆかうえ)部は4間取りを基本としていた。このように畿内の農村では，少なくとも室町時代後期の地侍層住宅において，礎石建で構造的にも耐久度の高い建築が出現していた。しかもその建築は土間と床上部からなり，材料の使い方や意匠は明らかに書院造とは系統を異にしていた。

なお，大永7年〈1527〉の墨書銘写を有する旧茂木(もてぎ)家(江戸中期，群馬)の場合，棟通り柱の一部は棟木下まで延び，この柱から側柱へ繋(つな)ぎ梁(ばり)を延ばし，軸部と小屋組の区別のない構造をもった立ちの高い板葺建築である。また旧広瀬家住宅(17世紀末，山梨，現在川崎市立日本民家園)は茅葺農家であるが，構造は同様である。このような例は近世民家遺構では珍しく，中世民家の名残を留める可能性が強い。

近世民家の成立—本百姓層と普請

箱木家・古井家住宅の建築の基本構成は，近世の一般的な民家遺構と大差ない。したがって近世民家は室町時代後期の地侍層住宅を基本に成立したと考えることができる。そして遺構数が17世紀末から急激に増加することから，寛文期以降全国的に拡がった上層農民層(本百姓)の発生が近世民家成立の大きな要因

❖7-20

と考えられる。

また民家をつくりあげる作業は普請（ふしん）といい，その名のとおり，地域社会から広く協力を得た助け合いの中で成し遂げられたことも忘れるわけにはいかない。その様子は，援助内容を詳細に記した普請帳により知ることができ，自給自足原則の農村と貨幣経済の進んだ都市部とでは内容に大きな差が生じた。

近世民家の類型

近世民家は多様かつ複雑で全体的傾向を一言で述べることは困難であるが，これを暮し方と直結する間取り，必要な間取りを確保するための建築構造（つくり），その結果できあがる建築の外観（かたち）に着目して概観すると次のようになる。

間取り《7-21》は，原則として作業空間である土間部と居住空間である床上部からなり，古いものは土間の比重が大きい。また，土間は家畜を飼う空間も含むことがあり，大きな馬屋を必要とした地方では，18世紀中期頃から土間と居室部がL字型平面を構成する曲がり屋を生み出す。床上部は本来単室から機能分化したと推察されるが，遺構は3間取りと4間取りが主流で，座敷・寝間・居間などの機能を有する。畿内では前座敷3間取りや土間沿いに3室ならぶ縦割妻入農家の平面が古式で，これらが4間取りに発展する。他の地域では土間沿いに大きな広間を取り上手（かみて）を2室に分ける広間型3間取が盛んで，時代とともに，4間取りが増加する傾向がある。ただし関（せき）家住宅（17世紀前半，神奈川）のように非常に古い時期の4間取りもあり，単純に3間取りから4間取りへと捉えることはできない。また，4間取り以上の大型間取の

❖7-20［箱木家住宅］重文　室町時代後期　兵庫

■1間取り

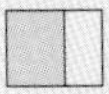

平面発達の初段階であると同時に、17〜19世紀を通じて広く分布していた。

古文書に記された住宅（栃木）
17世紀中〜17世紀初

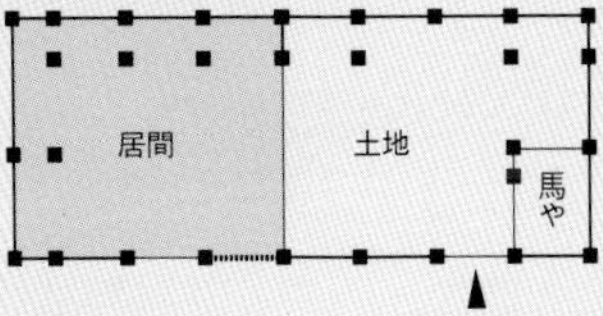

■2間取り

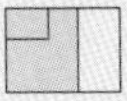

住居部分に寝間が派生する。

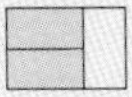

住居部分が前後に分かれる。

■3間取り

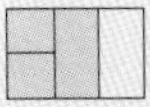

広間型3間取りと呼ばれる。
全国的に広く分布する。

北村家住宅（神奈川、現・日本民家園）1687年

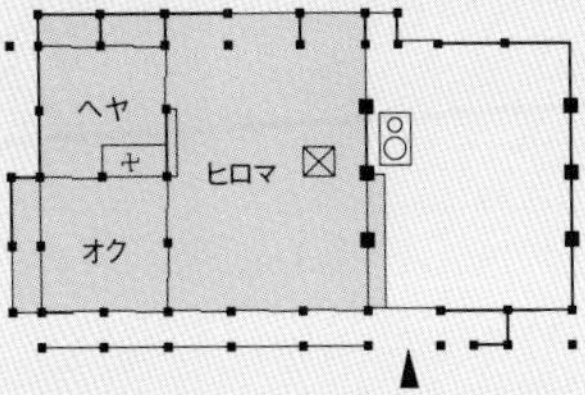

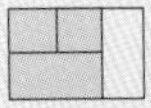

前座敷3間取りと呼ばれる。
近畿地方の古い民家にみられる。

3室併列と通り土間の組合わせ。
町屋の代表的な間取りである。また大阪府北部（能勢）を中心として京都府、兵庫県の農家にもみられる。

■4間取り

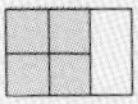

整形四間取りと呼ばれる。くいちがい型を含めて、日本の民家の代表的な間取りである。3間取りを改造している場合も多い。

江向家住宅（富山、現・日本民家園）
17世紀末〜18世紀初

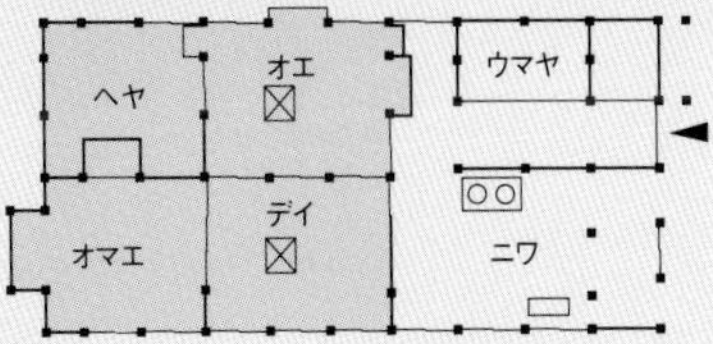

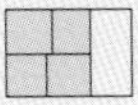

タテくいちがい4間取り。

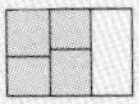

ヨコくいちがい4間取り。

■大きな間取り

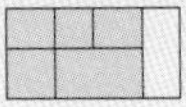

前座敷3間取りに2室付加した形。

作田家住宅（千葉、現・日本民家園）
主屋17世紀後・土間18世紀後
主屋と釜屋が別個の屋根を持つ分棟型

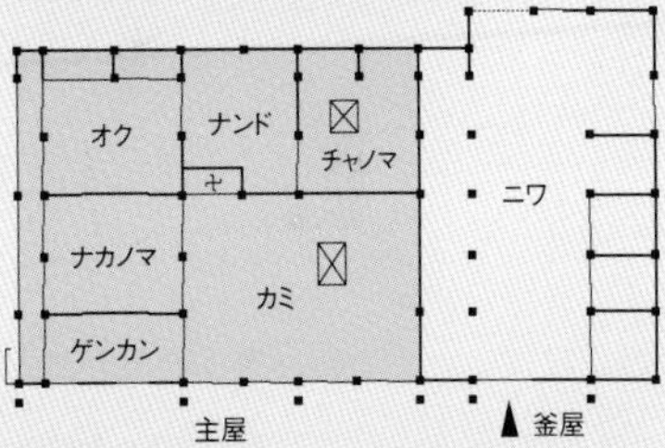

■併列型間取り

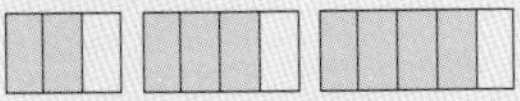

山間の傾斜地に建つ民家に多い。敷地の奥行が制約を受けるので、部屋の配置は横一列となる。

❖7-21

❖7-21 ［民家の間取り］（川崎市立日本民家園提供資料より）

場合，3間取り・4間取りを基本に座敷をふやす場合が多く，付書院・床の間など書院造要素の摂取も目立ってくる。なお，農家の場合，広い敷地中央に主屋を配するが，山間部では建物奥行が十分に確保できず，間取りは横一列に展開する。また間口の制約をうける町家は通り土間に沿って部屋を1列あるいは2列配する。

構造は軸部と小屋組とが分離するものが一般的で，軸部は上屋・下屋・又下屋(またげや)の構成により大規模化に対応し，差鴨居(さしかもい)や梁組の工夫により内部柱の省略が進む。小屋構造は棟木や桁の上に垂木を架け渡した垂木構造と，梁の上に叉首を組んだ叉首構造，梁上に束と貫を組んだ和小屋(わごや)が見られ，垂木構造は畿内を中心とした古い茅葺民家に多く，叉首構造は茅葺民家に広く分布する《7-22》。和小屋は茅葺以外の民家に標準的に用いられるが，茅葺き民家の場合も意匠的に採用するものがあらわれる。なお，民家の美しさは，露出した梁組の力強さによくあらわれている。また，養蚕の普及は，巨大な叉首を急傾斜に組んだ合掌造(がっしょうづくり)のような構造《7-23》を生み出した。

間取りと構造から生まれた民家の外観は，屋根のかたちに最もよくあらわれる。分棟型・曲がり屋・中門造・コの字型は間取りの特色が，合掌造の場合は小屋構造の特色がよくあらわれた例である。茅葺き・瓦葺き・板葺きなどの屋根葺き材料の違いによる外観の違いや，これらを複雑に組み合わせた感覚にも注意したい。また，茅葺屋根の場合，棟形式に地方色が発揮され，養蚕により屋根形状が大きく変化しかつ地域的特色を示す点は重要である。

町家の特質

町家は，都市部や宿場，在郷町など町場において街路に面して並び建つ庶民住宅で，建物前面の意匠や間口・棟方向・屋根形式などに一定の秩序が保たれている。ただし都市や畿内中心部と地方の在郷町では自ずから住宅形式が異なる。

都市の町家における中世から近世への変化は「洛中洛外図屏風(町田本)」により知ることができ，中世末期の京町家は間口3間程度の単層切妻造・平入(ひらいり)の板葺家屋が街路に面して建ち並んでおり《7-26a》，格子窓をもつ二階建家屋や隣家屋根境界に卯建(うだつ)を設ける例はごく僅かであった。また一部に草葺家屋も存在した。

これが17世紀前半といわれる「洛中洛外図屏風(舟木本)」を見ると《7-26b》，二階建で袖卯建(そでうだつ)を備えたものが標準化し，1階部分は開放的な店構えを示し，格子も目立ってくる。ここでは屋根は瓦葺きでなく，軸部や軒も木部が露出しているが，遺構によると，奈良県今井町の今西(いまにし)家住宅(慶安3年〈1650〉)や奈良市街の旧井岡(いおか)家住宅(17世紀末頃，現在川崎市立日本民家園)《7-24》など，17世紀後半には瓦葺き・外面大壁の耐火建築があらわれる。間取りはともに通り土間を有し，前者は2列6間取りで間口に余裕がある場合で，後者の1列3室は間口が狭く奥行が長い町家の典型的な間取りである。また，旧井岡家は通りに面した「みせ」部分前面を丸太格子で飾り，「しもみせ」部分は収納可能な揚店を備える。京都の町家は格子をより繊細とし，

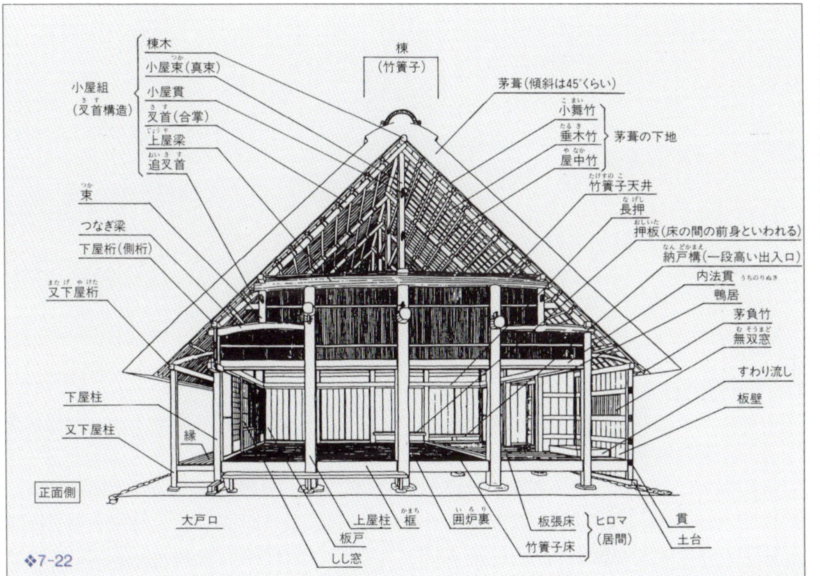

❖7-22

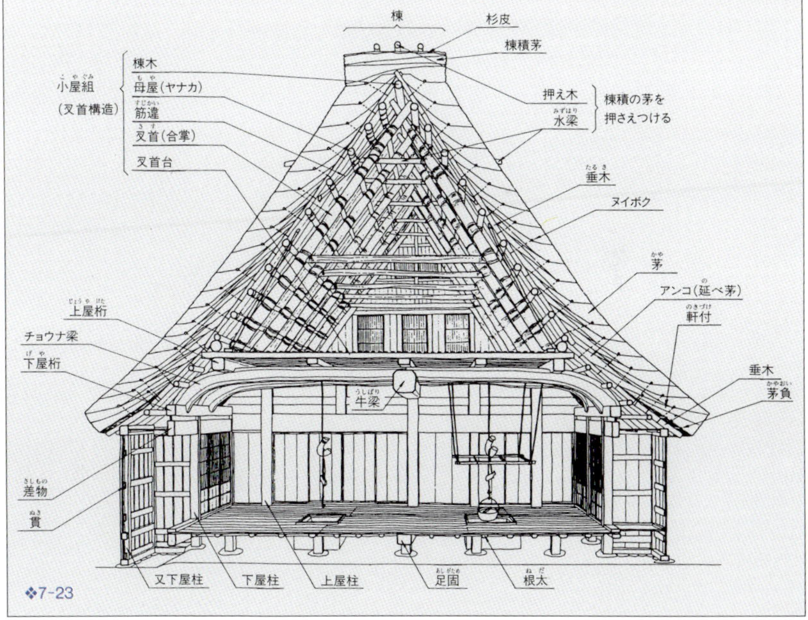

❖7-23

❖7-22 [一般的な茅葺民家の構造:旧北村家住宅(神奈川県秦野の農家)断面透視図]
❖7-23 [特殊な勾配(合掌造)の茅葺民家の構造:旧野原家住宅(五箇山・利賀村の合掌造)断面透視図]

❖7-26a

❖7-26b

その形式が各地の町家へ普及していく。一方，江戸の町家も相次ぐ火災をへて江戸時代後半には耐火建築に変貌するが，ここでは京都・奈良と意匠が異なり，土蔵風で重厚な意匠を示す。「みせ」の土間は奥まで通さず，敷地奥への出入りは主屋脇に路地を確保する。

同じ町家でも地方の宿場町や在郷町では異なる状況も認められる。長野県伊奈部宿の中心に位置した旧三澤家住宅(19世紀初期，現在川崎市立日本民家園)《7-25》は，通りに面して「みせ」を構え，格子状の雨戸や大戸口構え，中2階の格子，上手の式台玄関と座敷2室に町家としての意匠と家格を誇る。その一方で，屋根を石置板葺とし，囲炉裏のある「お

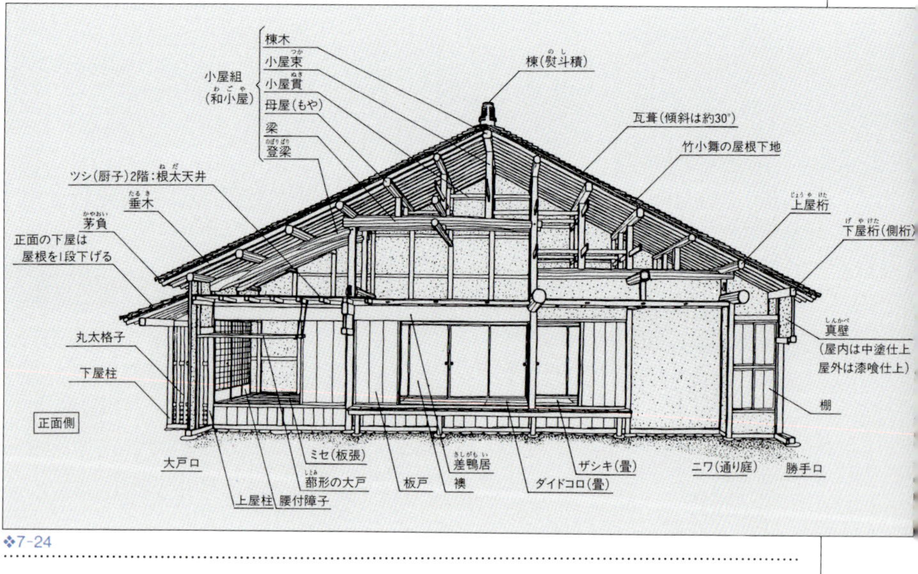

❖7-24

❖7-24 ［瓦葺大壁構造の町屋の構造:旧井岡家住宅(奈良市内の町屋)断面透視図］
❖7-26a ［「洛中洛外図屏風」(町田本)の京町屋部分］ 重文 16世紀前半 国立歴史民俗博物館，千葉
❖7-26b ［「洛中洛外図屏風」(舟木本)の京町屋部分］ 重文 17世紀前半 東京国立博物館

え」(居間)を中心とする間取りは近隣の農家と共通する。また会津大内宿は街道に面して茅葺民家が軒を連ねる。建物は妻入りに配するが，敷地に余裕があるため建物同士の間隔は十分確保され，敷地内に畑もあるため町並みは農村風景を交えた独特の景観を示す。

中下級武家住宅の特質

城下町における武家居住区は町人居住区と明確に区分される。武家の中でも階級差により居住区が分けられ，上・中級武士は天守・城主居館を取り囲んで配され，下級武士は城下町外郭に町人居住区を取り囲んで配されることが多かった。

武家住宅は原則として道路や隣地に建物が接することなく，敷地中央に主屋を配し，周囲に門と塀を巡らす。主屋は書院造の様式に基づく座敷飾と玄関の形式が，門の形式とともに重視された。実例は170石の中級武士住宅目加田家住宅(18世紀末頃)《7-27》である。表門を経て主屋付属玄関をすぎると，主屋正面向かって西半分に表座敷・裏座敷，東半部に板敷台所を中心とした内向きの部分，玄関東脇に中間部屋を配す。つまり1棟の主屋に玄関・公的な接客・内向きな接客・居住部・台所・使用人室など，武家住宅に必要な空間が盛り込まれている。なお，表裏の座敷が中廊下で区画される点は注目される。

これに対して足軽のような下級武士や江戸屋敷詰武士の場合は，長屋に住むことが一般的で，この場合は建物が街路に面する場合もあった。上級武士の詰所と考えられる厚狭毛利萩屋敷長屋(安政3年〈1856〉)は，入母屋造本瓦葺，漆喰壁で，街路に面して下見板張・出格子窓を設け，内部は式台玄関・供待・座敷を設ける点などに武家住宅の特徴があらわれて

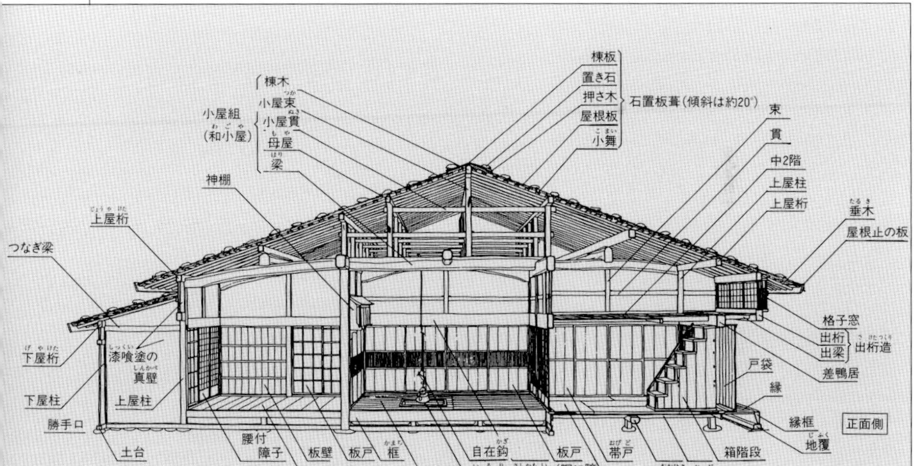

❖7-25

❖7-25 ［板葺町屋の構造：旧三澤家住宅(長野県伊那部宿の町屋)断面透視図］

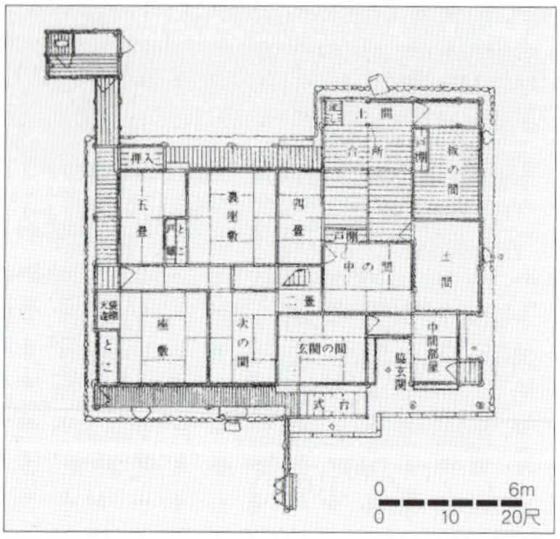

❖7-27

いる。

一方，新発田（しばた）藩足軽長屋（天保13年〈1842〉）は茅葺で，荒壁を腰板養生した質素な外観を持ち，間取りも6畳2間と囲炉裏付板間で，梁組を露出するなど農家と大差ない。なお，武家住宅の敷地と建築物は一般に藩支給であり，官舎的存在であった。また，武家住宅は農家の広間に相当する多機能室を有するが，応待を主目的とする点で農家と性格を異にしていた。このような多機能室の存在は，近世城下町の多くを占めた中下級武士住宅に標準装備されていたため，近代住宅における応接間の成立に，少なからず影響を与えたものと考えられる。

江戸の町割

慶長8年〈1603〉幕府を開いた徳川家康は，政権の中心都市となる江戸の町造りに着手した。諸大名を動員した「天下普請」の大事業は，3代将軍家光治世の寛永14年〈1637〉にいたり完成をみる。その構成は，江戸城を中心に周囲を武家屋敷で固め，海側に町地をとり，周辺に寺を配する整然としたものであった《7コラム》。

江戸町中心部の町割は，碁盤目状の街路により区切られた京間60間（約120m）四方を基本単位とする。この正方形街区をさらに縦横20間ずつ分かち，中央部を会所地（空地）とし，残りの敷地はいずれも街路から奥行20間とし，間口5間程度とする。こうした正方形街区による町割は，他に駿府・名古屋など徳川家康の関与した町に限られるようで，近世城下町において珍しい存在といえるが，規模の点で古代平安京の条坊制（40丈四方約120m）に近い。また会所地の設置は，京都において，本来の街区単位より街路両側の区画がまとまって「両側町」を形成する状況と類似する。しかも近世の京都は，豊臣秀吉により防備への配慮，寺町・公家町・武家町の設立，小路による町割再開発などが行われている。さらに江戸の町造りに重要な役割を果たした御大工の中井正清（なかいまさきよ）（1565-1619）や大商人は，いずれも京都の事情に精通していた。したがって，町割のみならず江戸の町造り全体が，中世－近世初頭を経て変化した京都の都市構造を参考にしていることは明らかである。

❖7コラム

明暦3年〈1657〉の江戸大火後の復興に際しても基本的な町割は踏襲されているとみてよく，現在も都心の街路や街区にその名残をみることができ，寛永時に完成した町割が，その後の江戸・東京の都市構造に大きな影響を与え続けている。

❖7-27 ［目加田家住宅平面図］（日本建築学会編『日本建築史図集』より）
❖7コラム ［「武州豊嶋郡江戸之庄図」（寛永江戸図）］ 東京都立中央図書館

8

The Concise History of Japanese Architecture

近代［明治・大正・昭和前期］

ひながた主義との格闘

中谷礼仁

はじめに

ひながたと様式

日本建築の歴史において，様式に近い意味あいの言葉を探してみると，「造(作)り」，「様(用)」，「風」，「ひながた(雛形)」などをあげることができる。これらはそれぞれ微妙に意味が違っているし，その扱う領域も様々である。特に日本近代における建築「様式」観を考えるにあたって，検討しておきたいのは「ひながた」という言葉である。

ひながたとは，何かを作成する際の見本，あるいは模型といった意味である。ひながたという言葉が日本建築の世界においてしきりに登場するようになるのは，雛形(ひながた)書という，棚や欄間，建具といった細部についてのパターンブックが公刊されるようになった近世後期であった。春夏秋冬，有名人にちなむ装飾，花鳥風月もあれば，異国風のデザインもある。つまりここでは取り替え可能な装飾的部位だけが突出して扱われているのである。この傾向は近世の後期になればなるほど著しい《8-1》。日本において様式建築といった場合に思い浮かべる細部装飾のイメージは，どうやらこのひながたの意味するところに近いようである。

一方で本来の様式，つまり西欧にいうスタイル(style)は，ひながたとは異なった意味をもっていた。美術用語としてのスタイルは，西欧での確立期(17-18世紀)において，大きくは時代的な，小さくは特定の個人による製作物までを見分けることのできる全体的な特質を指していた。「スタイルがいい」というときには，おそらくそんな意味で用いられる。これは細部装飾としてのひながたとは，ほとんど正反対の包括的な考え方である。

さしあたり様式には，以上のように，細部装飾的な側面と全体構成的な側面の二つがあると考えてみたい。細部と全体とはお互いに規定しあうから，両者はやはり切り離せない関係にある。しかしながら，その関係には幅がある。どちらかを忘れてもやはり何らかのかたちは成立するだろう。ここでは，そんな両者の関係から，明治維新前後から昭和初期までの，日本近代建築の様式的特質を考えようとしているのである。

「ひながた主義」と折衷主義との共通性

さて，日本近世においてひながたとしての様式理解が進展した原因として考えられるのは，建築様式の固定化と建設量の増加である。日本の近世では，社寺のような一定の様式をもった建築が，それまでの建立主であった上流階級ばかりでなく，小さな村や町の共同体によっても建てられるようになった。そのとき，それほど知識のない大工にとっては，装飾のひながた(見本)があるとありがたい。そのひながたを真似てつけることによって，それなりの雰囲気が生まれるからである。このようにして日本建築の様式は，ひながたとして国内に広がっていったのである。これは建築だけに限らず，商品経済が展開しつつあった世界的な傾向と時期を同じくしている。つまり近代的な問題ともいえる。こう考えてみると，ひながたこそ，私たちに特有の様式観をかたちづくった可能性が強い。日本近代における「様式」観の一方の源流として，これを試しに「ひながた」主義と呼んでみることにしよう。

すると面白いことに，このような「ひながた」としての様式把握は，実は西洋においても同時代的な傾向であった。つまり様式建築の末期である19世紀中葉に最盛期を迎えた折衷主義において，その傾向が顕著になるのである。折衷主義とは，様々な時代，地域の様式を自在に折衷しうる装飾構成方法のことである。ゴシック，ルネッサンス，バロックといった時代様式の再解釈のみならず，エジプトやイスラム，あるいは中国というような世界各地の様式もが対象になりえた《8-2》。建築の用途に合わせて様式が選択された。日本の同時代と同じように，パターンブック（雛形書）が多数出版された。日本の「ひながた」と同じように取り替え可能な要素となった。つまり細部を自在に折衷するには，「ひながた」のように，実はその細部をつなぎ止めていた特定の様式の構成から切り離される必要があった。応用自在な折衷主義の裏には，断片化された「ひながた」主義があるのである。

この変質は，先のように様式を全体的構成とする考え方（つまりスタイル）にとっては，ほとんど正反対，つまり矛盾している。両者をつなぐものは何だろうか。これを説明するには，折衷－「ひながた」主義に特異な，隠れた構成論が存

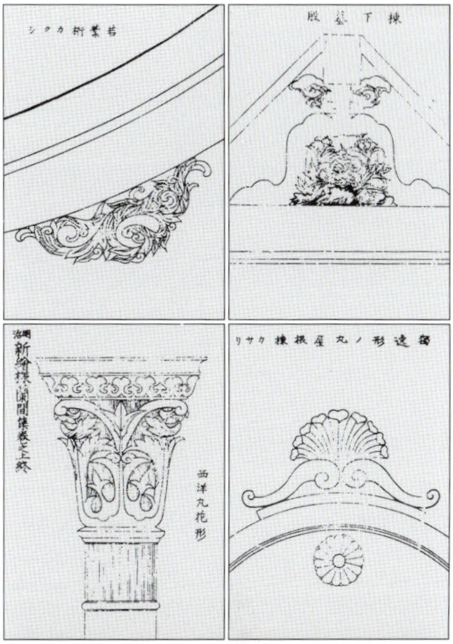
❖8-1

❖8-2

❖8-1 ［明治期においても出版された雛形書の一例］（『新絵様欄間集』明治35年〈1902〉より）
❖8-2 ［ソーン美術館ドーム断面図］（ジョージ・ベイリーによるドローイング 1810年 Sir Soane's Museum, London）

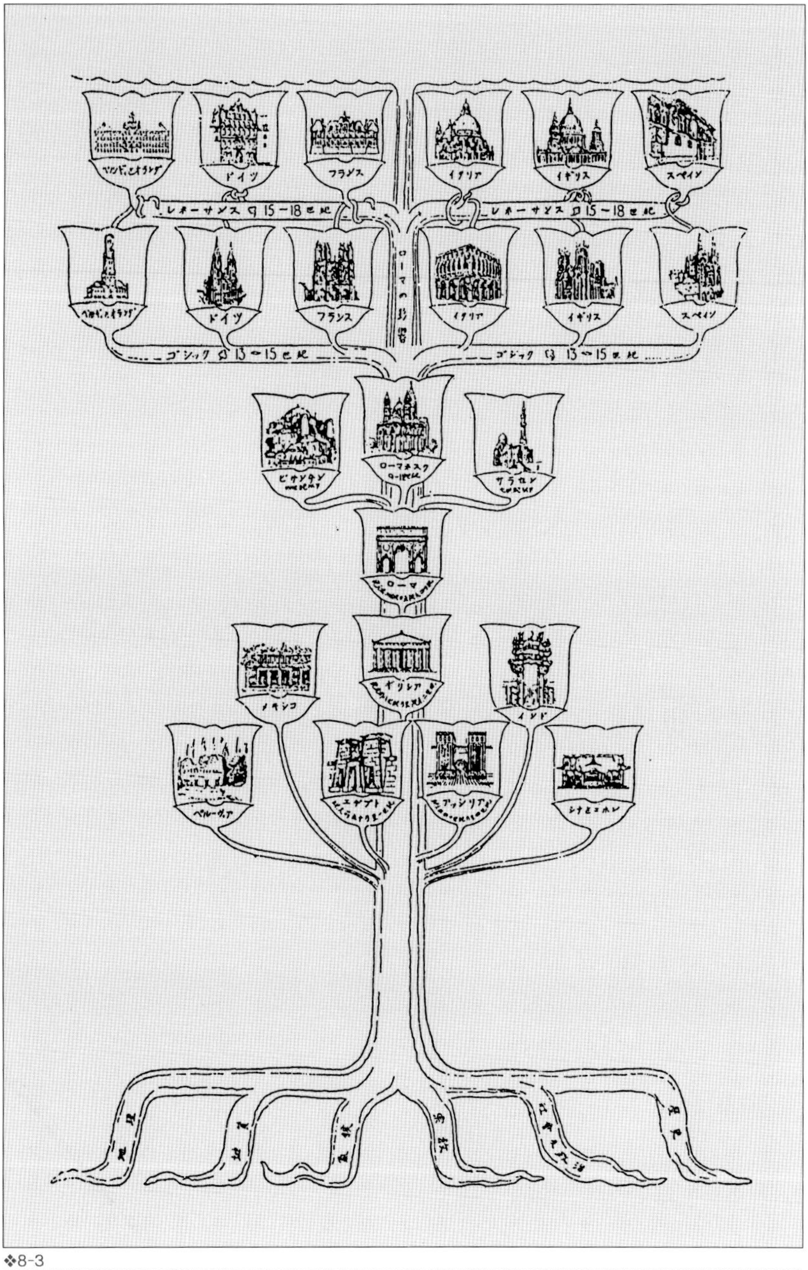

❖8-3

❖8-3［建築史家B.フレッチャーによる建築の樹］（『A history of artitecture on the comparative method, 1896』より）

在すると考えるしかない。各時代の，互いに異質であった歴史的モチーフを秩序だてるには，実は比較しようもないそれら各様式の優劣を相互に比較できるような，均質な基準が必要になるのである。この別次元の基準が，後の近代性(モダニズム)の萌芽であった。このような折衷主義の様式論理は，西欧の植民地支配とともに発見された世界の各地の文化を，西欧世界にとって安全に消化しうるフィルターとして働いた。ヨーロッパの起源と目されたギリシア・ローマは，その中でいちばん優れた様式であり，イスラム，アジアは傍流として位置づけられた《8-3》。このような世界様式の「ひながた」的な把握は，実は同時代の鎖国・日本の近世における建築理解の方法にも，遠い影響を，あるいは共通の異文化理解のパターンをなしていたと考えたい。通常日本の建築における近代の本格的な開始は，明治政府の殖産興業の一環としての西洋の様式建築の移植によって代表される。そして移植された当時の様式建築とは，まさにこの折衷主義だったのである。よく日本における西洋建築のすみやかな摂取が指摘されるが，そのすばやさは，「ひながた」主義と折衷主義との共通性においてなりたっていたともいえる。そして同時に様式という考え方が本来宿していた建築の全体的な把握は，近代の建築の作り手たちにとって，むしろなかなか到達しがたい理想点として，常にそびえ続けることになる。

さて以上のような様式の「ひながた」的理解は，近代日本においてどのような課題をもたらしたのだろうか。およそ以下のような論点に整理されそうである。

日本近世・「ひながた」主義からの西洋建築の理解

明治初年から10年代にかけて，後に擬洋風建築(つまり西洋式建築の真似)と命名された建築群が，日本全国津々浦々で建設された。これらのほとんどは，地域の共同体を施主とした近世以来の大工棟梁，いわゆる在来技術者の手によるもので，彼らにおける西洋建築認識の端的な例として考えることができる。建築類型としては学校が特に多く，当時最新の公共建築に，最新の開化的モチーフを採用しようとしたのである。それらは西洋建築のオリジナルに対して，構造が在来であったり，あるいは漆喰塗りの大壁(柱梁を露出させない壁)仕上げにして西洋建築をまねるといった日本側の技術的特徴を併せもっていた。また唐突にバルコニーや塔屋を付加したりするのは，各植民地で発生したコロニアル様式の影響である。幕末からの居留地における外国人住居からの経由だろう。これら擬洋風は，これまでは大工が見よう見まねで作った稚拙な西洋建築として作品的には一段低い評価がなされていた。しかしよく考えてみると，なぜ大工がよく知らない西洋の各様式を「見よう見まね」でそれなりに作りえたのかという問題自体が，大きな謎である。そのメカニズムを「ひながた」主義との関連でみていこう。

❖8-4

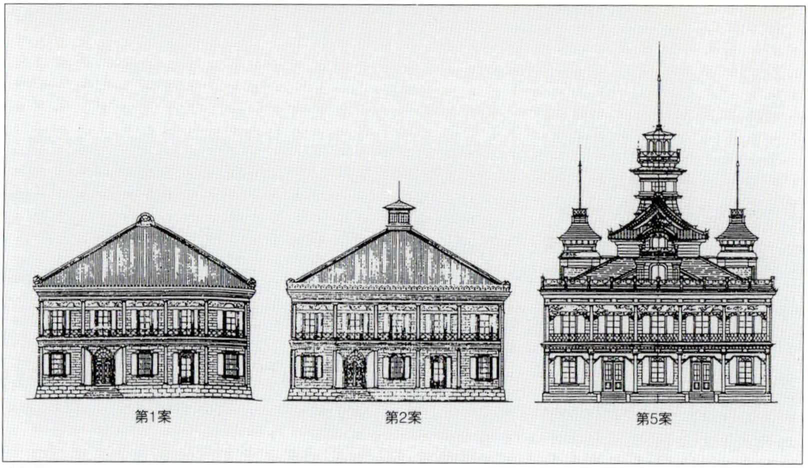

❖8-5

擬洋風建築の嚆矢と目される2代目清水喜助(1815-81)による外国人旅館の築地ホテル《8-4》，あるいは同じ作者による後の第一国立銀行(海運橋三井組)では，和洋混在の装飾モチーフが大胆に採用されている。その混在は大工の構想力の限界ではなく，むしろ意図的に行われたらしい。設計のプロセスをみると，和洋双方のひながたが時には交換されつつ，パッチワークのように連結されていく過程がよくわかる《8-5》。そのような意識的な混在は，柔軟に対応しうる日本建築の構造技術がまずあり，そして和洋双方の建築様式をひながたとして均質的に理解する土壌があってこそ可能だったのである。

大工棟梁・立石清重(1829-94)による松本開智学校《8-6》は，その奇抜なモチーフの混在によって，擬洋風建築の中でも，とりわけ名高いものである。その正

❖8-4　2代清水喜助[築地ホテル]　明治元年〈1868〉　東京(一曜斎国輝[錦絵　築地ホテル館]　博物館明治村より)

❖8-5　[2代清水喜助「第一国立銀行」(海運橋三井組，明治5年〈1872〉)の計画立面図，第1案・第2案・第5案](初田亨の復元による)

❖8-6

❖8-6　立石清重［旧開智学校（現松本市立博物館）］　重文　明治9年〈1876〉　長野

❖8-7

面の突き出し部分における天使の像は，当時の東京日日新聞の表紙から引用されたことは有名である。ここからも当時の「ひながた」的理解が，建築ですらない分野のモチーフまでを咀嚼していたことがうかがえる。また原則を無視したプロポーションも擬洋風の特質としてあげられることが多い。強調されたアーチ，異常に発達した隅石，漆喰で何段にも塗り上げられた軒蛇腹，確かに興味は部分に向けられ，全体との連関が忘れ去られているようである。このような性格も，部分から発想する「ひながた」主義の特徴である。

しかしながら，以上のような性格をベースとしながら，生産者の創意や習熟によって新しい表現や，より本格的な様式に向かうこともあった。たとえば先の開智学校の妙味は，むしろその断片的なモチーフを用いた発見的な構成感覚にあるのである。ギリシアのペディメントは唐破風に，ベランダの手すりは天上の雲に見立てられる。意味が二転三転している。このような操作は，実は西洋における折衷主義建築における優れた組み合わせ例と，基本的に同質なものである。その後擬洋風は，本格的な洋式建築教育を受けた日本人建築家たちの台頭によってしだいに姿を消していったといわれている。しかしながら擬洋風を在来技術者による西洋建築の解釈と考えた場合，東北地方で活躍した棟梁・堀江佐吉（1844-1904）による現青森銀行記念館《8-7》のように，明治の末期に竣工している例もある。擬洋風建築の最終型ともいえる，この作品における西洋建築の把握は，初期に比べ格段に習熟したものになっている。その寸法感覚にやや個性をもっているが，当時の日本人建築家による作品に比べて，全く遜色のない完成度をもっている。この意味で擬洋風は，当時の様式理解において，正当なプロセスをはらんでいたのである。

その他の有名な作品に，吉村松太郎（生没年不詳）の宝山寺獅子閣（明治17年〈1884〉，奈良），伊藤平左エ門（1829-1913）の見付学校（明治8年〈1875〉，磐田），高橋兼吉（1845-?）の鶴岡警察署（明治18年〈1885〉，鶴岡）など，このほかにも数多く残っている。全国各地にちらばった，異文化遭遇の証人たちである。また擬洋風の中で特に気になる独特の系譜が，このほかにあるような気がするのだが，それについてはコラムにて紹介したい。

❖8-7　堀江佐吉［旧第五十九銀行本館（現青森銀行記念館）］　重文　明治37年〈1904〉　青森

❖8-8

❖8-9

外国人建築家・折衷主義からの日本理解

日本の近代建築は，明治政府を主体とした建設活動によって，大きく展開していった。その初期において，日本に西洋建築を実現させる役目を担ったのが，外国人技術者（あるいは建築家），いわゆるお雇い外国人たちであった。彼らの歴史はだいたい次のようにまとめられる。

まず幕末から明治初期にかけての専門の建築家教育を経ていない外国人技術者たちの活動期。代表的な人物として泉布観（せんぷかん）《8-8》，造幣寮鋳造場（明治4年〈1871〉，大阪）などを設計したアイルランド出身のT.J.ウォートルス（生没年不詳）があげられる。その多くはペディメント（切妻屋根）とオーダーの柱で構成されたいわゆる古典主義に属している。

❖8-8 J.T.ウォートルズ［泉布観］ 重文 明治4年〈1871〉 大阪
❖8-9 J.V.カペルレッティ［遊就館］ 明治14年〈1881〉 東京

❖8-10

❖8-11

古典主義は本格的な建築家教育を受けていない技術者にとっても，こなしやすいシンプルな様式だったからであろう。また北海道においてはアメリカ流の独自の西洋建築の移植過程があった。次に，より専門的な外国人建築家たちの活動期がある。イタリア人建築家J.V.カペルレッティ(?-1887)によるゴシック様式の遊就館(ゆうしゅうかん)《8-9》や，イギリス人建築家C.A.C.ド・ボアンヴィル(1849-?)によるドリス，イオニア，コリントの三つのオーダーが重ねられた工部大学校舎(明治10年〈1877〉，東京)など，当時の折衷主義を反映して，その様式表現の幅もしだいに拡大した。なかでも代表的な人物として，明治10年〈1877〉，帝国大学教授として赴任し(明治17年〈1884〉独立)，日本近代建築の父といわれた功

❖8-10　J.コンドル［旧岩崎家茅町邸(現最高裁判所司法研修所)］　重文　明治29年〈1896〉　東京
❖8-11　エンデ&ベックマン［東京裁判所第二案正面中央部］（「THE BUILDER」　明治20年〈1887〉より）

労者J.コンドル(1852-1920)があげられる。彼は様々な様式をこなした折衷主義者であったが，同時に東洋的なモチーフを取り入れた奇抜な作品もいくつか残している。なぜならさきほどの「ひながた」－折衷主義からすれば，西洋の各モチーフも日本のそれも，基本的には同じ構成手法のうえにあるからである。むしろ日本の中の外国人たちにとって，辺境の土地で活躍することのアイデンティティは，積極的に東洋的なモチーフを採り入れることに向かわせただろう。現存する彼の比較的初期の作品である岩崎家茅町邸《8-10》では，その基調はイギリスにおける初期ルネサンスの時期にあたるジャコビアン様式だが，内部装飾には東洋的としてイスラム的なモチーフが随所に採り入れられている。この傾向は，現存していないが初期作品のほうが強いようである。たとえば上野博物館(明治15年〈1882〉，東京)では，インドやイスラム風の様式をふんだんに採り入れている。それは外国の折衷主義者がうけとめた欧化しつつある当時の日本の姿であったともいえるだろう。また欧化主義者である井上馨が先導した霞が関の官庁集中計画(明治19・20年〈1886・87〉)を一手に引き受けた，ドイツ人建築家エンデ&ベックマン(1829-1907, 1832-1902)は，日本に本格的なネオ・バロック様式を紹介したことで著名である。と同時に彼らも，オリエンタリズムに満ちあふれた東京裁判所計画を提案している《8-11》。

日本人建築家による西洋建築理解の展開

先のコンドルなど外国人建築家により，日本においても本格的な建築家教育が始まる。その舞台となったのが国立の最高学府であった工部大学校造家学科(現東京大学建築学科)であった。明治12年〈1879〉に，辰野金吾(たつのきんご)(1854-1919)ら4人が初めての卒業生となる。彼ら日本人建築家の本格的な活動は，政府主体の事業を中心に，明治20年代以降に活発化する。彼らは近代国家としての日本像を建築において様式化する役目を背負わされていたのである。この役目は，その一番の象徴となるべき国会議事堂建設(遅れに遅れていた)を促すために開催された座談会「我邦将来の建築様式を如何にすべきや」(明治43年〈1910〉)あたりで一応の終止符が打たれ，またしだいに近代主義が興隆し折衷主義的な様式論争の意義が徐々に低下するまで(大正期)，常に意識されていた。彼らによる西洋建築も，折衷主義の枠組みの中で実践されていったわけだが，現地でのそれに比べて，平板で味がないと評されることが多い。もちろん地域に依存する施工技術のちがいは圧倒的な影響力をもつであろうけれど，デザインの中においてもその平板さ，いいかえれば意味の薄さを象徴している部分がある。その話を中心に，彼らによる様式理解の展開を考えてみたい。空白のメダイヨンについてである。

メダイヨン(あるいはメダリオン・medallion)とは，円形またはそれに近

❖8-13

❖8-12

❖8-14

❖8-15

❖8-12　［ヴィッラ・マダーマの室内におけるメダイヨン］　1516頃
❖8-13　片山東熊［旧帝国奈良博物館（現奈良国立博物館）］　重文　明治27年〈1894〉　奈良
❖8-14　片山東熊［旧東京帝室博物館表慶館］　重文　明治41年〈1908〉　東京
❖8-15　片山東熊［旧赤坂離宮（現迎賓館）］　国宝　明治42年〈1909〉　東京

いかたちの枠でふちどられた装飾のことをさす《8-12》。四角いパネル装飾もここでは同じ意味を持つものとして扱う。西洋建築の場合，壁面などに多用される。ローマ建築にすでに遺例があるが，時代が降るにつれて複雑化し，ルネサンス期のイタリアでは，枠組みを飾り，中央に建物にいわれ深い人物の胸像や家族の紋章などを浮き彫りで表す形式が流行した。つまり，しだいに自律してくるのである。このメダイヨンは建築的装飾でもあったが，同時に最も建築的でない装飾でもあった。なぜなら柱と柱の間の壁面，アーチの下部といった，建築的な部位の空白を埋めるモチーフだからである。つまり建築におけるメダイヨンは，施主の肖像といった，建築以外のコンテクスト（文化的文脈，つまり「味」のこと）を挿入させ，建築家にとってはそれを建築的部位に調停させることが腕の見せ所になったのである。

この性質からいってもメダイヨンは日本人建築家にとって，最も習得のむずかしい対象であった。せめて建築的な部位であれば学習によって慣れることができる。しかしメダイヨンに描かれるべきなのは建築以外の文化的象徴だからである。そこに単に日本建築の装飾要素を採用することはできないし，かといってメダイヨンのモチーフまで西洋の真似もしにくい。日本近代という時空のリアリティに欠けるからである。メダイヨンは以上のような意味で，建築家にとって最も意味の充塡がむずかしい部位だったのである。

このメダイヨンの近代日本における展開をみるには，西洋宮廷建築の名手として名高かった，宮内庁お抱えの建築家・片山東熊（かたやまとうくま）（1853-1917）の作品群を検証するのがよい。片山の最初期の作品である旧帝国奈良博物館《8-13》，旧帝国京都博物館（明治28年〈1895〉）の外壁は，いずれも空白のメダイヨンの羅列である。空白が反復するその雰囲気は異常と思えるぐらいである（京都の正面のペディメントには，かろうじて日本古代の男女神が刻まれている）。そして最後期の表慶館《8-14》，日本近代を代表する西洋建築である赤坂離宮《8-15》では，もしかしたら近代日本を象徴しようとしていたのかもしれない創意のある図像，彫刻でようやく満ちてくるようになる。もちろんメダイヨンの中は，その他の芸術ジャンルの人々の協力によって成立するものであるから，やっとこのころ，曲がりなりにも，近代日本を図像的に象徴しうるような美術的モチーフが醸成されてきたと考えたほうがよいであろう。

このほかに明治期様式建築を代表する作品として，東京帝国大学教授であった辰野金吾（後に日本人初の独立事務所を設置）による日本銀行本店《8-16》があげられる。メダイヨンに比較して，建築全般の様式習熟は，より早期に進展しえたことがわかる完成度の高い作品である。東京駅《8-17》の作者でもあった辰野は，その後期において19世紀後期に流行したイギリスのクイーン・アン様式を自己のものとし，赤レンガと白の隅石によって構成される，そのリズミカルで華やかな「近代日本」の建築像を作りあげた。また，日本人建築家による比較的初期の和風表現として旧日本勧業銀行（転用され千葉に一部現存）《8-18》があげられる。

❖8-16

❖8-17

❖8-18

❖8-19

❖8-16　辰野金吾[日本銀行本店]　重文　明治29年〈1896〉　東京
❖8-17　辰野金吾・葛西万司[中央停車場建物展覧図(東京駅着彩立面図)]　交通博物館，東京
❖8-18　妻木頼黄[旧日本勧業銀行]　明治32年〈1899〉　東京
❖8-19　伊東忠太[築地本願寺]　昭和9年〈1934〉　東京

❖8-20

❖8-20［国会議事堂中央階段天井および壁面］ 昭和11年〈1936〉 東京

この和風表現も先の「ひながた」－折衷主義の共有する地平である。その設計者であった妻木頼黄(1859-1916)は，当時の官庁建築において絶大な権力をもった建築家であった。また後にこれら折衷主義的な日本表現をおしすすめて，独特の汎東洋様式まで進んでしまった例として，建築史家・伊東忠太(1867-1954)による諸作品があげられる《8-19》。

空白のメダイヨンの顛末を少し述べておく。大蔵省営繕による国会議事堂(昭和11年〈1936〉)は，日本における折衷主義建築の本質的な終わりを告げた作品である。建設の発議から完成まで何と半世紀かかったわけであるが，その時間は曲がりなりにも日本という近代国家が自らにふさわしいモチーフを決めるまでの猶予期間であった。採用された屋根の基壇状の様式は，ギリシアの周縁のカリアに建設された霊廟・マウソレイムであったことがすでに指摘されている。設計者がヨーロッパの起源としてのギリシアではなくその周縁の様式に目をつけたことは，近代における日本の位置づけを考えるうえで，とても興味深い選択眼であった。これは日本という極東の設計者が見つけた，様式において西欧世界の起源そのものを相対化しようとする末期的な態度であったからである。そしてその国会議事堂には，多数の空白のメダイヨンが息づいているのである《8-20》。装飾としての国家表現という枠組み自体が，近代主義の台頭の中で消えていったのであろう。メダイヨンはふたたび描かれないままになってしまったのである。

近代主義建築の様式的位置づけ

19世紀末から20世紀初頭にかけて，西欧においては折衷主義以降を標榜する様々なムーブメントがおこった。有機的曲線を多用したアール・ヌーボー，アール・ヌーボーの批判的発展形であるセセッション(分離派)，彫塑的表現の中に自己表現を試みた表現主義，流線型に代表される幾何学的なアール・デコ，機械や工場を美学の範に置いた未来派などなど。これらは日本においても，何年かのタイムラグ(時間のずれ)を伴いつつ実現していった。

しかしそれら試みは，1910年代から20年代，ちょうど日本においては明治末から大正，昭和初期にかけて，現在にいう近代主義(モダニズム)建築へと収斂していく。その特徴はいろいろあるが，俗に「豆腐を切ったような」といわれる，装飾的細部を欠き，均質で滑らかな表面をもつ四角い箱のイメージがいちばん強いであろう。それは鉄，コンクリート，ガラスといった近代の建築素材の作られ方を，建築表現に反映させようとしたことが基本にあった。これら工業素材は，19世紀の産業革命以降すでに用いられていたが，折衷主義建築の陰に隠れた存在だったのである。ここで重要なことは二つある。一つは近代を成り立たせた均質な基準は，国家を基盤とした科学産業，工業製品が規格寸法として実体的に

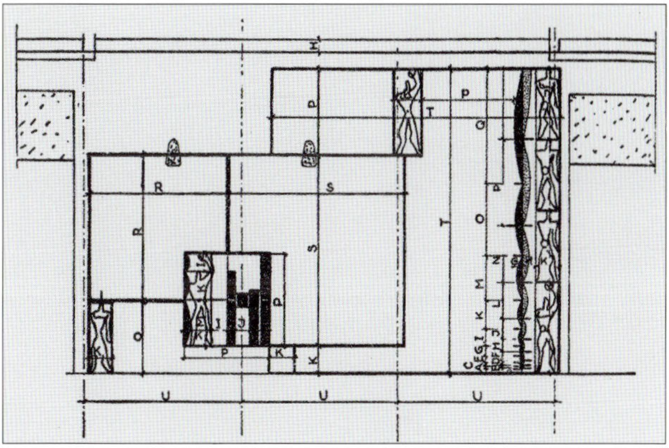

❖8-21

保証されていたこと。しかしながら同時に，近代主義建築の立役者であったル・コルビュジエ（1887-1905）が様式建築のプロポーションを再発見し，各細部を関連づけたように《8-21》，近代主義建築はできあいの工業製品による均質な寸法，構法，仕様基準を追認しただけではなかったことである。そうでなければ工業製品を主体的に変革する契機がなくなってしまう。だから近代主義建築も，やはり様式的な存在として考えることができるのである。彼らが切り捨てたのは，近代工業的素材に見合わない細部のあり方，つまり過去の生産様式による装飾のかたちだったのである。

日本においても，この近代主義の風潮は比較的初期に現れてくる。たとえば，日本初の鉄筋コンクリート造のラーメン（柱梁）構造を採用した遠藤於菟（えんどうおと）（1865-1943）の三井物産横浜支店第1号館《8-22》における，そのプレーン（平板）な立面の完全な達成は驚くばかりである。これは経済的合理性がモダニズム建築よりも先行して表現されたアメリカの超高層建築（19世紀末には本格化している）の影響と考えるべきではあるが，それにしても，その世界的同時性は特筆すべきである。

しかしながら不思議なことに，日本における建築の近代主義は，その後あまりおもてに現れることなく，どちらかというと折衷主義の裏で，構造技術的に成熟していく。つまり様式を与えられないのである。新進の耐震技術者であった佐野利器（さのとしかた）（1880-1956）の設計による，日本初の鉄骨カーテンウォール（外壁が荷重を担当しない工法）による丸善書店《8-23》では，彼の急進的な科学主義にもかかわらず依然と装飾は付加され，構造は隠されていた。以降，大正期から昭和期にかけての鉄骨，鉄筋コンクリートを用いた都市建築一般は，装飾と構造（隠れた構成）というセットによる設計が一般的であった。日本近代における西洋様式建築は，このような枠組みの中で成熟していった《8-24》。設計も装飾を担当す

❖8-21 ［ル・コルビュジエによる比例法，モデュロールの一例］（ル・コルビュジエ『モデュロール，1948』より）

❖8-22

❖8-23

❖8-22　遠藤於菟[三井物産横浜支店第1号館(現三井物産ビル)]　明治44年〈1911〉　神奈川
❖8-23　佐野利器[丸善株式会社]　明治42年〈1909〉　東京

❖8-24

❖8-25

❖8-24 岡田信一郎［明治生命館］ 重文 昭和9年〈1934〉 東京
❖8-25 渡辺仁［旧東京帝室博物館（現東京国立博物館）］ 重文 昭和12年〈1937〉 東京

る建築家と構造設計を担当する構造家というような，職能の分離が始まった。

昭和初期の都市高層建築において，装飾的部分はようやく姿を消しつつあったが，完全に消え去ったわけではなかった。装飾を残しておくことは，近代日本にとっては非常に都合がよかったからである。たとえば昭和10年代に流行した，帝冠様式があげられる。ここでは近代建築的な軀体の上に，日本的な大屋根が装飾的に付加されている《8-25》。つまり近代主義建築を前提にしつつ，日本的な独自性(当時日本趣味ともいった)をも表現しやすかったからある。結局ここにみるのは，「ひながた」主義の残滓である。均質的な工業製品が近代建築の主要な構成材となった時代において，日本的表現は装飾的に扱われざるをえなかったのである。

その結果，本論にいう総合的な様式としての日本の近代主義建築は，現れにくかった。構造技術に対立して結成された若手建築家らによる分離派(大正9年〈1920〉)の進展以来，常に少数派のアヴァンギャルド(前衛)たちによって担われたのである。当時の近代主義建築の代表例に，建築家・土浦亀城(1897-1996)の自邸《8-26》，分離派であった堀口捨己(1895-1984)の若狭邸(昭和12年〈1937〉，東京)などがあげられる。しかしながら近代主義建築は，その単純なみえがかりによって，理解されることも多かったであろう。豆腐のイメージが一つのひながたにほかならないように，そのクリシェ(紋切り型)の発生も，案外早かったのである。

これら折衷主義から近代主義へと至る過渡期的な流れの中で，民間の，いわゆる商業建築の果たした役割について触れておきたい。商業建築とは，日本近代の高密な都市化にともない現れてきた，オフィスビルやデパートメントストア，あるいは劇場，飲食店，キャバレーといった遊楽施設をさしている。これら雑多な都市建築に共通しているのは，不特定多数に向けた分かりやすい装飾性と同時に，厳しいまでの経済的合理性－均質な基準の追及であった。この意味において商業建築は，「ひながた」－折衷主義における装飾と構造の分裂的な関係を，本来的な方法論として構築していたと考えられる。たとえば当時の代表的商業建築家であった渡辺節(1884-1967)の場合，各種の建築様式を自在に扱いながら，同時に構造，設備面において新技術の積極的な導入に努めていた。

これらの流れから，昭和を通じてオフィス，飲食店，教会，数寄屋住宅とあらゆるビルディング・タイプをこなした建築家・村野藤吾(1891-1984)が登場してきたことは注目に値する《8-27》。彼の初期の論である「様式の上にあれ」(大正8年〈1919〉)は，日本近代における建築様式の展開の諸問題について触れたものである。その核心は，過去の様式建築と「現在」の近代主義的な建築との間にある様式的な断絶の克服にあった。「現在」の建築の姿は，(ひながた的な)単なる近代主義の採用ではなくして，様式主義建築の根底的な批判によって展開されるべきであることを強調している。商業建築の本質を知っていた村野ならではの認識であろう。

❖8-26

❖8-27

❖8-26 土浦亀城［土浦邸第二］ 昭和10年〈1935〉 東京
❖8-27 村野藤吾［森五商店東京支店（現近三ビル）］ 昭和6年〈1931〉 東京

近代数寄屋における「ひながた」主義の乗り越え

さて日本近代には当然のように，西洋折衷主義建築，後に興隆した近代主義建築以外の系譜も存在していた。その最も大きなものは日本の伝統建築の流れである。それらの中でひときわ近代との接点をもった建築様式として，数寄屋造りのことを考えてみたい。

近世初期に発生した数寄屋造りは茶室を発生の起源としているが，確固とした様式というよりも，当時の格式的な住様式であった書院造りに優雅でひなびた雰囲気がつけ加えられたものである。その担い手であった上流の数寄者たちは，既存の建築システム(書院造り)に依存しながら，剰余としての数寄屋的部分を建築表現に加えることができたのである。このような数奇者の屋だからこそ，数寄屋造りの手法は，明治以降おしよせてきた西洋的文脈(いわば新しい書院造り)をも相対化できる可能性をもっていた。それらの流れは現在，近代数寄屋と総称される。

興味深い建築作品集がある。昭和10年〈1935〉年の発行『数寄屋建築』(建築世界社)では，当時の近代数寄屋の佳品が集められているのだが，大きく二つのグループに分かれている。一つは建築家・吉田五十八(よしだいそや)(1894-1974)の作品群(もちろんすべて木造)である。彼だけで作品の半分弱を占めている。もう一つはその他大勢の，今となっては無名の作品群である。この二つは様式上大きく隔たっている。後者には「ひながた」主義がまん延している《8-28》。数寄屋的な部分(装飾)を単に積み上げることで数寄屋が造られているようである。つまりここには全体的な構成をとらえ直す視点が希薄なのである。

それに比較した場合，前者である吉田の明朗性(彼のキーワードであった)は驚くばかりである。大正期以来，建築家・武田五一(たけだごいち)(1872-1938)，藤井厚二(ふじいこうじ)(1888-1938)らが優れた数寄屋住宅を発表してはいたものの，吉田のような思い切った要素の還元は異質であった。彼の明朗性への試みとは，当時の近代主義の潮流の中で，その文脈においても通用しうる性格や要素だけを伝統的要素から採用，強調するという様式をもっていたわけである。彼はその具体的な提案として，たとえば柱と壁とのとりあいにおいて，極度に構成要素を抽象化し，見えがかりの線を単純化していくように当時の論文で主張している。小林古径(こばやしこけい)邸《8-29》，イス座とユカ座を床高を変えることで統一した吉屋信子(よしやのぶこ)邸(昭和11年〈1936〉，東京)，岩波(いわなみ)邸(1940年〈昭和15〉，熱海)，自邸(1944年〈昭和19〉，神奈川)へと至る過程でその構成は極められた。また吉田は，その近代的構成を支えるみえがかりの細い細部を成立させるために，日本の伝統技術と同時にボルト，ワイヤーといった近代的技術をたくみに用いた《8-30》。また彼が発見的に用いた大壁造りでは，構造部材としての柱梁をいったん大壁で隠してしまってから，新たに近代的に構成された柱梁を付け加えたりしたのである。ある意味では擬洋風

❖8-28

❖8-29

❖8-30

❖8-28 ［砂川小太郎邸茶室］（建築世界社『数寄屋建築』 昭和10年〈1935〉より）
❖8-29 吉田五十八［小林古径邸2階床の間］ 昭和9年〈1934〉 東京
❖8-30 吉田五十八［吉住小三郎邸客室欄間］ 昭和30年〈1955〉 東京

❖8-32

❖8-31

の方法とも近い。

以上のような吉田の近代的構成要素の特徴は，施工技術がそのまま現れていないという意味で，実は装飾ともいえることである。吉田の獲得したこのような両者の反転的な特徴は，先の「ひながた」主義における両者の切り離された関係，同時期の帝冠様式のとはいくぶん異なっている。帝冠様式においては近代が主要であり，日本は上部の装飾として従属的に付加された。それに比べて吉田による近代数寄屋では，近代的構成は数寄屋的な物作りによって相対化されてしまっているからである。つまり数寄屋の近代化でありながら，同時にそれは近代の数寄屋

❖8-31　堀口捨己[旧岡田邸]　昭和8年〈1933〉　東京
❖8-32　北村捨次郎[北村謹次郎邸茶席「珍散蓮（ちんちりれん）」]　昭和19年〈1944〉　京都

化でもあった。より保守的な側面を併せもったのである。

同時期に別の回答例もみられた。先に登場した近代主義建築家・堀口捨己は同時に数寄屋の研究者，実作者でもあった。彼の数寄屋の初期作品である岡田邸では，近代建築部分と数寄屋建築部分に矩形の池を挿入することで，両者の断絶的な表現が図られた《8-31》。これは吉田とは逆に，近代様式と日本建築としての数寄屋様式との本質的な相違を見極めようとする厳密な態度があったためだろう。しかしながら同時に彼はその精緻な数寄屋研究の中で，吉田と同じく数寄屋建築そのものにこそ近代的な構成があることを主張した。

以上のような近代建築と数寄屋建築との断絶性と同一性は，なかなか解決しがたい矛盾でもあった。当時のナショナリズムの高まりの中で，また昭和8年〈1933〉に来日した近代主義建築家・B．タウト(1880-1938)による日本建築についての絶大な賛辞も後押しして，日本建築を近代主義のひながた(見本)とみるような裏返しの反動も発生してきていた。「ひながた」－折衷主義的な，日本と近代との断絶は，それを克服しようとするほど，さらにその課題を奥深く展開させていったのである。

また第2時世界大戦も終わりにさしかかった昭和19年〈1944〉，京都にそんな風潮とはほとんど関係ないところで，名工北村捨次郎(1884-1945)による，北村謹次郎邸が竣工した。現存するこの作品では，伝統的な大工にとっての当時の近代がいかなるものであったかを教えてくれる。茶席・珍散蓮(ちんちりれん)の貴人口外には中庭の池を引き込んだ広縁があり，その縁の端の平の手すりが直交したディテールには束がたっていない。アクロバティックではあるが，これによって外部空間と内部空間はさらに自由に関係づけられている。その開放性，自由なディテールの処理は，十分に「ひながた」主義から脱却しているのである。おそらく彼の中においては，当時の近代建築家が悩んだ近代と日本との断絶といったジレンマは少なかったであろう。過去からの木造の様式体系がそのまま継続されつつ新しい解釈が入り込んでいるからである《8-32》。

以上のように昭和前期の近代数寄屋における様式的展開には，いくつかの果敢な試みがあった。これらの試みは「ひながた」－折衷主義以降の建築像を考えるうえで，示唆的ではある。戦後の近代主義建築の台頭によって，伝統と近代とをめぐるこのテーマは一瞬忘却されることになったが，本格的な解決には至らなかった。その後，くり返しくり返し反復されるようにもなった。と同時に，戦後における近代数寄屋表現は，吉田，堀口に加え，先の建築家・村野藤吾，様式の混在併存を主張した大江宏(1913-89)らによって，さらに展開することになった。

そしてポスト・モダンを過ぎ，もはや私たちにはモダニズムしか残されていないような，現在の風潮もある。しかしモダニズムが実体的にも専一な様式となった現在だからこそ，彼らの試みは興味深い。なぜなら以上のような矛盾は，実は様式としての優れたモダニズム建築にも内在する，大きな課題だからである。

螺旋塔と近世のアヴァンギャルドたち

まず，実現されなかった幻の計画案をあげる《8コラム-1》。名前を螺旋塔といい，明治35年〈1902〉に第五回内国勧業博覧会のために提案されたものである。見晴亭を含む9階分の螺旋が展開する塔で従来の和洋の枠組みを超えた特異な形態を持っていることがわかる。提案者である阿部今太郎は，明治期に宮廷の大規模木造建築を手がけた宮内省内匠寮の下級技術者であったらしいが，詳しいことはわからない。次に，開智学校とならぶ擬洋風の名作として名高い済生館病院《8コラム-2》をあげる。多角形を幾重にも組み合わせた特異な平面をしている。矩形平面の多い擬洋風の中で，とびきり凝った作品だが，不思議なことに竣工年代は早い。さらにさかのぼって，会津若松に現存する旧正宗(しょうそう)寺三匝堂(さんそうどう)《8コラム-3》をあげる。

これらはいずれも運動する回転体ー螺旋のモチーフを構造的にもっていることが共通している。

すでに螺旋階段は，18世紀の蘭訳本を通じて，一部の日本人の知るところとなっていたという。また近世の建築書においても螺旋を記した写本が存在している。つまり近世においても建築技術者たちは，目新しい西洋の幾何学を自らのものにしようとしていた形跡があるのである。新しい建築様式を生み出さなかったといわれる近世後期だが，やはり当時にも前衛はあり，彼らは規矩術という大工の高等幾何学を完成させた。螺旋塔は，そんな近世における近代性の末裔である。

❖8コラム-1

❖8コラム-2

❖8コラム-3

❖8コラム-1 ［螺旋塔計画案］（「第五回内国勧業博覧会」明治35年〈1902〉への提案より）
❖8コラム-2 ［済生館病院］ 重文 明治12年〈1879〉 山形
❖8コラム-3 ［正宗寺三匝堂(現さざえ堂)］ 重文 寛政8年〈1796〉 福島

9

The Concise History of Japanese Architecture

現代［昭和後期・平成］

モダニズムの時代から
ポスト・モダンの時代へ

松隈 洋

モダニズム建築とは何か

第2次世界大戦後から現在までの建築の流れを概観するにあたって，ここでは，「モダニズムの時代」と，「ポスト・モダンの時代」という時代区分を設定して考えてみたい。あえてこうした仮説的な枠組みをもちこむのは，それが，現代の建築の置かれている状況や抱えているテーマを明確にしていくために有効な方法の一つであり，そこから，現在の私たちを取り囲む生活環境について共有化できる視点を得たいと思うからである。

モダニズム建築—成立の背景と特徴

「モダニズムの時代」とは，おおよそ1920年代の始めから1960年代の終わりまでの50年間に展開され，それまでの折衷主義的な「様式建築」とは全く異なる考え方にもとづく建築が生み出された時代のことを指している。その成立の背景には，産業革命をきっかけに始まる都市化や工業化，それに伴う人口集中による住宅難や貧困の発生，大衆社会の到来，といった社会の急激な変化に対応しようとする時代認識があり，そこでは科学技術の発達による予定調和的な未来が信じられていた。また，特に重要に思われるのは，それが現在の生活環境を直接形作ってきたものであり，その枠組自体はさほど大きく変わっていないという点である。そして，次のようないくつかの特徴が挙げられる。

- 新しい技術に信頼をおき，工業化を前提としていたこと。
- 社会的な問題にこたえようとする社会改革的なユートピア志向をもっていたこと。
- 理性的，理念的な考え方を基礎とする合理主義思想に支えられていたこと。
- 建築を，いったんその構成要素へと還元し，それを再構築する方法によっていること。
- 「間取り図」的な建築の理解から，空間を意識的に構成する「平面計画(プランニング)」という方法論への転換が果たされていること。
- 装飾を用いることなく，幾何学的な抽象性をデザインのモチーフとしていること。
- 資本や権力の集中によらない「財布に見合う」ものとして，日常的に使われる普通の建物を対象としたこと。
- 生活と遊離した超越的な美を求めるのではなく，生活を支える実用品のように，機能的で身近な建築のありかたを目指していたこと。
- 様式建築の行き詰まり状況の中で，むしろ歴史を広くとらえ，近代以前の民家や集落，遺跡などからもインスピレーションを得て，そこに流れる建築の変わらないエッセンスを抽出しようとする視線をもっていたこと。

おそらく，モダニズムの根底に共有されていたのは，それまでの建築の作り方では，とうてい目の前に突きつけられた社会的な要請にはこたえられない，という切実な問題意識と，それを新たに手に入れた工業技術によって解決し，平等で豊かな生活環境を再編成していこうとするモチベーションだったのだと思う。

象徴としての「ドミノ」

ここで，より具体的に見ていくためにも，モダニズムの考え方の原点ともいえる初期イメージを表す，ル・コルビュジエの「ドミノ」《9-1》を取り上げておきたい。

これは1914年，第1次世界大戦によって生じた住宅難に対応するべく考案された住宅供給のシステムで，鉄筋コンクリート製の6本の独立柱と3枚の床スラブから構成されるシンプルな架構体を現場で組み立てておけば，あとは，そこに住民が戦災の廃墟の残材などを任意にはめ込んで簡単に住みはじめることができる，という方法を提案したものである。

ここには，新しい構造の採用によって，建物は柱だけで支えられ，いっさいの壁が取り払われて，自由に間仕切り変更が可能な内部空間と，床から天井まで自由に開口部の取れる外壁面とが生み出されている。それは，重く厚い壁に囲まれていた従来の様式建築では考えられなかった新しい建築の可能性を開く提案だった。これが，コルビュジエが，フリー・プラン，フリー・ファサード(自由な平面，自由な立面)と呼んだ空間概念である。また，このシステムは，戸建て住宅にとどまらず，集合住宅や事務所，都市計画へそのまま拡張できる方法としても考えられていた。そこには，戦災や都市化による住宅難，貧困やスラムの増大といった当時の切迫した社会問題を解決するためには，新しい技術を積極的に用いて，「人間的な尺度」による機能的で経済的な空間の組み直しを図り，ゴミゴミ

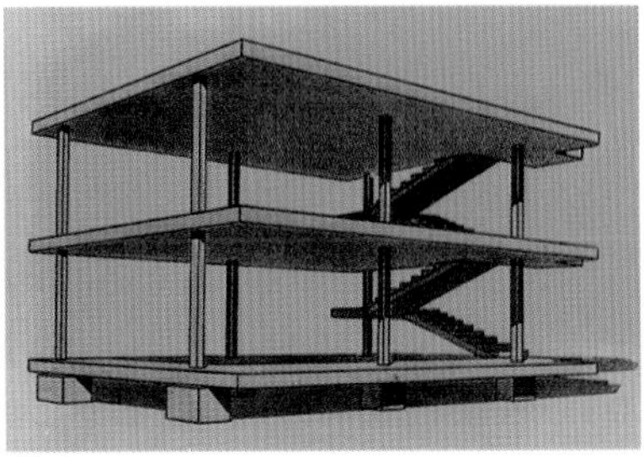

❖9-1

とした都市に緑と太陽を取りもどすことが必要だ，という使命感と，それに裏づけられた，建築を分析的な視点からトータルに把握し，原理的に組み立て直そうとする，コルビュジエの明晰な意志が存在していたに違いない。

日本のモダニズムを考える視点

ところで，こうした考え方は，すでに戦前の時点で，直接コルビュジエに師事した前川國男(まえかわくにお)(1905-86)や坂倉準三(さかくらじゅんぞう)(1901-69)らによって，あるいはメディアなどを通じて日本に移入されつつあったが，そこには，さらに，次のような日本のモダニズムのもつ特殊性も重なっていた。

- 様式建築と同様に，西欧のモダニズムの移入という歴史性をもっているため，とかく形(スタイル)の側面から理解され，理念(イズム)の希薄さがみられること。
- 長い木造文化からの断絶を伴っていること。しかし，そこには，「骨組み＋建具」というモダニズムの考え方に近似した構成的な側面があったため，その初発の時点においては，木造モダニズムという西欧にはない独自の展開がみられたこと。

❖9-1 ル・コルビュジエ［ドミノ］ 1914年

・伝統への意識とナショナリズムの問題が常につきまとっていること。
・地震の克服という課題を背負ってきたため，構造重視の風土があること。ことに，大正12年〈1923〉の関東大震災の試練もあって，耐震壁付きラーメン構造，いわゆる「剛(ごう)構造」が唯一絶対視されて戦後までそのまま持ち越されていること。
・戦時体制と戦後の建築制限によって，国内においては，昭和12年〈1937〉から昭和25年〈1950〉に至る建設行為の深い断絶があること。この間は，木造バラックの時代であり，一方で，戦争の遂行に伴う満州や南方への大陸進出の時代でもあること。
・戦前の「日本的なるもの」をめぐる議論や「近代の超克」といったイデオロギーの問題が，形を変えながらも戦後の「伝統論争」などへと連続性を保っていること。

ここで，日本のモダニズムを考えていくうえで重要に思えるのは，以下の2点である。

まず，スタイルの習得と展開を担った建築家と，耐震構造の追求というハードな部分を担った構造学者との棲み分けが長期間にわたって続いたため，コルビュジエの「ドミノ」にみられるような，建築を総体として捉えるモダニズムの視線は，戦前の段階では，不充分な形でしか獲得されていなかったこと。そして，戦時体制の進行と敗戦後の混乱の中で，建築行為の不可能な状態が長く続き，結果的に，この空白期が，戦後のモダニズムにとって，初めの一歩という原理的な出発を可能とする条件を生み出したこと。さらに，ここには，偶然にも，戦前に活躍した人々から，モダニズムを受容した新しい世代への交代という意味合いも含まれていた。

こうして，日本におけるモダニズムの展開は，戦前には萌芽的な形で始められていたものの，実質的には，ほぼ戦後を待って始められたと見做すことができる。そこで，これから順を追ってみていくことにしたい。

モダニズムの時代 I

終戦後の状況

終戦を迎えたとき，目の前に残されたのは，見渡す限り広がる焦土と，420万戸にのぼる空前の住宅不足という現実だった。実際に，家を失った人は全人口の約4分の一にあたる2千万人余り，失われた家屋は当時の住宅総数の約5分の一に達し，終戦の年には，約30万人もの人々がバラックや壕舎住まいを余儀なくされたという。当然のことながら，建築界でも住宅問題の解決が最大のテーマとなった。また，平成7年〈1995〉の阪神・淡路大震災の直後と同じように，大規模な都市再編の復興計画も立てられ，様々な提案がなされていく。しかし，占領下においては資材の調達もままならず，占領軍用の大量の住宅建設や基幹産業であ

❖9-3

❖9-2

る石炭や鉄鋼への集中的な投資が何よりも優先されたため，住宅問題は先送りにされてしまう。

わずかに，木造プレファブという過渡的な形態ながら，工場生産を目指した前川國男の組立住宅プレモス《9-2》や，都市不燃化の先駆的なプロジェクトとして建設された鉄筋コンクリート造の都営高輪（たかなわ）アパートなどの試みがなされたにすぎない。また，一般の建築についても，疲弊した経済状況と厳しい建築制限の下にあったため，やはり前川の設計によって，バラックの立ち並ぶ路地の奥に，広場的な前庭と大きな吹き抜けの室内をもつ，木造の紀伊國屋書店《9-3》が建てられて，モダニズムの新鮮な息吹を吹き込み，人々に戦後的な明るさと希望を与えたことなどが特筆されるにとどまる。

❖9-2　前川國男［プレモス］昭和21年〈1946〉
❖9-3　前川國男［紀伊國屋書店外観パース］昭和22年〈1947〉東京

❖9-4

1950年代前半期の意味

さて，朝鮮戦争特需をきっかけとする経済の急速な回復によって，昭和25年〈1950〉には，すべての建築制限が撤廃されて，ようやく本格的な建設活動が再開される。こうして始まった1950年代の前半期は，今から考えると，いくつかの条件が重なって，モダニズムの初発の作品が，無垢の純粋さをもって相次いで誕生した真空状態のような不思議な時代だった。

まず，戦前から長く日本に滞在し，日本の民家などからエッセンスを抽出して独自のモダニズム建築をはぐくみ，戦争中アメリカに一時帰国していたA.レーモンド（1888-1976）が再び来日し，豊かなアメリカ資本を背景に，リーダーズ・ダイジェスト東京支社《9-4》を完成させる。バラックの時代に突如出現した，

❖9-5

❖9-6

❖9-4　アントニン・レーモンド［リーダーズ・ダイジェスト東京支社］昭和26年〈1951〉　東京
❖9-5　坂倉準三［神奈川県立鎌倉近代美術館］昭和26年〈1951〉　神奈川
❖9-6　前川國男［日本相互銀行本店］昭和27年〈1952〉　東京

❖9-7

❖9-8

❖9-7　前川國男［神奈川県立図書館・音楽堂］昭和29年〈1954〉　神奈川
❖9-8　大江宏［法政大学］昭和28-33年〈1953-58〉　東京

❖9-9

その透明感あふれる軽快で開放的な鉄筋コンクリート造の建物は，モダニズムの可能性を実物として示し，多くの建築家に勇気を与えた。

それに続くように，戦前にパリ万国博日本館で日本のモダニズムの方向性をクリアーな形で打ち出していた坂倉準三は，やはりそれに通ずる庭園と一体に展開する流動的な内外空間が印象的な神奈川県立鎌倉近代美術館《9-5》を同じ年に竣工させる。また，前川國男も，耐震壁のない初の純ラーメン構造による日本相互銀行本店《9-6》や，巧みな配置計画と空間構成の神奈川県立図書館・音楽堂《9-7》を実現させている。さらに大江宏(おおえひろし)は，戦後の新制大学の自由で明るいイメージを，モダニズムの原理によって法政大学《9-8》に結実させ，丹下健三(たんげけんぞう)(1913－2005)は，まさしくドミノそのもののように，単純明快な津田塾大学図書館《9-9》を手掛けている。

こうした一連の建築には，共通のテーマがあった。それは，剛構造によって重くガチガチに固められていた構造壁を取り払い，建設コストの削減と建物の軽量化を図りながら，工業化製品を積極的に用いて，明るく透明な空間，すなわち，フリー・プランとフリー・ファサードを実現することにほかならなかった。そこには，はじめて手にした近代的な構法や素材を用いて半ば手作りに近い形で取り組まれた痕跡と，最初だからこそ原理的でありえた時代の新鮮さを読み取ることができる。また，社会にも制度的な自由さ

❖9-9 丹下健三［津田塾大学図書館］昭和29年〈1954〉 東京

❖9-10

❖9-11

❖9-12

があり，産業化も不十分で建築家が建設プロセスに深くかかわることができたこと，予算的にも制約があって結果的にほどよいスケールの建物しかできなかったことなども幸運に作用した。こうして簡素で小規模ながらも珠玉のモダニズム建築群が生まれたのである。

さらに，丹下健三は，戦前の大東亜造営計画コンペ以来追い求めてきた，都市的スケールの秩序とシンボル性を生み出す方法を深化させて，広島平和記念資料館《9-10》を作りあげる。ここでは，人間的な尺度とそれを大らかに覆う社会的尺度という二つのスケールに統合された象徴的なランド・スケープが生まれた。また，同じく被爆地広島には，戦前から活動を続けていた村野藤吾の設計によって世界平和記念聖堂《9-11》が作られる。ここで村野は当時の前衛であったモダニズムの構造表現主義的な手法とは一定の距離を置いて，むしろ，様式建築に近い重厚な外観の建物を完成させた。そこには，やがて問題となるモダニズムの脆弱さへの批評性さえうかがえる。

さらに，昭和25年〈1950〉の住宅金融公庫の設立をきっかけに，木造住宅の中にも，モダニズムによる作品が次々に生まれていく。当時レーモンド事務所の所員だった増沢洵(1925-90)のコアのあるH氏のすまい《9-12》は，その代表的なものの一つであり，構造的な工夫によって，室内には一本の柱もないワン・ルーム形式の開放的な空間が生み出された。そして，少し後年の松村正恒(1913-93)の日土小学校《9-13》も，木造でありながら，建物を要素に分解し，両面採光の教室やたまり場的な淀みをもった廊下，階

❖9-10　丹下健三　［広島平和記念資料館］　重文　昭和30年〈1955〉　広島
❖9-11　村野藤吾　［世界平和記念聖堂］　重文　昭和 29年〈1954〉　広島
❖9-12　増沢洵　［コアのあるH氏のすまい］　昭和28年〈1953〉　東京

❖9-13

段室などを意識的に再構成して，従来の木造校舎にはなかった透明で軽快な学校建築を作りあげた。

こうして，1950年代の前半期は，単体の建築の中に，モダニズムの純粋な精神が実現された稀有な瞬間だった。そして，その直後に始まる激動の時代が，後に，この時期の特質を浮かび上がらせていくことになる。

モダニズムの時代II

「もはや戦後ではない」と『経済白書』に謳われた昭和31年〈1956〉をあたかも起点とするかのように，1950年代の後半から昭和48年〈1973〉のオイル・ショックによる失速までの日本は，農業国から重化学工業国への質的転換，都市への人口集中と農村の過疎化現象など伴いながら，未曾有の高度成長時代を駆け抜けていく。それは，そのまま，日本のモダニズムが全面的に展開して欧米と肩を並べるまでに成熟し，その極限に向かって突き進んだ時代でもあった。

この時代は，より正確には，昭和39年〈1964〉の東京オリンピックを境にして，前期と後期に分けたほうが理解しやすい。前期は，「町から都市への転換期」，後期は，「巨大都市への質的変容期」と呼べるほどその性格を異にしているからだ。

❖9-13 松村正恒［日土小学校］昭和33年〈1958〉 愛媛

❖9-14

❖9-15

❖9-16

前期—町から都市への転換期

前期は，延べ50kmに及ぶオリンピック道路の建設や，東海道新幹線，東名高速道路の開通などによって基盤整備が行われ，オリンピックに向けて町から都市への転換が急速に進んだ時代である。また，統計によれば，このオリンピック前後の時期に，着工された建築の木造と非木造との比率が逆転し，これ以降の日本は，もはや木造建築の国ではなくなったこともわかる。けれども，都市の姿は，一つ一つの建築の集積としてのほどよいバランスをかろうじて保っていた。

例えば，地方自治のシンボルとして戦後的な意味を担った庁舎建築の代表作である丹下健三の香川県庁舎《9-14》や，伝統的な町並みと調和するデザインが新鮮な浦辺鎮太郎(うらべしずたろう)(1909-91)の倉敷国際ホテル《9-15》，初の本格的なオペラ劇場とし

❖9-14 丹下健三［香川県庁舎］昭和33年〈1958〉 香川
❖9-15 浦辺鎮太郎［倉敷国際ホテル］昭和39年〈1964〉 岡山
❖9-16 前川國男［東京文化会館］昭和36年〈1961〉 東京

❖9-17

❖9-18

て完成した前川國男の東京文化会館《9-16》などを見ても，都市的なスケールをもちながらも，単体の建築が都市を作り出す構図そのものは疑われていない。また，吉阪隆正(よしざかたかまさ)(1917-80)らU研究室による大学セミナー・ハウス《9-17》も，モダニズムの効率化や抽象化に抗した独自の土着的な建築のありようを表しているが，その背景には安定した町の姿が見えている。そして，やはり丹下健三による東京オリンピックの中心施設代々木国立屋内総合競技場《9-18》にしても，高い技術力とデザインに統合された一つの建築が，都市に新しい秩序を生み出すことを明快な形で示し得ていた。

後期—巨大都市への質的変容期

しかし，後期に入ると，こうした建築と都市との関係性は，大きく変容を始める。

そのことを象徴的に示しているのが，F.L.ライトの旧帝国ホテル(大正12年〈1923〉竣工)の取りこわし(昭和42年〈1967〉)と，それに続く日本初の超高層霞ヶ関ビル《9-19》の竣工(昭和43年

❖9-17　吉阪隆正［大学セミナー・ハウス］昭和40年〈1965〉　東京
❖9-18　丹下健三［代々木国立屋内総合競技場］昭和39年〈1964〉　東京

❖9-19

❖9-20

❖9-21

〈1968〉)との鮮やかな対比である。それは，昭和38年〈1963〉に，戦前から長く都市の景観を規定してきた31㍍の高さ制限が撤廃されて容積率制への移行が実現し，いよいよ超高層時代を迎えて都市の構造的な大改造が開始されたことを告げているからである。おそらく，後期は，町という安定していた環境の中に，ポツポツと新しい建築が建ちはじめて，徐々に都市の風景を整えていった前期から，経済がよりダイレクトに反映された“都市の効率化と高密化”という自己運動が始まり，建築が急速に都市をコントロールできなくなっていった時代だったのではないだろうか。

このことを別の形でよく表しているのが，旧制度の下で建設された日建設計の林昌二(はやししょうじ)(1928-)によるパレスサイド・ビルディング《9-20》である。高い技術に裏づけられたオフィス・ビルの典型として建つその姿は，その後に都市を覆っていった高層ビル群には感じられない建築的なバランスのよさを今に伝えている。また，美観論争によって少し後に竣工した前川國男の東京海上ビルディング《9-21》も，足元広場の提案や堀の深い風格ある外観によって都市への貢献を目指した試みだったが，建築にできることの少なさも示していた。

そうした前期と後期との違いは，住宅

❖9-19 山下寿郎 ［霞ヶ関ビル］ 昭和43年〈1968〉 東京
❖9-20 日建設計・林昌二 ［パレスサイド・ビルディング］ 昭和41年〈1966〉 東京
❖9-21 前川國男 ［東京海上ビルディング］ 昭和49年〈1974〉 東京

❖9-22

❖9-23

❖9-25

❖9-24

❖9-22　前川國男　[晴海高層アパート]　昭和33年〈1958〉　東京
❖9-23　前川國男・日本住宅公団　[公団阿佐ヶ谷団地]　昭和33年〈1958〉　東京
❖9-24　大高正人　[坂出人工土地]　昭和43年〈1968〉　香川
❖9-25　東孝光　[塔の家]　昭和41年〈1966〉　東京

❖9-26

のレベルにおいても同じようにみてとれる。終戦から10年，いまだ270万戸の住宅不足を抱えていた昭和30年〈1955〉に，耐火構造の集合住宅の建設と宅地開発を軸とした健全な市街地の形成を目的として，日本住宅公団が設立される。その創成期に，来るべき都市居住の時代に備えて，都市型のケース・スタディ・アパートとして建設されたのが晴海(はるみ)高層アパート《9-22》だった。ここで前川國男は，3層ごとの骨太な鉄骨鉄筋コンクリートのフレームの採用によって，間仕切り変更が可能なフリー・プランをもつ開放的な室内と，プレキャスト・コンクリート製のてすりや窓枠をはめ込んだフリー・ファサードの風格ある外観を実現さ

❖9-26 ［日本万国博覧会会場］ 昭和45年〈1970〉 大阪

❖9-27

せ，都市型アパートのプロトタイプを提示してみせた。

また，日本住宅公団は，同じ時期に，やはり前川國男に設計を依頼したテラスハウスの標準設計を元に，都市近郊の接地型の低層集合住宅地として，コモンと呼ばれる中庭を配した共有の外部空間をもつ公団阿佐ヶ谷団地《9-23》を完成させる。そこにも，新しい時代にふさわしい都市居住のあり方を原理的に試みようとした草創期の初心が読み取れる。

けれども，1960年代に本格化するのは，千里（せんり），高蔵寺（こうぞうじ），多摩ニュータウンといった大規模な郊外住宅地の開発であり，晴海や阿佐ヶ谷のような先駆的な都市居住の試みは，継続されることはなかった。同じく，木造住宅の密集した既存市街地を立体的に組み直すことで，新しい都市像を描こうと試みた大高正人（おおたかまさと）(1923-)の坂出（さかいで）人工土地《9-24》計画も，むしろ，都市居住への建築的提案の限界点を示すものとなり，東京の都心のわずか6坪の土地に建てられた東孝光（あずまたかみつ）(1933-)の自邸である塔の家《9-25》も，都市に住むことへの憧れの表明でありながら，はからずもその最後の抵抗の意味合いを担ってしまうことになる。こうした背景には，景気対策を理由とする，賃貸住宅の供給から持家政策へ，という公共住宅制度の方向転換と，それに伴う住宅産業の盛隆という事態があった。1960年代始めには，プレファブ・メーカーが出揃い，マンション・ブームも始まっていく。奇しくも，長く続いた戦後の

❖9-27　吉村順三［森の中の家］昭和37年〈1962〉　長野

❖9-28

住宅不足は，東京オリンピックの年，昭和39年〈1964〉に解消する。住宅レベルにおいても，後期に起きたのは，経済効率に後押しされた既存市街地からの撤退であり，より効果的なニュータウン造成と分譲住宅建設による量的な拡大過程だったのである。

このような，超高層ビルとニュータウンの出現が映し出すのは，“空間の総商品化”とでも呼べる経済サイクルと一体化した建築の姿であり，これ以降，個々の建築が意味を発する回路はしだいに閉ざされていく。それは，モダニズム自体の変容を意味していた。

昭和45年〈1970〉に開催された日本万国博覧会《9-26》こそ，そうした流れの総決算と呼べるものだった。そこは，工業技術による予定調和的な都市の建設を目指したモダニズムが，初めて手掛けた未来都市のシュミレーションの場でもあったといえるのだろう。けれども，実際に出現したのは，楽観的な技術主義にたよる戯画的な都市の姿であり，もはやその延長線上には，人が住むに耐える場所を思い描けない，どこか空虚ささえ漂わせた空間だった。

たが，そのような時代にあって，戦前のレーモンドに学んだ吉村順三(1908－97)は，自らの別荘である森の中の家《9－27》や，奥村昭雄(1928－)との共同設計による愛知県立芸術大学《9－28》などを通して，独自のモダニズム建築を追求していく。そこには，レーモンドの方法にも連なるような，日本の茶室や民家などに共通に流れる簡素で合理的な造形からエッセンスを抽出した，人間に親しいスケールと素材感を合わせもつヒューマンな建築空間が実現された。しかし，そうした地道な試みは，急激な時代の推移の中で共有されることはほとんどなく，日本のモダニズムは，わずかの間にあわただしく展開されて，昭和48年〈1973〉のオイル・ショックによる失速を迎えることになる。

❖9-28　吉村順三・奥村昭雄［愛知県立芸術大学］昭和40－46年〈1965－71〉愛知

ポスト・モダンの時代

「ポスト・モダンの時代」とは，1970年代の初めから現在までをいい，モダニズムの限界が広く自覚されて，その相対化が果たされた時代のことを指している。けれども，それは，モダニズムに替わる新たな方法論や原理を生み出していない，という意味で，一つの時代認識の次元にとどまる。「ポスト・モダニズム」とは呼べない所以である。

この時代も，高度経済成長期に比べると落ち着きを見せていた1970年代の初めから1980年代前半までの前期の「モダニズム相対化の時代」と，1980年代後半に始まるバブル経済の時代からその崩壊を経て世紀末へと至る後期の「バブル以降の混迷の時代」，そして，2000年以降の「二極化と不透明性の時代」とに分けて考えてみたい。

前期 ── モダニズムの相対化の時代

前期は，戦後の飛躍的な成長を続けてきた経済の行き詰まりをきっかけとして，建築界に限らず，様々な分野で，広く近代の意味が問われはじめた時代である。その背景には，各地で起きていた公害病の発症や自然環境の破壊といった深刻な社会問題の表面化と地球資源の有限性への気づきによる，成長神話の崩壊があった。そこには，行き過ぎた工業化社会に対する直感的な危機感が共有されていたに違いない。昭和46年〈1971〉の環境庁の設置はそうした転換点を象徴的に表している。

それでは，建築におけるモダニズムの相対化とはどんな内容をもっていたのだろうか。

それは，モダニズムのもつ方法論上のジレンマ，すなわち，効率化，抽象化，意識性という問題として，次のような問いの形に整理することができるだろう。

・「財布に見合う」建築生産の効率化が，経済原理を越える建築的な価値を作り出すことができたのか。

・工業化製品を用いた抽象化された質感の空間によって，人々が親しみを持てる場所が生み出されたのか。

・合理主義によって意識的に作られた建築が，近代以前の建物や集落のように匿名性をもつ日常的な風景を創り上げることができたのか。

そして，結果的には，建築と都市をめぐって，以下のような事態に陥っていることが指摘されたのである。

・空間利用の効率化が，人間の受容できるスケールを超えた巨大な建築や，曖昧さに乏しく息苦しい都市空間を作り出したこと。

・人間とは無関係な形で生産された均質工業化製品が，時とともに風格を増す自然素材のような質感を獲得できず，冷たく不安定な環境を生んでしまったこと。

・建築デザインの意識性が，いつのまにか建築家の作家性に収束してしまい，作為性の強い個性的な建築の氾濫を招いたこと。

こうした批判的な視点によって，いくつかの変化が現れる。たとえば，次々に

❖9-29

❖9-30

❖9-29　浦辺鎮太郎［倉敷アイビー・スクエア］　昭和49年〈1974〉　岡山
❖9-30　Team zoo　象設計集団＋アトリエ・モビル　［名護市庁舎］　昭和56年〈1981〉　沖縄

取り壊されていた明治・大正期の様式建築に再評価の目が注がれて保存運動が起きたり，各地に残る古い集落の調査が行われ，昭和50年〈1975〉の文化財保護法の改正によって，いわゆる“町並み保存”が制度化されるなどの動きである。古いレンガ造りの紡績工場をホテルに改造した浦辺鎮太郎の倉敷アイビー・スクエア《9-29》は，そうした時代の先駆的な仕事だった。また，地域性や風土性も設計のテーマとなり，代表的な建物として，沖縄に象設計集団の名護市庁舎《9-30》が完成する。

これらの事例は,「新しいものはいつも価値が高い」という考え方が相対化されて,「常に新しくあろうとする」前進運動の呪縛から，モダニズムの思考が自由になったことを示している。そして，あらためて，時間の流れに耐えてきた何げない建物や集落などに目を注ぎ，そこから現代に通ずる建築のエッセンスを発見していこうとする視線が現れはじめたことを意味する。

ところで，考えてみると，それは，ル・コルビュジエやA.レーモンドら，モダニズムの先駆者たちには当初から自覚されていたものであり，経済成長の中で陥った変容によって，いつの間にか見失われていたにすぎない。その意味では，日本のモダニズムは，1970年代に至って，ようやく本来の広がりとバランスを取り戻したともいえる。

そうした時代の変化を別の形で示すのが，前川國男の転換点となった埼玉

近代建築の保存と再生

1990年代に入って，相次いで戦後建築の取り壊し問題が起きてくる。中でも平成5年〈1993〉に公表された再開発計画によって発生した「神奈川県立図書館・音楽堂」の保存問題は，数万人にのぼる署名も集めた保存要望書の提出や保存を訴えるシンポジウムとコンサートの開催にみられるように，建築界にとどまらず音楽界や市民を巻き込んで，戦後の近代建築（＝モダニズム建築）をめぐっての広範な論議を呼び起こした。

そこでは従来の保存論を乗り越える視点が提示されたことが注目される。まず，それまでの明治・大正期の様式建築の文化財的な観点からの保存とは異なり，現役で使われている建物の存続自体が問われたこと。また，そこには「新しいものが古いものよりいいものだ」という進歩主義的な思想への懐疑と現在の建築の巨大化への疑問，戦後初期の建築にみられる初心への共感といった，認識の高まりがみられたこと。

こうして一つの建物を通して，建築の存在意味を市民とのコミュニケーションの中で論ずる場が生まれたことの意義は大きい。

❖9コラム-1

❖9コラム-1　磯崎新［大分県立中央図書館］昭和41年〈1966〉（平成10年〈1998〉に大分市が買い取り，改修後「アート・プラザ」として生まれ変わった）

❖9-31

❖9-32

❖9-33

県立博物館《9－31》である。ここで前川は，時間の中で成熟できない、というモダニズム建築のジレンマを乗り越えるべく，建物の外壁に独自に開発した「打込みタイル構法」を採用し，コンクリートの大架構による開放的なロビーと組み合せることによって，襞のような奥行感と陰影をもち，内外が一体につながる空間構成を実現させた。また，槇文彦(1928－)は，連作となる代官山ヒルサイド・テラス《9－32》を通して，抑制された外観と注意深く取られた開口部，中庭や外部階段などを巧みにデザインすることによって，落ち着いた都市の表情を作り出すことのできる普遍的なパブリック・スペース・デザインの可能性を提示してみせた。

けれども，このような，モダニズムの獲得した方法を守りながら，内発的な形で乗り越えようとする作業は，徹底されることはなかった。むしろ，1970年代から80年代にかけて実行されたのは，欧米のポスト・モダンの影響を強く受け，現代アートや記号論の考え方を援用した，“建築の解体”という方法であり，選ばれたのは，“アイロニー”という批評的な戦略だった。そこでは，表層に現れたモダニズムの退屈さや単調さだけを批判の対象とし，外部からまったく異なる概念や様々な時代の手法を任意に持ち込むことによって，建築という概念を解体し，拡張を図ろうとする方法が試みられた。1975年に『建築の解体』という著書を発行した磯崎新の群馬県立近代美術館《9－33》がそうした流れを代表する。

それは，なかばニヒリズムとも受け取れる，強固な体制に対する提案可能な表現領域の縮小を自覚した上での，前衛という立場の選択であり，原理的なところまで立ち戻って建築を組み立て直そうとする方法ではなかった。問題は先送りにされてしまったのである。

こうして，時代は，主題の不在という誤った理解の下で，内発的な建築思想の形成への努力を空白状態にしたまま，続く後期へと移っていく。

❖9-31　前川國男［埼玉県立博物館］昭和46年〈1971〉　埼玉
❖9-32　槇文彦［代官山ヒルサイドテラス］昭和44－53年〈1969－78〉　東京
❖9-33　磯崎新［群馬県立近代美術館］昭和49年〈1974〉　群馬

❖9-34

❖9-36

❖9-35

後期 ── バブル以降の混迷の時代

1980年代後半に始まる後期は，高度経済成長をはるかに上回る都市の大改造が強行されたバブルの時代から，1991年の崩壊を経て，建築と都市を巡るさらなる矛盾の顕在化という過程をたどっていく。そのことは，次のような風景の断片に象徴的な形で見てとれる。

まず，それまでかろうじて残されていた人々の住む旧来の町の姿が，地上げという暴力的な土地の買収によって壊滅的な形で失われる。また，かつてのニュー・タウンが，そのまま高齢化してシルバー・タウン化するといった問題も起きてくる。さらに，既存の商店街が大型ショッピング・センターの進出と車社会の到来によって，“シャッター通り”と化し，郊外の道路沿いにはファースト・フードの店やチェーン店が建ち並ぶ。消費社会研究家の三浦展(あつし)が名づけた「ファスト風土化」した風景の出現である。

それでも，こうした中，時代とは一線を画した建築の試みも続けられていた。

❖9-34　谷口吉生［東京都葛西臨海水族園］平成1年〈1989〉　東京
❖9-35　内藤廣［海の博物館］平成4年〈1992〉　三重
❖9-36　内藤廣［牧野富太郎記念館］平成11年〈1999〉　高知

❖9-37

たとえば，東京ディズニーランド(1983)対岸の荒涼とした埋立地に，谷口吉生(たにぐちよしお)(1937-)が手がけた東京都葛西臨海水族園《9-34》は，幾何学的な建物と周囲の自然を対峙させることによって，ランドスケープ的な新しい風景を現出させた。また，内藤廣(ないとうひろし)(1950-)は，海の博物館《9-35》において，限られた予算と厳しい風土的条件を逆手にとって，恣意的なデザイン操作を施すことなく，構造，構法，素材の合理性と経済性との整合性だけを求めて，技術と自然との直裁な応答から生れる，「素形」と名づけた原初的な造形を作り上げた。さらに，内藤は，続く牧野富太郎記念館《9-36》では，緑深い山頂に，建築を孤立させるのではなく，敷地の形状や風などの自然環境といった，より大きな枠組みに関係づけることによって，集成材と鋼管で構成された木造の屋根が全体を覆う有機的な建築を試みた。そして，安藤忠雄(あんどうただお)(1941-)は，延床面積113㎡の光の教会《9-37》で，鏡のように均質なコンクリート打放しの壁と，そこにあけられた十字形のスリ

❖9-37　安藤忠雄［光の教会］平成1年〈1989〉　大阪

❖9-38

ット窓，荒削りな現場の足場板でできた床と椅子からなる，削ぎ落とされた空間によって，簡素で硬質な空間を誕生させた。いずれも，そこには，時代を超える建築の原理的な追求が読み取れる。

その一方で，1990年代に入ると，東京の都心には，東京都新庁舎《9-38》，東京国際フォーラム《9-39》，新国立劇場《9-40》といった，それまでとはまったく異なる大きなスケールの公共建築が相次いで完成する。そして，戦禍を免れ，木造の町並みと落ち着いたたたずまいを大切にしてきた京都にも，大半を商業施設で占められた巨大な京都駅ビル《9-41》が誕生する。ここで，これら四つの建物の共通点を列記すれば，デザインの決定が公正なコンペという方法によっていること，そのため，与えられた複雑な条件に対して最適解ともいえる建物が実現されていること，最新の施工技術やコンピューターによる設計システムの成熟があって実現できたこと，バブル経済の追い風によって建設が進められたこと，などが挙げられる。それらは，ある意味で，戦後建築の到達点といえるものだった。

しかし，ここに顕著となったのは，人々の日常と都市の現実との極端な二極分解の状況であり，実は，どこにも住居から都市へと広がる生活空間のあり方をトータルに論ずる場がないこと，そのため，開かれた環境形成への論理もほとんど蓄積されてこなかったこと，を正直に表しているにすぎない。そこには，人間にとって適正な居住環境とは何か，そのために都市はいかに構成されることが望ましいのか，といった問いに支えられた公共性の原理は欠落したままなのである。そして，平成7年〈1995〉1月17日に起きた阪神・淡路大震災は，そのことの意味をあらためて私たちに突きつけた。

❖9-38 丹下健三［東京都新庁舎］平成2年〈1991〉 東京

❖9-40

❖9-39

阪神・淡路大震災は何をもたらしたか

平成7年〈1995〉1月17日午前5時46分，神戸を中心とする阪神間の大都市と淡路島を突然襲ったわずか20秒の激震は，死者6,300人，負傷者35,000人，倒壊家屋19万戸という甚大な被害をもたらし，直後には最大で30万人もの人々が避難所暮らしを余儀なくされた。この，開発型の町づくりによって発展してきた都市の惨状と復興経過は，次のような事実を私たちに突きつけた。

まず，最新技術で作られた都市が意外にもろく，危ういバランスのうえに築かれたものであったこと。郊外住宅地の発展の陰で都市の中心部に高齢化した木造密集地が取り残され，その被害が大きかったこと。しかし，そこに培われた近隣コミュニティが被害の拡大を最小限に食い止めたこと。倒壊マンションの再建で，区分所有の難しさと持家政策の矛盾が露呈したこと。

そして，ここには，住宅の問題を町づくりの中心に据えてこなかった，戦後の建築史への問いかけが含まれている。たしかに，復興住宅の建設や道路の拡幅整備など形の上では復興を遂げた。しかし，人と人のつながりにとって好ましい環境とは何か，という視点は置き去りにされ，孤独死や心のケアといった課題も残る。

❖9コラム-2

❖9-39　ラファエル・ヴィニョリ［東京国際フォーラム］平成9年〈1997〉　東京
❖9-40　柳澤孝彦＋TAK建築・都市計画研究所［新国立劇場］平成9年〈1997〉　東京
❖9コラム-2　［震災後に建てられた仮設住宅群］

❖9-41

2000年以降 ── 二極化と不透明性の時代

世紀を越えて，建築のデザインは新たな局面を迎える。そのはじまりを象徴するのが，2000年に竣工した，伊東豊雄(いとうとよお)(1941－)のせんだいメディアテーク《9-42》である。ここで，伊東は，モダニズム建築のもつ，空間の抽象性，幾何学性，排他性を克服するために，「流動的な空間」の実現をテーマに掲げる。そして，ル・コルビュジエの「ドミノ」のような薄い床スラブと，「チューブ」と名づけた網目状の構造体の柱，そしてダブル・スキンのガラスのファサードから構成された特異な建築空間を提示してみせた。それは，モダニズム建築を究極まで追いつめた先に何が開けるか，という意欲的な試みだった。しかし，その方法は，潤沢な予算の下で，既存の法規制を乗り越える知恵と造船技術を応用した職人の高度な技術に支えられて，はじめて実現されたものでもあった。

また，妹島和世(せじまかずよ)(1956－)と西沢立衛(にしざわりゅうえ)(1966－)は，金沢21世紀美術館《9-43》において，「公園のような美術館」をテーマに，まったく新しい公共建築のあり方を試みていく。建物は，直径113メートルの円形の全面ガラス張りであり，外周部の構造体に蜜実な鋼柱を用いながら，全体を白い抽象に徹底することによって，重量感と素材感を消去した空間そのものを作り出している。

さらに，県立としては全国で最後の新設となった青森県立美術館《9-44》で

❖9-41　原広司［京都駅ビル］平成9年〈1997〉 京都

は，青木淳(1956－)が，隣接する三内丸山遺跡の発掘現場にヒントを得た土壁とタタキ床の凹状の空間に，白く塗られたレンガに覆われた凸状のボリュームを組み合わせることによって，設計者の作為を意図的に消し去った始原的な展示空間を実現させた。いずれの建物も，恣意的な造形表現を避け，建築をニュートラルな状態に還元して，都市へ開こうとする共通の問題意識に支えられている。

2000年以降には，これらの公共建築に代表されるように，最前線を走る建築家たちによって，新しい建築のかたちが次々と生み出され，日々その可能性が切り拓かれつつある。けれども，それらは，いずれも，恵まれた条件の下での特殊解であり，誰もが共有できる普遍性

❖9-42

DOCOMOMOの設立とモダニズム建築再評価の動き

ドコモモ(DOCOMOMO＝Documentation and Conservation of buildings, sites and neighborhoods of the Modern Movement)とは，1998年，モダニズム建築の果たした歴史的な意味が，建物の取り壊しや資料の散逸によって伝わらなくなることを危惧したオランダの研究者，ヘンケット教授の提唱によって設立された国際的な学術組織であり，現在，欧米を中心に50を超える支部が活動を続けている。

日本支部であるDOCOMOMO Japanは，2000年に正式に承認された。モダニズム建築については，すでに，アスプルンドの「森の墓地」，ブルーノ・タウトの「ベルリンの集合住宅群」，ガウディの「バルセロナの作品群」，ウッツォンの「シドニー・オペラハウス」など，10数件がユネスコの世界文化遺産に登録されており，近年，再評価の動きが加速している。

日本も例外ではない。それは，2000年の「文化遺産としてのモダニズム建築―DOCOMOMO20選展」をきっかけに，吉阪隆正，清家清，吉村順三，前川國男，A.レーモンド，村野藤吾，坂倉準三らの建築展が相次いで開催され，数万人の来館者を集めたことからもうかがえる。しかし，一方で，モダニズム建築の取り壊しも急激に進んでおり，あらためてその価値を共有することが求められている。

❖9コラム-3

❖9-42　伊東豊雄［せんだいメディアテーク］平成12年〈2000〉　宮城
❖9コラム-3　［DOCOMOMO100選展の会場風景］平成17年〈2005〉　松下電工汐留ミュージアム

❖9-43

をもったものとしては発想されていない。そこに特徴的に見て取れるのは，むしろ，モダニズムの生真面目な縛りから解放された，建築家の自由なデザインの表出であり，いわば，ルールなきデザイン・ゲームとでも呼べる思考である。ここで，そのことの意味を相対化して考えるために，前川國男が1969年に記した次のような言葉を引いてみたい。

「近代建築の本道は，建築家の個性的な精神によって検証されたところの，ひとつの「原型」としての建築を創造することであった。」

ここで前川のいう，「原型」としての建築とは，誰もがそれを応用し，発展させることによって，都市がより居心地の良い場所になる，そのような普遍的な方法をもつものとして想定されていたに違いない。言い換えれば，それは，もし仮に同じ考え方の建築で都市が埋め尽くされたとき，そこに生れる表情やたたずまいが好ましいものであることによって証明されるもの，だともいえる。あるいは，それに近いものとして，近代建築以前の，「建築家なしの建築」によって作られた，統一感のある町並みや集落を思い浮かべても良いだろう。そして，このような「原型」を求めようとする考え方は，ル・コルビュジエやA.レーモンドら，モダニズムの先駆者たちには共有されていたものだった。そう考えるとき，いつの間にか隘路に陥っている現代建築のジレンマが見えてくる。

一方，バブル崩壊後の経済の長い低迷という事態を前に，2002年には，「都市再生」をキーワードに，都市再生特別措置法が施行され，この国家的プロジェクトによって，東京，大阪，名古屋など，主要な大都市の姿はわずか数年で激変した。経済の活性化という旗印の下，法規

❖9-43 妹島和世＋SANAA［金沢21世紀美術館］平成16年〈2004〉 石川

❖9-44

都市再生特別措置法による都市景観の激変

2000年代を迎えて，東京，大阪，名古屋など，主要大都市の都市景観が激変を始めている。背景にあるのは，2002年に制定された「都市再生特別措置法」という国家的プロジェクトの存在である。これは，「都市機能の高度化及び都市の居住環境の向上を図るため」，「民間都市再生事業計画の認定，都市計画の特例等の特別の措置を講じ，もって社会経済構造の転換を円滑化し，国民経済の健全な発展及び国民生活の向上に寄与すること」を目的とし，バブル崩壊以降の土地の不良資産を整理し，民間の活力を積極的に都心部へ導入することによって，都市の国際競争力を高めようとする基本方針に沿って進められている。

その要点は，「都市再生緊急整備地域」を指定し，既存の高さや容積率の制限を大幅に緩和することによって，都市再開発という経済活動を活性化しようとする手法にある。けれども，それによって生じたのは，長く街角のシンボルとなっていた近代建築が，半ば狙い打ちのような形で次々に取り壊されるという事態だった。

重要文化財として修復工事が進む東京駅の目前で，2009年に一部を残して解体された「東京中央郵便局」は，そうした流れを象徴する。少なくとも，近代建築の側から見たとき，都市再生特別措置法に示された性急で乱暴な都市再開発の手法は建築文化そのものの崩壊を招くものであり，2004年に制定された「景観法」との整合性を含めて，再検証される必要があるだろう。

❖9コラム-4

❖9-44　青木淳　［青森県立美術館］平成18年〈2006〉　青森
❖9コラム-4　［東京中央郵便局］昭和8年〈1933〉　設計：逓信省営繕課（吉田鉄郎）　2009年11月時点での現況

制の緩和が徹底的に施され，周囲から突出した余りにも巨大なスケールの超高層ビル群が乱立していく。弁護士の五十嵐敬喜らのいう「建築無制限時代の到来」であり，結果的に，それは，都心の一等地に残る近代建築が狙い打ちにされて，次々に取り壊される，という深刻な事態を招いたのである。

このように，建築と都市をめぐって展開されている極端なふたつの現象，すなわち，前者の，最前線における建築デザインの隆盛とそこに孕まれた普遍性を求める思考の希薄さと，後者の，単体の建築のありようを置き去りに突き進む都市スケールの大改造，という二極化された世界は，今後，どこへと向うのだろうか。そのいずれもが，人々の生活環境を半ば放置したままで，不透明性を深めつつあることを，正確に見つめ直すことが求められている。

現代の課題

こうして，およそ60年にわたる戦後建築の流れを概観してみると，いかに激しい変化が起きてきたのかが分かってくる。そして，私たちは，ふたたび振り出しにもどって考えることへと促される。

モダニズム建築とは何か，そして，日本においてモダニズム建築はどこまでの深さとして生きられたのか，という問いかけとして。

日本におけるモダニズム建築は，その初発の時期を充分に思想化する間もなく，経済成長のサイクルに巻き込まれ，変質を余儀なくされた。そして，ポスト・モダンの時代に入っても，原理的な組み立て直しがなされることなくバブルの波に飲み込まれ，拡散してしまった。もちろん，現在は，モダニズムの一枚岩的な考え方は相対化され，技術の進歩が予定調和な未来を約束するものではなくなっている。けれども，モダニズム建築の登場以降，工業化を前提に，意識的なデザイン行為によって，好ましい生活環境をつくっていかなければならない，という構図そのものは，ほとんど変化していない。将来的にも変わることはないだろう。

そのとき，モダニズムの求めた，普遍性をもち，簡素でありながら，身の丈にあった身軽で身近な建築の実現，というテーマは，依然として，未完なままに捨て置かれているのではないだろうか。地球環境の有限性，サスティナブルな社会の実現，人口減少と少子高齢化など，現代社会が抱えるさまざまな難問も，そのことと無縁ではありえない。また，その中心には，雨露をしのぎ，人々の生活を守り，心のよりどころとなる場所をつくり出す，という建築に託された変わらない使命がある。そのために必要とされるのは，歴史自体を，先行するプロジェクトの束としてとらえ，そこから現代の課題を解くための良質なエッセンスを見つけ出していくことなのだと思う。

そのときにこそ，近くはこの数十年が，そして，遠くは本書に描かれた建築史全体が，そのための源泉として，生き生きと立ち現れはじめるに違いない。

The Concise History of Japanese Architecture

巻末資料

古代寺院の伽藍配置図

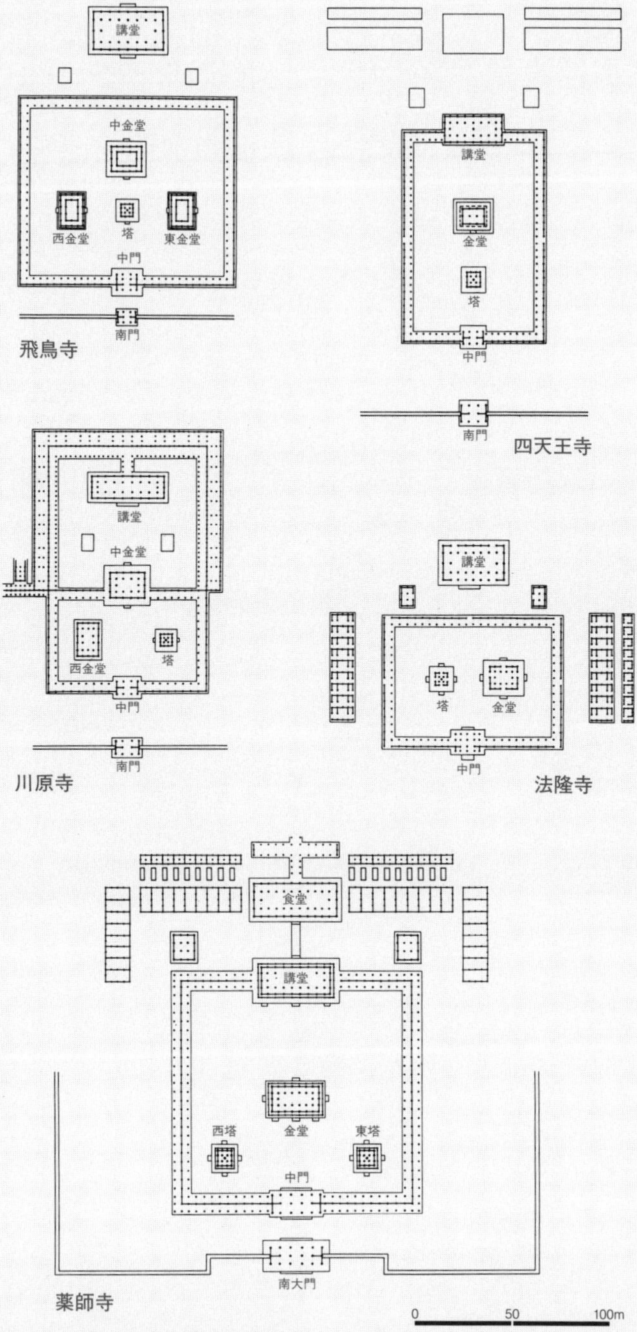
講堂
中金堂
西金堂
塔
東金堂
中門
南門
飛鳥寺
講堂
金堂
塔
中門
南門
四天王寺
講堂
中金堂
西金堂
塔
中門
南門
川原寺
講堂
塔
金堂
中門
法隆寺
食堂
講堂
西塔
金堂
東塔
中門
南大門
薬師寺
0
50
100m

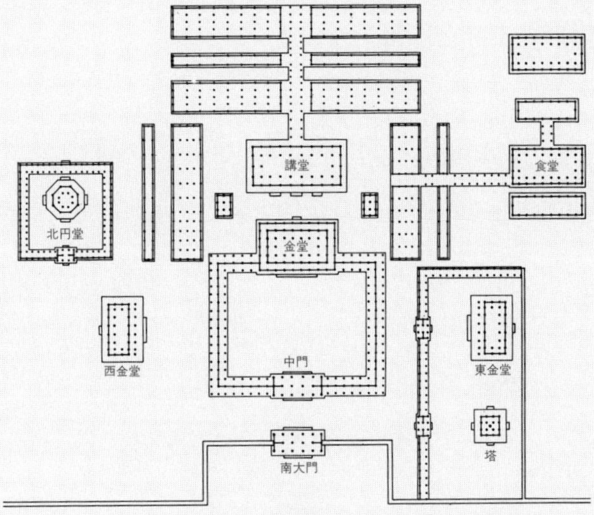
講堂
食堂
北円堂
金堂
西金堂
中門
東金堂
塔
南大門
0
50
100m

興福寺

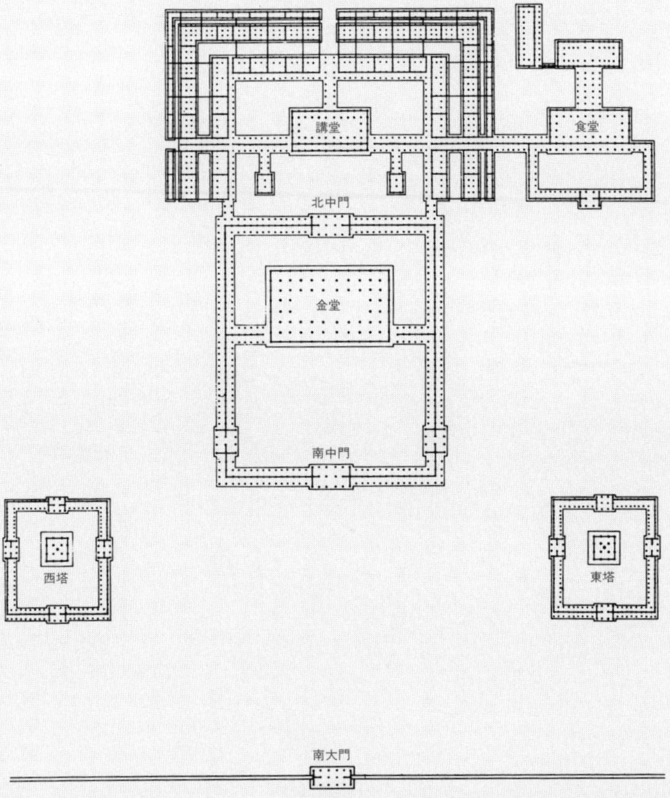
講堂
食堂
北中門
金堂
南中門
西塔
東塔
南大門
0
50
100m

東大寺

寺院建築様式図と各部の名称

禅宗様(唐様)建築

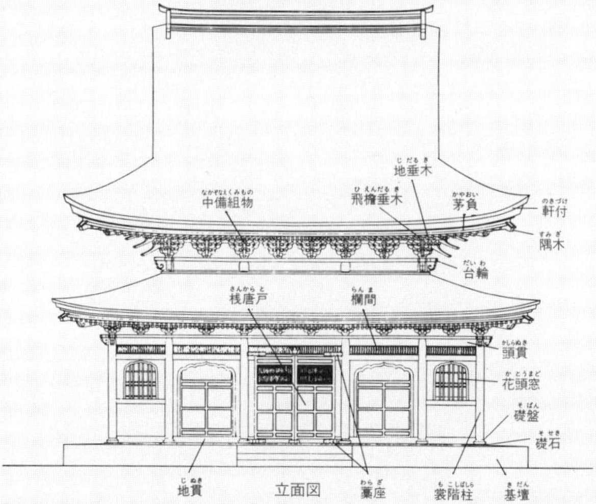

立面図

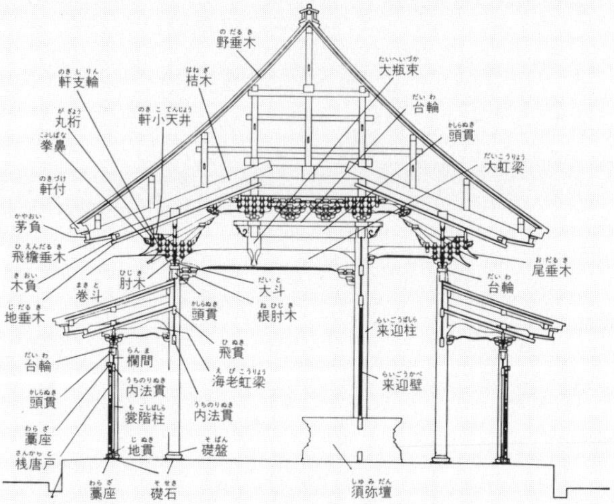

断面図

和様建築

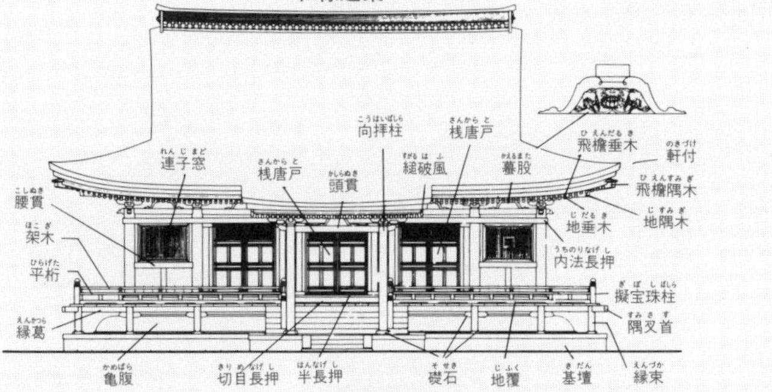

立面図

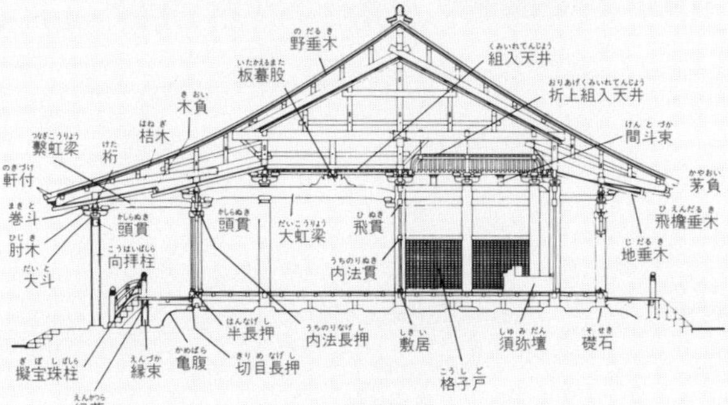

断面図

大仏様(天竺様)建築

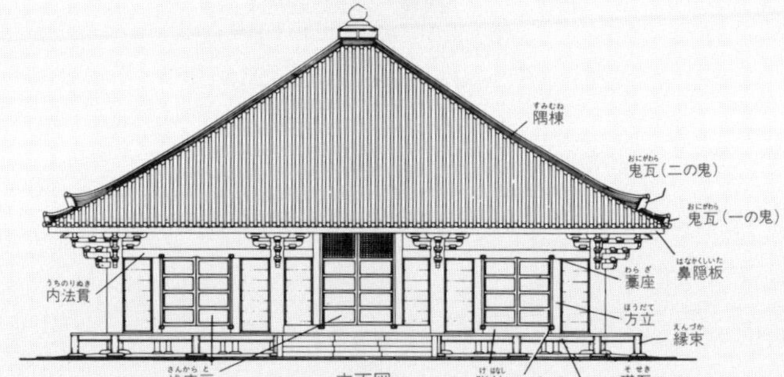

立面図

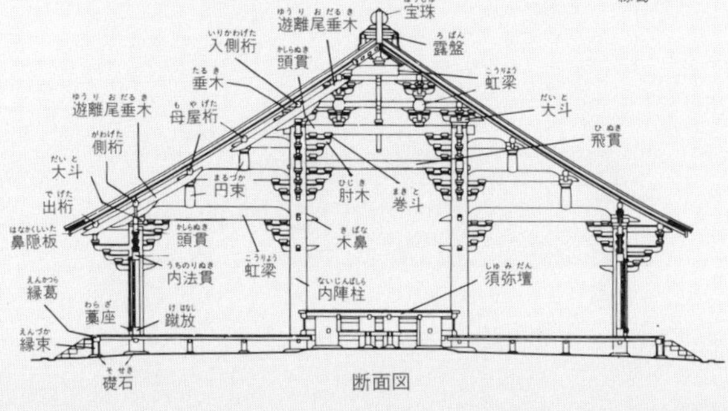

断面図

神社建築様式図と各部の名称

神明造(伊勢神宮内宮正殿)

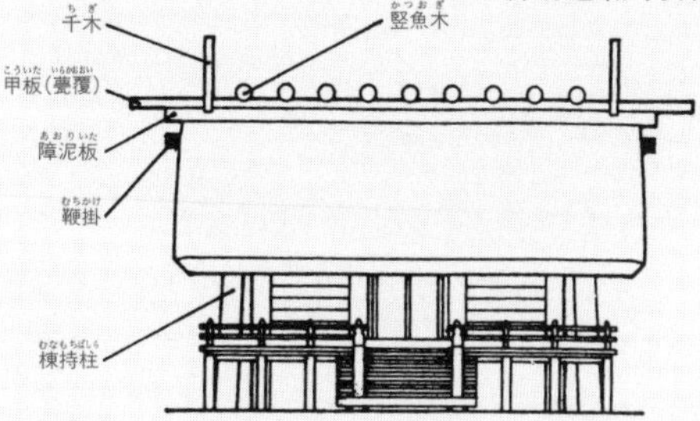

正面

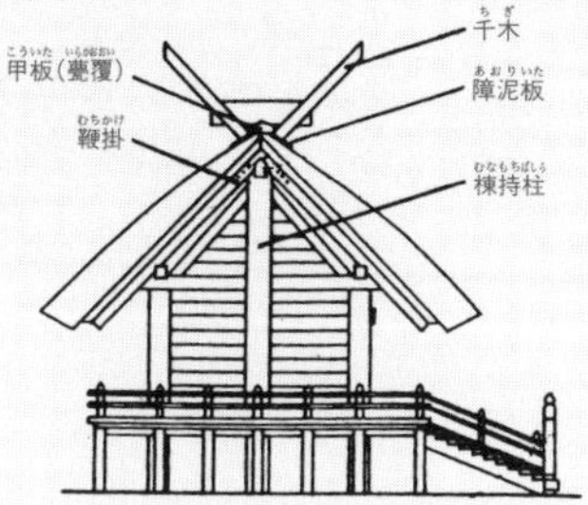

側面

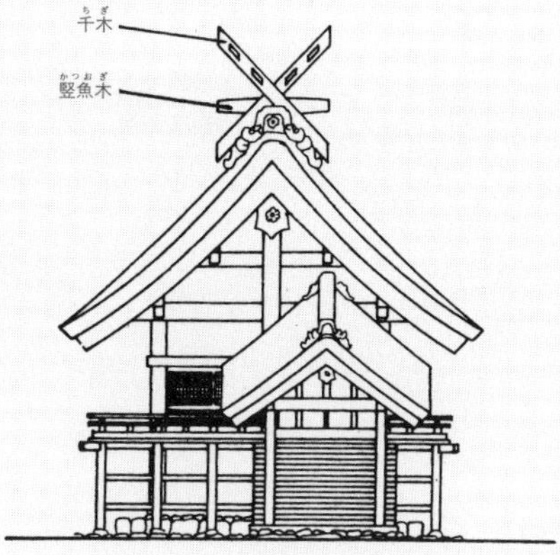

正面

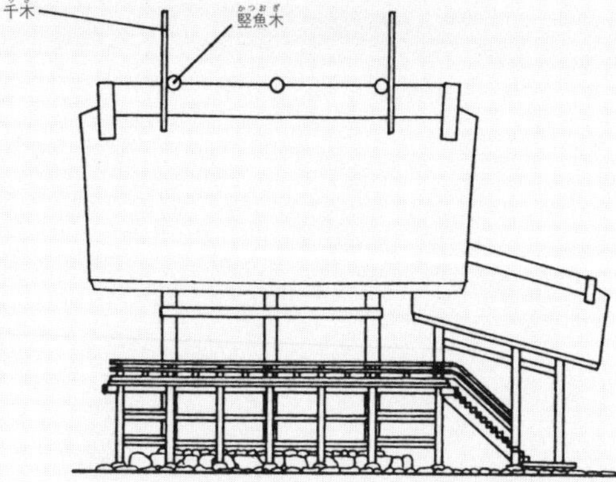

側面

大社造(出雲大社本殿)

春日造(春日大社本殿)

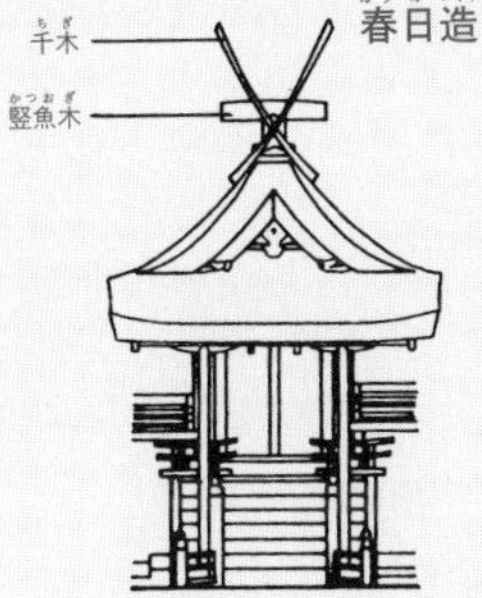

正面

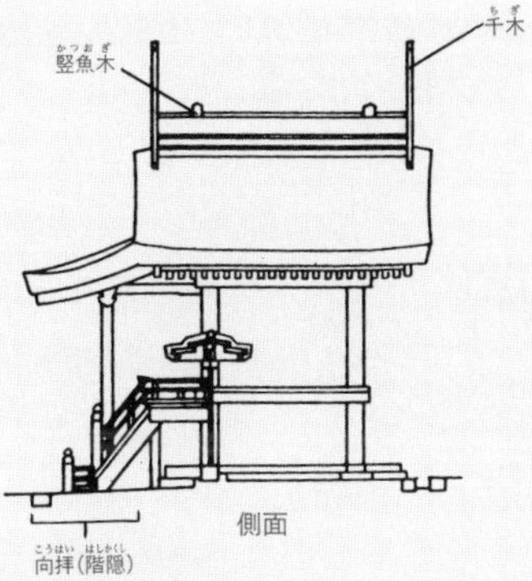

側面

流造(賀茂別雷神社本殿・権殿)

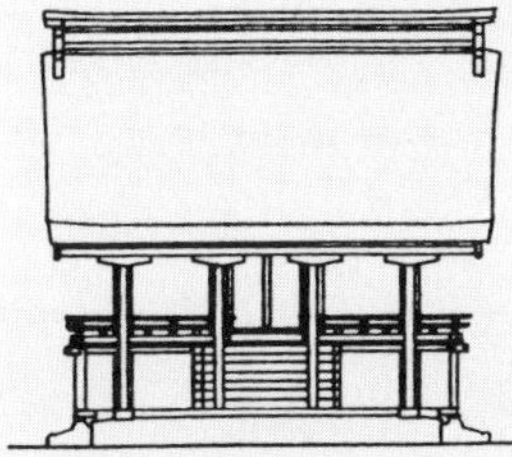

正面

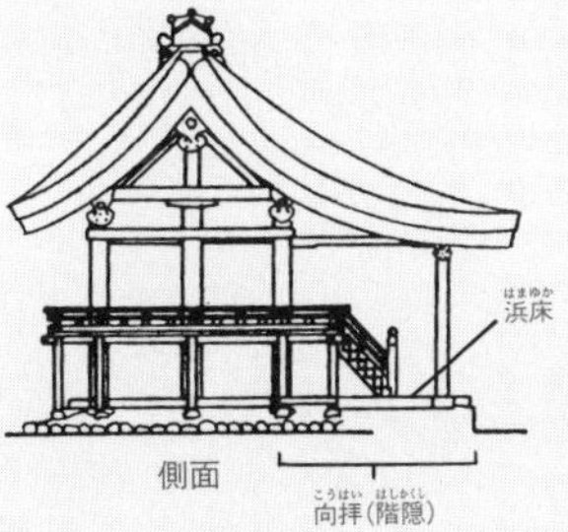

側面

権現造(大崎八幡神社本殿・石の間・拝殿)

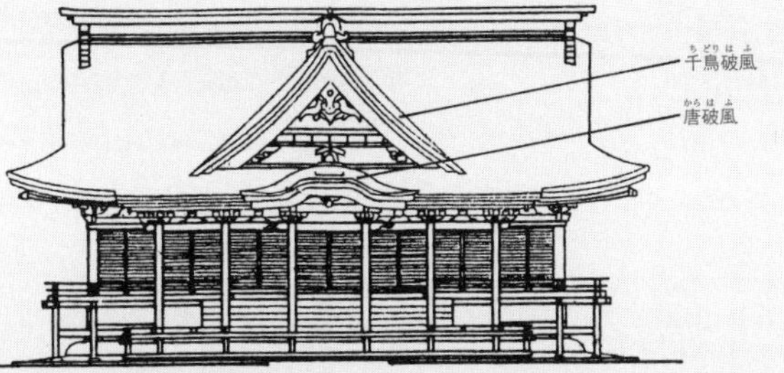

正面

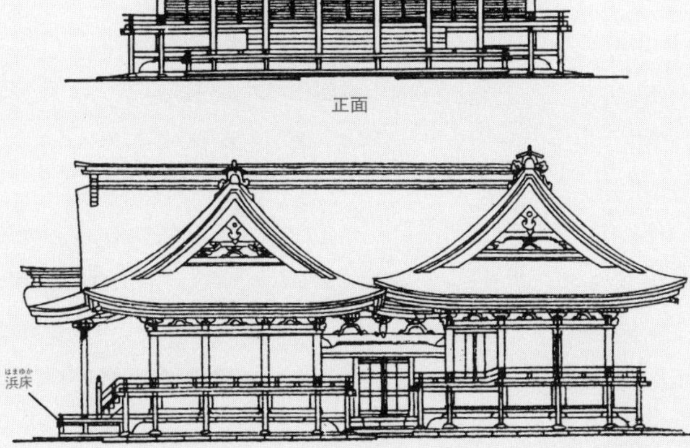

側面

住居建築変遷図

表中の青色部分は遺構の存在を示し、灰色部分はその可能性を示す。

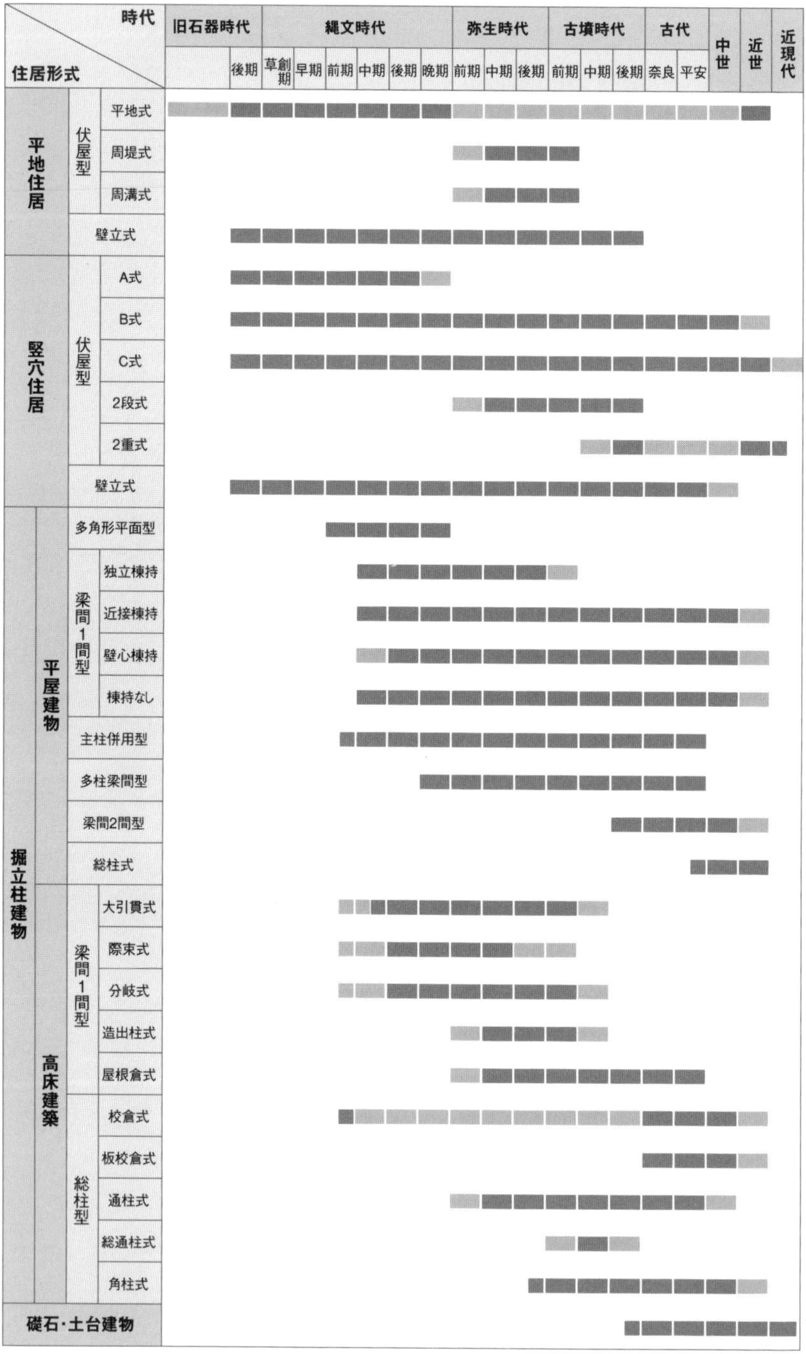
時代
住居形式
旧石器時代
縄文時代
弥生時代
古墳時代
古代
中世
近世
近現代
後期
草創期
早期
前期
中期
後期
晩期
前期
中期
後期
前期
中期
後期
奈良
平安
平地住居
伏屋型
平地式
周堤式
周溝式
壁立式
竪穴住居
伏屋型
A式
B式
C式
2段式
2重式
壁立式
掘立柱建物
平屋建物
多角形平面型
梁間1間型
独立棟持
近接棟持
壁心棟持
棟持なし
主柱併用型
多柱梁間型
梁間2間型
総柱式
高床建築
梁間1間型
大引貫式
際束式
分岐式
造出柱式
屋根倉式
総柱型
校倉式
板校倉式
通柱式
総通柱式
角柱式
礎石・土台建物

建築用語解説

作成-藤尾直史

あ

❖**あおりいた**(障泥板)　神明造社殿の大棟の両脇に付く厚板。あるいは箱棟の側板を受ける厚板。
❖**あかりしょうじ**(明障子)　光を通す障子，つまり現在の障子。古くは現在の襖を障子と呼んだ。
❖**あげつちもん**(上土門)　屋根の上に土を置く門。平安時代から，主に住宅に用いた。法隆寺西園院に江戸時代のものが現存する。
❖**あしだがき**(足駄欠)　二軒の場合に，飛檐垂木を置くために木負に設ける切り欠き。
❖**あぜくらづくり**(校倉造)　三角形に近い断面の校木を井桁に組んで，外壁をつくるもので，一種の組積構造。奈良時代から，主に倉庫に用いた。校木の代わりに板を用いる板倉もある。
❖**あまぐみ**(疏組)　斗栱を柱上にのみ置き，柱間に置かないもの。和様の建築は疏組である。
❖**あやすじ**(綾筋)　獅子口の正面に見られる山形の筋。
❖**ありかべなげし**(蟻壁長押)　天井と内法長押の間に付く長押。天井と蟻壁長押の間の壁を蟻壁と呼び，柱を塗込める。

❖**いがと**(毬斗)→おにと(鬼斗)
❖**いじょうこうばい**(居定勾配)　木負や茅負の下端の勾配。それらを受ける垂木の勾配でもある。
❖**いたからど**(板唐戸)　開戸の一種。一枚板のもの，または数枚の厚板を矧ぎ合わせたもの。しばしば上下に端喰を入れる。板扉とも呼ぶ。
❖**いたのき**(板軒)　垂木を用いずに厚板を張った軒。彩色や彫刻を施すものもある。
❖**いとめん**(糸面)　面の取り方の一種，糸状に細く面を取ること。
❖**いなご**(稲子)　天井板の重なり部分に付く小さな材。竿縁天井などで，天井板を羽重ねにする場合に用いる。
❖**いぬばしり**(犬走)　塀や町家などの外側の，溝との間の平らな部分。
❖**いのこさす**(豕扠首)　妻飾の一種。梁や扠首台の上に扠首竿を合掌に組み，中央に扠首束を立てて棟を受けるもの。
❖**いばらだるき**(茨垂木)　唐破風に用いる曲線状の垂木で，下端に茨状の小突起を持つもの。
❖**いらかかわら**(甍瓦)　本瓦葺の屋根の棟積みの最下部に並ぶ瓦。甍巴瓦(甍丸瓦)と甍唐草瓦(甍平瓦)からなる。
❖**いりかわばしら**(入側柱)　建物の最も外側の筋の柱(側柱)より1列内側の柱。
❖**いれこいた**(入子板)　唐戸の框や桟の間などに挟み込む板。綿板とも呼ぶ。框や桟と入子板の間に挟み込む繰形付きの材を入子縁と呼ぶ。

❖**うけばな**(請花)　相輪の下部などに施す蓮花形の装飾。
❖**うずのはしら**(珍柱)　出雲大社本殿の中央に立つ柱。本居宣長『玉勝間』所収の『金輪造営図』では，岩根御柱と呼ぶ。伊勢神宮の心の御柱に相当する。
❖**うだつ**(卯立・卯建)　町家などの屋根が隣接する部分を一段高くして，小屋根をかけるもの。
❖**うちこしだるき**(打越垂木)　本屋の垂木がそのまま向拝まで延びるもの。
❖**うちころび**(内転)　柱などが内側に傾斜していること。
❖**うちむろづくり**(内室造)　近世の貴族住宅などで，天井を張らずに化粧屋根裏にするもの。
❖**うのけどおし**(兎毛通)　唐破風に用いる懸魚。猪の目懸魚の成を低くしたようなもの。
❖**うらくまど**(有楽窓)　織田有楽の茶室・如庵に見られる，細い竹を隙間なく並べた窓。
❖**うらごう**(裏甲)　社寺建築で，茅負の上に置く幅広の板材。板の長手側を見せるものを布裏甲，木口を見せるものを木口裏甲と呼ぶ。
❖**うろこいた**(鱗板)　如庵のような角違いの茶室に見られる三角形の床板。
❖**うんげんさいしき**(繧繝彩色)　同系の色を濃いものから薄いものへ段々に並べる彩色法。繧繝彩色を施した畳の縁を繧繝縁と呼ぶ。

❖**えびづか**(海老束)　違棚の上下の棚板の間に立つ束。雛束とも呼ぶ。
❖**えびこうりょう**(海老虹梁)　海老のように湾曲した虹梁。側柱と向拝柱など，柱頭の高さが異なる柱を繋ぐのに用いる。もとは禅宗様のもの。
❖**えびのこし**(海老の腰)　禅宗様須弥檀の中程の最もくびれた部分に施す湾曲した繰形。
❖**えぶりいた**(柄振板)　塀の出桁などの端部を隠すために取り付ける板材。塀が門に取り付く部分などに見られる。
❖**えぶりだい**(柄振台)　唐破風などの鬼板や獅子口を受ける台。
❖**えよう**(絵様)　虹梁や頭貫などに施す彫刻や模様。若葉や渦が多い。年代判定の指標になる。
❖**えんかずら**(縁葛)　縁束の上に載り，縁板を受ける水平材。
❖**えんみみいた**(縁耳板)　榑縁の最も外側の板。

❖**おいがた**(笈形)　大瓶束の左右に付く装飾。
❖**おうぎだるき**(扇垂木)　垂木の並べ方の一種。垂木を扇状に並べるもの。隅の加重を支えるには，平行に並べるより有利。禅宗様の建築に見られる。大仏様の建築では隅のみ扇状に並べる。
❖**おおびき**(大引)　床を支える水平材。その上に根太を直交して載せる。
❖**おおめん**(大面)　面の取り方の一種。面幅が柱幅の1/10以上のもの。
❖**おがみ**(拝)　垂木や破風板などの斜材を山形に組んだ頂部。
❖**おさらんま**(筬欄間)　竪子を密に並べた欄間。横子を入れるものと，入れないものがある。
❖**おだるき**(尾垂木)　小屋組から組物を通して斜め下

方に突き出る材。秤肘木を介して，丸桁を受ける。
❖**おやばしら**(親柱)　高欄などの端部に立つ柱。高欄では頂部に擬宝珠や逆蓮を持つ。
❖**おにと**(鬼斗)　斗の一種。隅行方向の肘木や尾垂木の上に載り，枠肘木を受けるもの。斗尻と敷面が45度振れるのが特徴。毬斗とも呼ぶ。
❖**おりあげてんじょう**(折上天井)　天井の一種。天井桁や天井長押から支輪を立上げて張るもの。二回折上げるものを二重折上天井と呼ぶ。
❖**おりおき**(折置)　小屋組の一種。柱の上に小屋梁を架け渡し，その上に桁を架け渡すもの。

か

❖**かいがたばしら**(貝形柱)　築地の端部に付く傾斜した2本の柱。
❖**かえるまた**(蟇股)　蛙が股を開いたような形の材。板状の板蟇股と，両脚の間に彫刻を施す本蟇股がある。板蟇股は奈良時代から，本蟇股は平安時代から例がある。
❖**かがみてんじょう**(鏡天井)　格縁や竿縁などを用いず，一面に板を張った天井。もとは禅宗様のもの。
❖**がぎょう**(丸桁)　垂木を受ける桁。古くは円形断面だった。
❖**がくづか**(額束)　鳥居の島木と貫の間に立つ束。しばしば額がかかる。
❖**かけこみてんじょう**(掛込天井)　平天井と化粧屋根裏からなる天井。茶室に見られる。
❖**かけしょうじ**(掛障子)　障子の一種。上の框を折釘に引っ掛けて用いるもの。下地窓の室内側に用いる。
❖**かけづくり**(懸造)　斜面に建築をつくる方法。床を支える床束を長く延ばし，束同士を貫で繋ぎ固めるもの。
❖**かけはな**(懸鼻)　木鼻の一種。頭貫などの水平材の先端に造り出さず，別の材を用いて後から取り付けるもの。
❖**かごぼり**(篭彫)　近世の建築彫刻に見られる，材の心を刳り抜き，表面のみ残して，篭のように透かせるもの。
❖**かさぎ**(笠木)　鳥居の最上部の水平材。
❖**かしらぬき**(頭貫)　柱の頂部を繋ぐ水平材。柱の頂部を切り欠き，上から落し込む。貫よりも早く，飛鳥時代から用いられた。
❖**かたさばき**(片捌)　床の間において長押を床柱の正面・側面の二方に回すこと。
❖**かつおぎ**(堅魚木，鰹緒木，勝男木)　神社本殿などに見られる，大棟に直交して載る円形断面の水平材。
❖**がっしょう**(合掌)　二つの材を山形に組むもの。
❖**かとうまど**(火灯窓・花頭窓)　火灯曲線と呼ばれる輪郭を持つ窓。もとは禅宗様のもの。
❖**かぶき**(冠木)　柱を貫く成の高い水平材。冠木門は，門柱とその上部を貫く冠木からなる門。
❖**かまち**(框)　建具の四周を固める材。あるいは床の段差の部分に取り付く水平材。
❖**かめのお**(亀の尾)　折上格天井の折上げ部分に立ち並ぶ湾曲した竪材で，格縁につながるもの。
❖**かめばら**(亀腹)　縁を回す社寺建築の縁束の内側に設ける饅頭形の土製の壇。しばしば白漆喰で固める。多宝塔の層間や鳥居の足元の饅頭形も亀腹と呼ぶ。
❖**かやおい**(茅負)　垂木(二軒の場合は飛檐垂木)の先端に置く水平材。その上に裏甲を置き，瓦などを葺く。
❖**からいじき**(唐居敷)　門の両脇に置く，長方形の石や厚板。門柱を支え，門扉の軸を受ける。
❖**からどめん**(唐戸面)　面の取り方の一種。丸く面を取るもの。
❖**からはふ**(唐破風)　破風の一種。破風板の中央部が起り，両端部が反るもの。
❖**からもん**(唐門)　唐破風の屋根を持つ門。唐破風を側面に持つものを平唐門，正面や背面に持つものを向唐門と呼ぶ。
❖**がわばしら**(側柱)　建物の外側筋の柱。

❖**きおい**(木負)　二軒の場合に，地垂木の先端に載り，飛檐垂木を受ける水平材。
❖**きずり**(木摺)　漆喰壁の下地に用いる貫。
❖**きちょうめん**(几帳面)　面の取り方の一種で，とがった面を取るもの。几帳の柱に多く用いられた。
❖**きつねごうし**(狐格子)　入母屋屋根の妻飾の一種。縦横に格子を組み，裏板を張るもの。
❖**きばな**(木鼻)　社寺建築において，頭貫などの水平材が隅柱から突き出た部分に繰形や絵様を施すもの。形により，拳鼻，象鼻，獅子鼻，獏鼻がある。
❖**ぎぼし**(擬宝珠)　高欄などの親柱の頂部に見られる宝珠形の装飾。
❖**ぎゃくれん**(逆蓮)　禅宗様の高欄の親柱に見られる，蓮花を逆さまにしたような形の装飾。
❖**ぎょうぎぶき**(行基葺)　本瓦葺の一種。丸瓦の一端をもう一端より細くし，全体を半円錐形にして，平瓦同様に重ね代を設けるもの。
❖**きょうのまき**(経の巻)　獅子口の上に載る円筒形の瓦。
❖**きょうろぐみ**(京呂組)　小屋組の一種。側柱の上に桁を架け渡し，その上に小屋梁を架け渡すもの。側柱の位置に無関係に，小屋梁を架け渡すことができる。
❖**きりはふ**(切破風)　切妻屋根の端部の破風。
❖**きりめえん**(切目縁)　縁板を木口を見せるように張るもの。榑縁より高級とされる。
❖**きりめどうづき**(切目胴付)　丸太柱や面皮柱に鴨居が取り付く場合に，鴨居の木口の一部を見せる納まり。
❖**きりめん**(切面)　面の取り方の一種，45度の面を取るもの。最も簡単な面。
❖**きりめなげし**(切目長押)　敷居と縁板の段差の部分に付く長押。

❖**くうでん**(宮殿)　宮殿形の厨子。
❖**くつがた**(沓形)→しび
❖**くぎかくし**(釘隠)　長押を留める釘の頭を隠す装飾金物。
❖**くだばしら**(管柱)　二階建以上の建物の柱で，上階まで貫通しないもの。
❖**くだりげぎょ**(降懸魚)→わきげぎょ(脇懸魚)
❖**くみいれてんじょう**(組入天井)　天井の一種。角材(格縁)を縦横に組み，裏板を張るもの。構造材の一部を用いるのが特徴。古代から用いた。
❖**くみむね**(組棟)　棟の一種。輪違瓦，菊丸瓦，青海波，松皮菱などの棟込瓦を，熨斗瓦の間に組み込むもの。

❖**くみもの**(組物)→ときょう(斗栱)

❖**くもと・くもひじき**(雲斗・雲肘木)　雲のような形の斗と肘木。飛鳥時代の寺院建築に見られる。

❖**くりかた**(繰形)　凹形の輪郭を持つ装飾的な形。

❖**くりん**(九輪)　相輪の途中にある金属の輪。宝輪とも呼ぶ。

❖**くれえん**(榑縁)　縁板を縁の長手方向に張り，木口を見せないもの。切目縁より格が低いとされる。

❖**げぎょ**(懸魚)　破風の拝みにつく装飾的な板材。形により，猪の目懸魚，梅鉢懸魚，蕪懸魚，三ツ花懸魚がある。

❖**けしょうだるき**(化粧垂木)　地垂木や飛檐垂木など，見える垂木。装飾材の性格が強い。

❖**けしょうやねうら**(化粧屋根裏)　天井を張らずに垂木や裏板を見せるもの。

❖**けたかくし**(桁隠)→わきげぎょ(脇懸魚)

❖**けはなし**(蹴放)　門などの下に置く水平材。溝のない敷居，あるいは地覆の一種と考えられる。

❖**けらば**(螻羽)　切妻屋根の妻側の端部。螻羽に用いる瓦を螻羽瓦と呼ぶ。

❖**けんと**(間斗)　束や蟇股に載る斗。

❖**けんとづか**(間斗束)　束に間斗が載ったもの。頭貫や台輪などに載り，通り肘木や丸桁を受ける。奈良時代から例がある。

❖**こういた**(甲板)　茅葺・桧皮葺・杮葺などの屋根の大棟の上端を覆う厚板。神明造の社殿では堅魚木を受ける。甍覆(いらかおおい)とも呼ぶ。

❖**ごうてんじょう**(格天井)　角材(格縁)を縦横に組み，裏板を張った天井。構造とは無関係で，小屋梁から吊り下げられる。

❖**こうりょう**(虹梁)　虹のように中央部が上方に湾曲した梁。虹梁を二重に用いる場合に，下の虹梁を大虹梁，上の虹梁を二重虹梁と呼ぶ。

❖**こぐみごうてんじょう**(小組格天井)　格天井の一種。格縁を縦横に組んだ格間の上に，小形の格子を置き，裏板を張ったもの。

❖**こしぐみ**(腰組)　縁などの張り出し部分を支える組物。楼門や塔の上層の縁の下に設ける。

❖**ごはい**(向拝)　社殿や仏堂の正面に突き出た構造物。礼拝のためのもの。

❖**ごひら**(五平)　断面が長方形の柱。厚平とも呼ぶ。

❖**こまい**(小舞・木舞)　屋根や壁の下地。竹や貫を縦横に組む。

❖**こまがえし**(小間返)　垂木や組子を，材幅と同じ空きをとって並べること。

❖**ごまがらじゃくり**(胡麻殻決)　柱の表面を決って，断面を菊花状にしたもの。

❖**こやぐみ**(小屋組)　屋根を支える構造。和小屋と洋小屋がある。

さ

❖**さおぶちてんじょう**(竿縁天井，棹縁天井)　天井の一種。竿縁という細い材の上に天井板を張るもの。

❖**さぎちょうばしら**(左義長柱)　塔の露盤を受ける四本の柱。

❖**ささぐり**(笹繰)　肘木の上面の斗が載らない部分を，笹の葉状に繰り取ったもの。奈良時代の建築や禅宗様の建築に見られる。

❖**さしがもい**(差鴨居)　構造材も兼ねた成の高い鴨居。柱間を大きくとることができる。両端を柱に柄差にする。

❖**さしひじき**(差肘木)　柱の上に置かずに，柱の側面に差し込む肘木。大仏様の建築に見られる。

❖**さす**(扠首)　棟を受ける合掌形の斜材。

❖**さばしり**(鯖尻)　虹梁が柱に取り付く辺りの上端の円弧状に湾曲した部分。

❖**さねひじき**(実肘木)　組物の最上部にあり，直接丸桁を受ける肘木。通常の肘木より長く，成が低い。しばしば絵様や繰形を施す。

❖**さま**(狭間)　城郭建築の壁に設ける，矢や鉄砲を打つための小さな開口。円形・三角形・四角形など様々な形のものがある。

❖**さらと**(皿斗)　柱上の大斗の斗尻に見られる皿状の造り出し。

❖**さるぼおめん**(猿頬面)　面の取り方の一種，猿の頬のように45度以上の面を取るもの。猿頬面の竿縁を用いた天井を猿頬天井と呼ぶ。

❖**さんからど**(桟唐戸)　框の間に桟を縦横に組み，その間に板や連子を入れた開戸。大仏様・禅宗様と共に伝わった。

❖**さんがわらぶき**(桟瓦葺)　桟瓦と呼ばれる波形の瓦を用いる屋根の葺き方。桟瓦は1枚で丸瓦と平瓦の両方の機能を持つ。江戸時代に登場した。

❖**さんじゅうさんげんどう**(三十三間堂)　正面33＋2間の長大な堂。京都の蓮華王院本堂(1266)が代表例。寛永19年(1642)に，天海の発起，松平伊賀守の推挙により，江戸にも三十三間堂がつくられた。

❖**じえんひかく**(地円飛角)　二軒の場合に，地垂木に円形，飛檐垂木に方形断面の材を用いるもの。両方とも方形の場合は，地角飛角である。

❖**しかみ**(顰)　木鼻や拳鼻の繰形の抉れた部分。

❖**しきしまど**(色紙窓)　茶室の窓の一種。大きさの異なる障子を上下に，少しずらして入れるもの。

❖**しころぶき**(錣葺)　屋根の葺き方の一種。切妻屋根の四方に庇がつくもの。入母屋屋根と異なり，平側の屋根面に段がある。法隆寺玉虫厨子や四天王寺金堂(戦災焼失)など。

❖**ししぐち**(獅子口)　棟飾の一種。五角形の箱形に，3個又は5個の筒状の経の巻が載るもの。獅子の髪のような鰭を持つ。

❖**したみ**(下見)　壁の仕上の一種。下見板という薄い板材を水平に，少しずつ重ねて，下から順に張ったもの。

❖**じだるき**(地垂木)→ふたのき(二軒)

❖**したじまど**(下地窓)　窓の一種。土壁の一部を塗り残して下地を見せるもの，あるいは別の材で同様のものをつくって取り付けるもの。民家や茶室に見られる。

❖**してんばしら**(四天柱)　塔の心柱の周囲に立つ四本の柱。

❖**しとみ**(蔀)　格子状の釣戸。上下に分かれるものを半蔀と呼ぶ。平安時代に登場し，寝殿などに用いた。

❖**しはんじき**(四半敷)　正方形の板や瓦を，45度方向に目地を通して敷くもの。禅宗様の建築に見られる。

❖**しび**(鴟尾)　棟飾の一種。大棟の両端に付く沓状のもの。沓形(くつがた)とも呼ぶ。
❖**じふく**(地覆)　柱同士の最下部を固める水平材。あるいは高欄の最下部の水平材。
❖**しまぎ**(島木)　鳥居の笠木のすぐ下の水平材。
❖**しゃくじょうぼり**(錫杖彫)　虹梁の下面に施す錫杖状の彫刻。
❖**じゃぼこ**(蛇骨子)　折上格天井の折上げ部分に立ち並ぶ湾曲した竪材で，格縁につながらないもの。
❖**しゅみだん**(須弥壇)　仏堂の内部に置かれる，仏像や厨子を安置するための壇。和様と禅宗様では様子が異なる。
❖**じょうぎぶち**(定規縁)　戸の合わせ目を隠すために取り付ける材。
❖**しょうぶけた**(菖蒲桁)　入母屋破風や軒唐破風などの破風板を受ける桁。
❖**しりん**(支輪)　天井支輪と軒支輪がある。折上天井の周囲の折上げ部分を天井支輪，組物間の蛇腹状の部分を軒支輪と呼ぶ。
❖**しんそ**(心礎)　塔の心柱の礎石。擦礎(さつそ)とも呼ぶ。
❖**しんばしら**(心柱)　塔の中心の柱。擦(さつ)とも呼ぶ。

❖**すいえん**(水煙)　塔の相輪の九輪の上にある火焔状の装飾。
❖**すがるはふ**(縋破風)　向拝の側面など，本屋根から突き出た部分に付く，片流れの破風。
❖**すぎど**(杉戸)　杉の鏡板を用いた戸。しばしば絵を施す。
❖**すぐはふ**(直破風)　反りや起りがない直線状の破風。
❖**ずし**(厨子)　仏像などを安置するための櫃。建築的な表現をとるものもある。法隆寺玉虫厨子など。
❖**すじかい**(筋違)　四辺形に組んだ軸組の中に対角線状に入れる補強用の材。
❖**すばしら**(須柱)　築地の内部に立ち並ぶ柱。
❖**すみぎ**(隅木)　隅方向に延びる材。隅木の角度により，真隅(ますみ)と振隅(ふれすみ)がある。

❖**せい**(成)　材の上端から下端までの寸法。
❖**せがえし**(背返)　垂木や組子を，材の成と同じ空きをとって並べること。垂木の場合は，特に本繁割とも呼ぶ。
❖**ぜつ**(舌)　肘木の下端に施す繰形。
❖**せん**(甎)　煉瓦の一種。床や壁の仕上に用いる。

❖**ぞうきんずり**(雑巾摺)　床の間の地板を三方の壁に取り付けるのに用いる水平材。
❖**そうりん**(相輪)　塔の最頂部の装飾。露盤，覆鉢，請花，九輪，水煙，竜舎，宝珠からなる。
❖**そせき**(礎石)　柱の下に置かれ，柱を受ける石材。自然石のものと加工したものがある。
❖**そできり**(袖切)　虹梁が柱に取り付く辺りを，薄く欠き取ったもの。
❖**そでこうらん**(袖高欄)　登り高欄の前方にある左右に開いた小さな高欄。
❖**そばん**(礎盤)　柱の下，礎石の上に置く材。禅宗様・黄檗様の建築に見られる。石造のものと木造のものがある。

た

❖**だいかぐらづくり**(太神楽造)　通し柱を用いず，管柱のみ用いて二階建にするもの。
❖**たいこおとし**(太鼓落)　丸太材の両側面を挽き落とし，断面を太鼓状にするもの。
❖**たいこばりふすま**(太鼓張襖)　框を用いず，骨組を両面から紙で張り包むもの。茶室に用いる。
❖**だいと**(大斗)　最大の斗。柱上に直接，もしくは台輪や皿斗を介して載る。
❖**だいとひじき**(大斗肘木)　大斗に舟肘木が載るもの。
❖**だいめだたみ**(台目畳，大目畳)　茶室に用いる，長手方向の長さが通常の3/4の畳。
❖**たいへいづか**(大瓶束)　円形又は円形に近い断面の束。虹梁に載る。もとは禅宗様のもの。
❖**だいわ**(台輪)　柱上に載り，柱を繋ぐ平らな水平材。あるいは鳥居の上部にある島木を受ける円形の材。
❖**たけのふしらんま**(竹の節欄間)　欄間の一種。竹の節という欄干状の材の上下に，玉縁という水平材を渡し，その間に襷という斜材を入れるもの。脇障子の上にも用いる。
❖**たたみよせ**(畳寄)　壁と畳の間に入れる細長い材。
❖**たたらづか**(桶束)　高欄地覆に立つ束。架木まで延びるものを通し桶又は斗束，平桁までのものを込桶又は嫁束と呼ぶ。
❖**たてこ**(竪子)　格子や障子などの縦の組子。
❖**たてのぼせばしら**(立登柱)→とおしばしら(通し柱)
❖**たばさみ**(手挟)　社寺建築の向拝に見られる，持送り状の装飾。しばしば彫刻を施す。
❖**だぼ**(太柄)　二つの材の接合部に用いる小さな材。双方の材に差し込む。
❖**たるき**(垂木)　棟から軒桁に架け渡す材。
❖**たるのくち**(樽の口)　懸魚などを取り付けるのに用いる，樽形の頭部を持つ釘状の金物。
❖**だんじょうづみ**(壇正積)　基壇の一種。側面に整形した地覆石・束石・葛石・嵌石を積み，内部に粘土を充填し，上面に石や瓦を敷くもの。寺院建築の正式な基壇。

❖**ちからだけ**(力竹)　茶室の下地窓の外に立つ竹材。
❖**ちからたるき**(力垂木)　構造材も兼ねた化粧垂木。地垂木と飛檐垂木を一木にしたり，垂木の成を高くしたりする。端部を小屋組の奥まで延ばし，小屋束などに柄差にする。
❖**ちぎ**(千木)　垂木や破風が棟より上方に突き出たもの。あるいは二本の材を交差させ，大棟の上に置くもの。神社や民家に見られる。
❖**ちきり**(千切)　二つの材の接合部に用いる，太鼓形の小さな材。
❖**ちどりはふ**(千鳥破風)　屋根の流れ面に取り付く切妻の破風。障泥破風や据破風とも呼ばれた。
❖**ちまき**(粽)　柱の上端下端をすぼめたもの。禅宗様の建築に見られる。
❖**ちんくぐり**(狆潜)　床の間と脇棚を仕切る壁の下部に設ける開口。

❖**ついじ**(築地)　粘土の塀。柱を立て板を添え，内部

に泥粘土を充填する。表面は漆喰で仕上げるものが多い。練塀と外形は似るが，構造は異なる。
❖**つか**(束)　短い垂直材。
❖**つなぎこうりょう**(繋虹梁)　入側柱と側柱，側柱と向拝柱などを繋ぐ虹梁。
❖**つまかざり**(妻飾)　切妻屋根，入母屋屋根の妻面の装飾。豕扠首，二重虹梁蟇股，虹梁大瓶束，狐格子などがある。
❖**つめぐみ**(詰組)　組物が柱上だけでなく，柱間にも載るもの。禅宗様の建築は詰組である。

❖**ていかんようしき**(帝冠様式)　昭和初年の神奈川県庁(1928)，名古屋市庁舎(1934)，東京帝室博物館(1937)などの建物に冠された様式。構造が鉄骨造や鉄筋コンクリート造で，伝統的な屋根を持つのが特徴。しばしば昭和初年のナショナリズムの台頭と関連づけて説明される。
❖**てんがい**(天蓋)　仏像の頭上に吊るす蓋状の覆い。
❖**てんしゅだい**(天守台)　天守が載る石垣積の台。天守が壊されても天守台は残る場合が多いが，近代以降の天守の修理や建設の際に，天守台が壊される場合がある。保存の進め方が課題。

❖**どうばり**(胴張)　丸柱の中央部の膨らみ。法隆寺金堂などに見られる。
❖**どうぶち**(胴縁)　壁に板を取り付けるのに用いる水平材。
❖**とおしばしら**(通柱)　上の階まで通る柱。通り柱，建登柱とも呼ぶ。
❖**とおしひじき**(通肘木)　斗に載り，組物を繋ぐ水平材。
❖**ときょう**(斗栱)　斗と肘木のこと。柱上に載り屋根や軒を支える，持送り状の構造物。柱筋より前に出ないものに，舟肘木・大斗肘木・二斗・平三斗・出三斗・連三斗などがある。前に出るものに，出組・二手先・三手先などがある。
❖**とりぶすま**(鳥衾)　鬼瓦や鬼板の上から前方に突き出る円筒形の瓦。

な

❖**なかぞなえ**(中備)　柱上の斗栱の間に置かれ，桁を受ける材。蟇股，大瓶束，撥束，蓑束などがある。
❖**なげし**(長押)　柱の側面に打ち付けて，柱を繋ぐ水平材。平安時代には構造材だったが，鎌倉時代に柱を貫通する貫が登場し，装飾材になった。用いる高さにより，天井長押・内法長押・腰長押・地長押などがある。
❖**なまこかべ**(海鼠壁)　土蔵造の建物の外壁の仕上の一種。瓦を並べ，目地に漆喰を盛り，断面を海鼠のような半円形にするもの。
❖**なみらんま**(波欄間)　波形の縦連子を入れた欄間。禅宗様の建築に見られる。

❖**にじりぐち**(躙口)　茶室の客の出入口。内法がおよそ60cm四方の小さなもの。

❖**ぬき**(貫)　柱を貫通して繋ぐ水平材。鎌倉時代から用いられた。
❖**ぬぐいいた**(拭板)　平滑な床板。
❖**ぬのしき**(布敷)　正方形や長方形の石や瓦を敷くときに，一方向の目地を通し，もう一方向の目地を交互に通すもの。

❖**ねだ**(根太)　床を支える水平材。大引に直交して載り，床板を受ける。
❖**ねりべい**(練塀)　粘土と瓦を交互に積む塀。近世の武家住宅や寺院に用いた。

❖**のきからはふ**(軒唐破風)　軒先の一部に造り出す唐破風。
❖**のきてんじょう**(軒天井)　軒に張った天井。小天井とも呼ぶ。
❖**のだるき**(野垂木)　野屋根の場合に，屋根の裏板を直接受ける垂木。
❖**のびと**(延斗)　隅肘木などを受ける斗。巻斗より長く，幅も広い。平面は長方形のものが普通。
❖**のぼりうらごう**(登裏甲)　破風板に載る裏甲。
❖**のぼりこうらん**(登高欄)　階段の両側に付く高欄。
❖**のぼりばり**(登梁)　木造の小屋組で，傾斜した梁。登木とも呼ぶ。
❖**のぼりよど**(登淀)　破風板に載る淀。社寺建築では登裏甲と呼ぶ。
❖**のやね**(野屋根)　化粧垂木の上に束を立て母屋桁を支え，その上に野垂木を並べる屋根。平安時代に登場した。屋根勾配と無関係に化粧垂木の勾配を緩くし，軒の出を長くできるようになった。桔木の使用も可能になった。

は

❖**はいつけだるき**(配付垂木)　隅木の側面に付く垂木。軒桁より外側に付く。
❖**はがさね**(羽重)　天井板や下見板などを少しずつ重ねて張るもの。
❖**はかりひじき**(秤肘木)　一個の斗の上に一本の肘木が載り，その両端に斗が載る天秤状の肘木で，斗を介して天井桁や軒桁を受けるもの。
❖**はこむね**(箱棟)　厚板を用いた箱形の大棟。瓦や漆喰で覆うものもある。
❖**はしかくし**(階隠)　主に社殿や寝殿の正面中央の階段の上に差し掛ける庇。
❖**はじとみ**(半蔀)→しとみ(蔀)
❖**はしばみ**(端喰)　板扉の補強や装飾のために，上下に取り付ける材。長方形のものを棒端喰，台形のものを本端喰と呼ぶ。
❖**ばちづか**(撥束)　間斗束の一種で，下方が撥状に開いた装飾的なもの。鎌倉時代後期から例がある。
❖**はっそうかなもの**(八双金物)　板扉に用いる金具の一種。入八双と出八双がある。
❖**はなかくし**(鼻隠)　垂木の木口を隠すために，垂木の先端に取り付ける板材。大仏様の建築に見られる。
❖**はなひじき**(花肘木)　間斗束の肘木に装飾的な彫刻を施し，肘木に載る二斗と一体化したもの。
❖**はねぎ**(桔木)　小屋組の内部から軒先に延び，梃子の原理で軒を支える材。平安時代に登場し，鎌倉時代以降広く用いた。
❖**はねこうらん**(刎高欄)　高欄の一種。端部に擬宝珠を持つ親柱を立てず，架木を水平に突き出して刎ね上げ，平桁や地覆も突き出すもの。
❖**はばき**(幅木)　壁の最下端の床に接する部分に付く水平材。
❖**はふいた**(破風板)　屋根の妻面に付く板材。
❖**はまゆか**(浜床)　社殿の向拝下に張る低い床。
❖**はりつなぎ**(梁繋)　小屋組の内部の，小屋梁や小屋束同士を繋ぎ固める材。
❖**はんちく**(版築)　基礎の一種。玉石を敷き，その上に砂や粘土を交互に，繰り返し突き固めるもの。

❖**ひえんだるき**(飛檐垂木)→ふたのき(二軒)
❖**ひきわたしこうばい**(引渡勾配)　反り屋根の棟と軒を結ぶ直線の勾配。
❖**ひしごうし**(菱格子)　菱形に組んだ格子。戸や欄間に用いる。
❖**ひじき**(肘木)　組物で，斗や桁を受ける水平材。
❖**ひじつぼ**(肘壺)　扉の開閉に用いる金物。肘金物と壺金物からなる。
❖**ひとみばり**(人見梁)　近世の町屋の表にかかる成の高い梁。蔀梁がなまったものと言われる。
❖**ひらげた**(平桁)　高欄の中ほどにある長方形断面の水平材。
❖**ひろこまい**(広小舞)　垂木の先端に載る幅広の水平材。社寺建築の茅負に相当する。
❖**びわいた**(琵琶板)　組物と組物の間や，蟇股や大瓶束と組物の間の小壁の部分に嵌め込む板。

❖**ふきはなし**(吹放)　柱間に壁や建具を用いずに，柱だけにすること。
❖**ふきよせ**(吹寄)　垂木や組子を，2本または数本ずつ対にして並べるもの。それぞれ吹寄垂木，吹寄格子と呼ぶ。
❖**ふくばち**(伏鉢)　塔の相輪の露盤の上に載る鉢を伏せたような形の材。
❖**ふたつど**(二斗)　大斗の上に短い肘木を置き，その両端に巻斗を置くもの。
❖**ふたのき**(二軒)　二重の軒。上の軒を大軒，下の軒を小軒と呼ぶ。上の軒の垂木を飛檐垂木，下の軒の垂木を地垂木と呼ぶ。主な仏堂は通常二軒である。なお一重のものを一軒，興福寺北円堂など三重のものを三軒と呼ぶ。
❖**ふっこうてんしゅ**(復興天守)　近代に造られた天守は近代天守と呼ばれず，近世天守の復元・復興とみなされる。根拠が乏しいものは模擬天守と呼ばれる。構造に鉄やコンクリートを用いたものも多い。大阪城天守のように登録文化財になった例もある。
❖**ふでがえし**(筆返)　机板や棚板の端部に見られる反転形の装飾。
❖**ふなぞこてんじょう**(舟底天井)　舟の底を見上げたような天井。勾配を持ち，中央部が両端より高い。
❖**ふなひじき**(舟肘木)　舟形の肘木。柱の上に載り，斗を介さずに桁を直接受けるもの。
❖**ふれずみ**(振隅)　勾配が異なる屋根面が交差する場合など，隅木が45度より振れるもの。

❖**へいじく**(幣軸)　扉口の上方と左右の三方につく繰形付きの額縁。幣軸と戸の間には方立を入れる。和様の建築に見られる。

❖**ほうじゅ**(宝珠)　宝形造の屋根の頂部や，塔の相輪の頂部に置く玉。
❖**ほうじゅばしら**(宝珠柱)　高欄に用いる擬宝珠付きの柱。
❖**ぼうすみ**(棒隅)　軒隅の下端に反りがない屋根の隅。
❖**ほうだて**(方立)　戸当たりに立つ方形の柱。
❖**ほこぎ**(架木)　高欄の最上部の水平材。
❖**ほったてはしら**(掘立柱)　礎石や土台の上に立たず，地面に自立する柱。伊勢神宮が代表例。
❖**ほんがわらぶき**(本瓦葺)　屋根の葺き方の一種で，丸瓦と平瓦を交互に用いるもの。寺院建築の代表的な屋根の葺き方。

ま

❖**まいらど**(舞良戸)　框の間に舞良子という細い材を並べて板を打ち付けた戸。舞良子は横方向が普通だが，縦方向もある。中世から，主に住宅に用いた。
❖**まえづつみ**(前包)　破風の狐格子の最下端に付く水平材。
❖**まきと**(巻斗)　斗の一種。肘木の端に載り，一方向にのみ肘木や桁を受けるもの。平面はやや長方形のものが普通。
❖**まぐさ**(楣)　開口部の上に架け渡す水平材。
❖**まくらさばき**(枕捌)　床の間において長押を床柱の裏側まで回すもの。
❖**ます**(斗)　組物を構成する材の一種。上半分の直方形の部分と下半分の曲面をなす部分からなる。肘木を受ける凹みを含み，曲面を斗繰と呼ぶ。
❖**ますみ**(真隅)　隅木が45度方向に出ること。
❖**まゆ**(眉)　虹梁や破風の下部の繰形。

❖**みずぐり**(水繰)　高欄地覆の下面などに施す繰形。
❖**みずひきこうりょう**(水引虹梁)　社寺建築の向拝正面の虹梁。
❖**みつど**(三斗)　平三斗・出三斗・連三斗がある。平三斗は，大斗に載る肘木に3個の斗が載るもの。出三斗は，平三斗が直交するもの。連三斗は向拝柱上などに用いる，一方向に肘木が延び4個の斗が載るもの。
❖**みのこう**(蓑甲)　切妻屋根や入母屋屋根の場合に，破風の登軒付の上端と，平流れの部分の間の曲面。
❖**みのづか**(蓑束)　和様建築の間斗束の一種。束の頭部に，唐草や渦などの繰形が付く装飾的なもの。室町時代から例がある。

❖**むしゃばしり**(武者走)　城郭の塀や土居の内側の通路に用いる部分。
❖**むちかけ**(鞭掛)　神明造の社殿で，破風の表面の拝みの辺りから四本ずつ突き出た材。
❖**むなもちばしら**(棟持柱)　棟木を直接支える柱。特に神明造社殿の棟木を支える独立柱。
❖**むね**(棟)　屋根の最も高い部分，屋根面が交差する部分。部位により，大棟，降棟，稚児棟，隅棟などがある。

❖**めくられんじ**(盲連子)　連子子を隙間なく並べた連

子。視線は通さず，空気は通す。
❖**めすかし**(目透)　板材などを，隙間をあけて接合すること。
❖**めんど**(面戸)　軒桁の上方，垂木の間にできる隙間。面戸板や面戸瓦が取り付く。
❖**めんとり**(面取)　角材の出隅を切り取ること。

❖**もこし**(裳階)　寺院建築の軒下に差し掛けた庇状のもの。薬師寺三重塔のように各層に取り付く例もある。雪打・雨打とも呼ぶ。
❖**もやげた**(母屋桁)　棟や軒桁に平行し，垂木や裏板を受ける材。和小屋の場合は小屋束で，洋小屋の場合は合掌で支える。
❖**もろおりど**(両折戸)　開戸の一種で，二つに折れて開くもの。

や

❖**やくがわら**(役瓦)　棟・軒・螻羽など，屋根の特殊な部位に用いる瓦。鬼瓦，雁振瓦，巴瓦，唐草瓦などがある。
❖**やとう**(雇)　二つの材の接合部に別の材を挟み込むこと。雇い実(やといざね)，雇い柄(やといほぞ)など。
❖**やまとぶき**(大和葺)　板葺の一種で，同幅の板を上下交互に重ねて打ち付けるもの。法隆寺五重塔の裳階に見られる。

❖**ゆいわた**(結綿)　大瓶束の下端などに施す装飾。綿花(わたばな)とも呼ぶ。
❖**ゆうりおだるき**(遊離尾垂木)　尾垂木の一種で，組物から出ないもの。大仏様の建築に見られる。
❖**ゆた**(雪打・雨打)→もこし(裳階)
❖**ゆみらんま**(弓欄間)→なみらんま(波欄間)

❖**ようごや**(洋小屋)　小屋組の一種。陸梁，合掌，束，方杖などでトラスをつくり，屋根を支えるもの。
❖**ようじがね**(楊枝鉄)　刎高欄の架木と平桁が突き出た部分を貫通して補強する鉄材。
❖**ようじばしら**(楊枝柱)　柱の下部を塗込め，上部のみを楊枝状に見せるもの。茶室に見られる。
❖**よど**(淀)　広小舞に載る平らな材。

ら

❖**らいごうかべ**(来迎壁)　須弥檀の背後の壁。来迎壁を支える柱を来迎柱と呼ぶ。
❖**らでん**(螺鈿)　装飾の一種。貝を加工して嵌め込むもの。
❖**らんづみ**(乱積)　石の積み方の一種。形や大きさが異なる野石を積むもの。乱石積とも呼ぶ。
❖**らんま**(欄間)　鴨居や内法長押の上方の開口部。

❖**りゅうぐうづくり**(竜宮造)　楼門の形式の一種。下層を漆喰で塗込め，アーチ形の通路を設けるもの。

❖**れんじまど**(連子窓)　連子子という細い材を並べた窓。縦連子と横連子がある。寺院建築の一般的な窓。

❖**ろくしがけ**(六支掛・六枝掛)　垂木の並べ方の一種。3個の巻斗の上に6本の垂木が載るように，斗や垂木の間隔を決めるもの。鎌倉時代後期に登場する。
❖**ろくよう**(六葉)　六出の花弁形の装飾金物。懸魚や長押などに用いる。
❖**ろばん**(露盤)　塔の相輪の最下部にある方形の台。屋根面に載り，覆鉢を受ける。
❖**ろんじたるき**(論治垂木)　二軒の場合に，隅木と木負の交差部に付く垂木。

わ

❖**わきげぎょ**(脇懸魚)　破風の拝みでなく途中に付く懸魚。桁の木口を隠す。降懸魚(くだりげぎょ)，桁隠(けたかくし)とも呼ぶ。
❖**わきしょうじ**(脇障子)　神社建築や住宅建築の縁に設ける衝立状のもの。縁先に柱を立て，側柱と笠木で繋ぎ，板戸や板壁を入れ，笠木の上に竹の節欄間を設ける。
❖**わごや**(和小屋)　小屋組の一種。小屋梁の上に小屋束を立てて，屋根を支えるもの。小屋梁と軒桁の関係から，折置組と京呂組がある。
❖**わくひじき**(枠肘木)　大斗の上に十字形に組んだ肘木。
❖**わたいた**(綿板)→いれこいた(入子板)
❖**わたばな**(綿花)→ゆいわた(結綿)
❖**わだるき**(輪垂木)　唐破風や黄檗様の建築に見られる，上方に湾曲した垂木。輪垂木を見せる化粧屋根裏天井を黄檗天井と呼ぶ。
❖**わらざ**(藁座)　桟唐戸の軸を受ける繰形付きの材。貫や地覆に付く。大仏様・禅宗様の建築に見られる。
❖**わらびて**(蕨手)　材の先端を蕨のように巻いたもの。禅宗様須弥檀の高欄の架木などに見られる。
❖**わりづか**(割束)　下部が左右に開いた束。法隆寺金堂の高欄に，人字形の割束が見られる。

掲載図版データ

1 縄文・弥生・古墳時代
先史時代の建築

❖1-1 **［神奈川県相模原市田名向原遺跡〈17,000年前〉平地住居構造復元図］**

❖1-2 **［平地住居断面模式図］**

❖1-3 **［竪穴住居断面模式図］**

❖1-4a **［鹿児島県国分市上野原遺跡竪穴住居跡］**

❖1-4b **［鹿児島県国分市上野原遺跡復元建物］**

❖1-5 **［栃木県宇都宮市根古谷台遺跡大型平地住居遺構と復元建物］**

❖1-6 **［北海道八雲市栄浜Ｉ遺跡出土家形石製品］**｜縄文時代中期前半〈前3,000-前2,500年〉｜八雲市教育委員会

❖1-7 **［青森市三内丸山遺跡中央高床祭殿と大型壁立式竪穴住居］**｜縄文時代中期〈前3,000-前2,000年〉

❖1-8 **［富山県小矢部市桜町遺跡出土の建築部材］**｜縄文時代中期末〈前2,000年〉｜小矢部市教育委員会

❖1-9 **［独立棟持柱付き高床祭殿復元模式図］**

❖1-10 **［佐賀県吉野ケ里遺跡北内郭復元鳥瞰図］**｜建設省国営吉野ケ里公園工事事務所作成

❖1-11 **［大阪府池上曽根遺跡大型祭殿復元図］**

❖1-12 **［長崎県壱岐原の辻遺跡出土大引材と高床建築復元図］**

❖1-13 **［富山県小矢部市下老子笹川遺跡周溝式平地住居遺構・復元図］**

❖1-14 **［群馬県群馬町三ツ寺遺跡遺構図・主殿と水道橋復元図］**

❖1-15 **［神戸市松野遺跡復元模型］**｜神戸市教育委員会

❖1-16 **［奈良市杉山古墳出土家形埴輪］**｜古墳時代中期〈5世紀〉｜奈良市教育委員会

2 古代Ｉ 飛鳥・奈良時代・平安時代
寺院・神社

❖2-1 **［飛鳥寺跡の発掘区俯瞰］**｜奈良｜奈良国立文化財研究所許可済

❖2-2 **［法隆寺西院伽藍俯瞰（手前に回廊，左から中門・五重塔・金堂・大講堂）］**｜飛鳥時代-奈良時代｜奈良

❖2-3 **［法隆寺金堂］**｜国宝｜飛鳥時代｜桁行5間 梁行4間 2重 初重裳階付 入母屋造 本瓦葺 裳階板葺｜奈良

❖2-4 **［法隆寺金堂上層の組物］**

❖2-5 **［山田寺回廊の復元］**｜奈良国立文化財研究所飛鳥資料館/奈良国立文化財研究所許可済

❖2-6 **［薬師寺東塔］**｜国宝｜奈良時代・天平2年〈730〉｜3間3重塔婆 毎重裳階付 本瓦葺｜奈良

❖2-7 **［薬師寺東塔の組物］**

❖2-8 **［興福寺中金堂正面想像復元図］**（大岡實著『南都六大寺の研究』より）

❖2-9 **［東大寺金堂（大仏殿）の復元模型］**｜東大寺，奈良

❖2-10 **［唐招提寺金堂］**｜国宝｜奈良時代｜桁行7間 梁行4間 1重 寄棟造 本瓦葺｜奈良

❖2-11 **［唐招提寺金堂の組物］**

❖2-12 **［薬師寺金堂］**｜奈良時代創建，昭和時代再建｜桁行7間 梁行4間 2重 各層裳階付 入母屋造 本瓦葺｜奈良

❖2-13 **［東大寺法華堂（三月堂）］**｜国宝｜正堂：奈良時代・天平12年頃〈740頃〉，礼堂：鎌倉時代｜正面5間 側面8間 前部入母屋造 後部寄棟造 本瓦葺｜奈良

❖2-14 **［正倉院正倉］**｜国宝｜奈良時代中期｜桁行約30m 梁間約9m｜奈良

❖2-15 **［中国の組物 四手先］**（敦煌第172窟南壁壁画より）｜中国唐時代

❖2-16 **［室生寺金堂］**｜国宝｜平安時代前期〈9世紀初期〉｜桁行5間 梁行5間 1重 寄棟造 正面1間通り縋破風付葺きおろし 柿葺｜奈良

❖2-17 **［醍醐寺薬師堂］**｜国宝｜平安時代・保安2年〈1121〉｜桁行5間 梁行4間 1重 入母屋造 檜皮葺｜京都

❖2-18 **［法隆寺大講堂］**｜国宝｜平安時代・正暦元年〈990〉｜桁行9間 梁行4間 1重 入母屋造 本瓦葺｜奈良

❖2-19 **［當麻寺本堂（曼荼羅堂）］**｜国宝｜平安時代・永暦2年〈1161〉｜桁行7間 梁行6間 1重 寄棟造 本瓦葺 ｜奈良

❖2-20 **［平等院鳳凰堂］**｜国宝｜平安時代・天喜元年〈1053〉｜中堂：桁行3間 梁行2間 1重裳階付 入母屋造 本瓦葺，両翼廊：各桁行折曲り延長8間 梁行1間 隅廊2重3階 宝形造 廊1重2階 切妻造 本瓦葺，尾廊：桁行7間 梁行1間 1重 切妻造 本瓦葺｜京都

❖2-21 **［浄瑠璃寺（九体寺）本堂］**｜国宝｜平安時代・嘉承2年〈1107〉｜桁行11間 梁行4間 1重 寄棟造 向拝1間 本瓦葺｜京都

❖2-22 **［浄瑠璃寺（九体寺）本堂内部］**

❖2-23 **［中尊寺金色堂内部中央壇］**｜国宝｜平安時代・天治元年〈1124〉｜桁行3間 梁行3間 1重 宝形造 本瓦形板葺｜岩手

❖2-24 **［願成寺阿弥陀堂（白水阿弥陀堂）］**｜国宝｜平安時代・永暦元年〈1160〉｜桁行3間 梁行3間 1重 宝形造 栩葺｜福島

❖2-25 **［往生極楽院（三千院）阿弥陀堂］**｜重文｜平安時代・久安4年〈1148〉｜桁行4間 梁行3間 1重 入母屋造 向拝1間 柿葺｜京都

❖2-26 **［鶴林寺太子堂］**｜国宝｜平安時代・天永3年〈1112〉｜桁行3間 梁行3間 正面1間通り庇付 1

重　宝形造　庇葺きおろし　檜皮葺｜兵庫

❖2-27［豊楽寺薬師堂］｜国宝｜平安時代・仁平元年〈1151〉｜桁行5間　梁行5間　1重　柿葺｜高知

❖2-28［室生寺五重塔］｜国宝｜奈良時代末-平安時代初期｜3間5重塔婆　檜皮葺｜奈良

❖2-29［醍醐寺五重塔］｜国宝｜平安時代・天暦6年〈952〉｜3間5重塔婆　本瓦葺｜京都

❖2-30［一乗寺三重塔］｜国宝｜平安時代・承安元年〈1171〉｜3間3重塔婆　本瓦葺｜兵庫

❖2-31［平城宮跡の大嘗宮遺構図］（建築史学会編「建築史学」20号より）

❖2-32［奈良時代末から平安時代初頭の伊勢神宮内宮正殿推定図］（『福山敏男著作集』4より）

❖2-33［石清水八幡宮］（『一遍聖絵』巻9　石清水八幡宮に詣でより）｜（『一遍聖絵』巻9：国宝｜円伊筆｜鎌倉時代・正安元年〈1299〉｜絹本著色　全12巻の内　縦38.2cm　全長1072.0cm｜清浄光寺，神奈川/歓喜光寺，京都）

❖2-34［八坂神社（祇園社）本殿］｜重文｜平安時代前期〈9世紀末〉創立・現本殿は江戸時代・承応3年〈1654〉｜桁行7間　梁行6間　祇園造　入母屋造　檜皮葺｜京都

❖2-35［春日大社図］（「春日宮曼荼羅」部分）｜（「春日曼荼羅」：鎌倉時代｜絹本著色　一幅｜根津美術館，東京）

❖2-36［出雲大社及近郷絵図部分］（宮地直一監修・日本電報通信社編『神社古図集』より）

❖2-37［宇治上神社本殿］｜国宝｜平安時代後期｜桁行5間　梁行3間　1重　流造　檜皮葺　内殿3社各1間　社流造｜京都

❖2コラム-1［清水寺本堂］｜国宝｜江戸時代・寛永10〈1633〉｜本宇桁行9間　梁行7間　1重　寄棟造　東西北に裳階付　正面両翼廊及び庇　舞台　西面翼廊付総檜皮葺　附厨子3基｜京都

❖2コラム-2［三徳山三仏寺奥院（投入堂，蔵王堂とも）］｜国宝｜平安時代後期｜懸造　桁行1間　梁行2間　1重　流造　両側面に庇屋根及び隅庇屋根付　檜皮葺　附愛染堂｜鳥取

❖2コラム-3［鰐淵寺蔵王堂］｜江戸時代・弘化3年〈1846〉再建，昭和58年〈1983〉旧規通り再々建｜正面3間　側面1間　片流屋根千鳥破風付　後部は屋根・壁・床とも岩壁に突付｜島根

3 古代I 飛鳥・奈良時代・平安時代
宮殿・住宅

❖3-1［難波宮跡俯瞰］｜史跡｜大阪

❖3-2［藤原京全景の復元模型（1/1,000）］｜奈良国立文化財研究所飛鳥資料館/橿原市教育委員会，奈良国立文化財研究所許可済

❖3-3［平城宮跡全景］｜特別史跡｜奈良/奈良国立文化財研究所許可済

❖3-4［平城宮東院庭園の復元］｜特別史跡｜奈良/奈良国立文化財研究所許可済

❖3-5［平城宮内裏正殿の復元模型（1/10）］｜奈良国立文化財研究所平城宮跡資料館遺跡展示館/奈良国立文化財研究所許可済

❖3-6［平城宮左京三条二坊長屋王邸の復元模型（1/100）］｜奈良国立文化財研究所平城宮跡資料館/奈良国立文化財研究所許可済

❖3-7［平城宮左京三条二坊宮庭園の復元　園池全景］｜特別史跡・特別名勝｜奈良/奈良市教育委員会，奈良国立文化財研究所許可済

❖3-8［平安神宮大極殿（外拝殿）と龍尾壇］｜平安時代の様式に依り明治28年〈1895〉建築｜京都

❖3-9［京都御所紫宸殿］｜平安時代の様式に依り江戸時代・安政2年〈1855〉に建築｜京都

❖3-10［京都御苑俯瞰］

❖3-11［貴族の邸宅］（『年中行事絵巻』住吉家模本　巻3　闘鶏より）｜（『年中行事絵巻』住吉家模本巻3：原本：平安時代〈12世紀〉，模本：江戸時代〈17世紀〉｜紙本著色　全16巻の内　縦45.3cm　全長693.6cm｜田中家，東京）

❖3-12［平安京東三条殿の復元模型（1/50）］｜国立歴史民俗博物館，千葉

❖3-13［類聚雑要抄図巻］（川本重雄・小泉和子編『類聚雑要抄指図巻』より）

❖3コラム［毛越寺全景俯瞰］｜特別史跡（毛越寺跡附鎮守社跡）・特別名勝（毛越寺庭園）｜岩手

4 中世I 鎌倉・南北朝・室町時代
寺院・神社

❖4-1［鎌倉再建東大寺大仏殿復元立面図］（大岡實著『南都六大寺の研究』より）

❖4-2［東大寺南大門］｜国宝｜鎌倉時代・正治元年〈1199〉｜5間3戸2重門　入母屋造　本瓦葺｜奈良

❖4-3［浄土寺浄土堂（阿弥陀堂）］｜国宝｜鎌倉時代・建久3年〈1192〉｜桁行3間　梁行3間　1重　宝形造　本瓦葺｜兵庫

❖4-4［浄土寺浄土堂（阿弥陀堂）の内部］

❖4-5［浄土寺浄土堂（阿弥陀堂）の詳細部］

❖4-6［東大寺開山堂の双斗］｜国宝｜鎌倉時代・建長2年〈1250〉｜桁行3間　梁行3間　1重　宝形造　本瓦葺　｜奈良

❖4-7［興福寺北円堂］｜国宝｜鎌倉時代・承元4年〈1210〉｜八角円堂　1重　本瓦葺｜奈良

❖4-8［霊山寺本堂内部］｜国宝｜鎌倉時代・弘安6年〈1283〉｜桁行5間　梁行6間　1重　入母屋造　向拝1間　本瓦葺｜奈良

❖4-9［長弓寺本堂内部］｜国宝｜鎌倉時代・弘安2年〈1279〉｜桁行5間　梁行6間　1重　入母屋造　向拝1間　檜皮葺｜奈良

❖4-10［元興寺本堂］｜国宝｜鎌倉時代・寛元2年〈1244〉｜桁行6間　梁行6間　1重　寄棟造　妻入　正面1間通り庇付　本瓦葺　｜奈良

❖4-11［東大寺鐘楼］｜国宝｜鎌倉時代・承永元年-承元4年〈1206-1210〉｜桁行1間　梁行1間　1重　入母屋造　本瓦葺｜奈良

❖4-12［建長寺指図］｜建長寺，神奈川

❖4-13 **［功山寺仏殿］**｜国宝｜鎌倉時代・元応2年〈1320〉｜桁行3間　梁行3間　1重裳階付　入母屋造　檜皮葺｜山口

❖4-14 **［円覚寺舎利殿］**｜国宝｜室町時代〈15世紀前半〉｜桁行3間　梁行3間　1重裳階造　入母屋造　柿葺｜神奈川

❖4-15 **［大徳寺伽藍と門前の塔頭配置図］**（高橋康夫・吉田伸之編『日本都市史入門』Ⅰより）

❖4-16 **［大仙院本堂］**｜国宝｜室町時代・永正10年〈1513〉｜桁行14.8m　梁行10.8m　1重　入母屋造　銅板葺　附玄関｜京都

❖4-17 **［大善寺本堂梁行断面図］**（太田博太郎監修・関口欣也著『日本建築史基礎資料集成』7　仏堂Ⅳより）｜（大善寺本堂：国宝｜鎌倉時代・弘安9年〈1286〉｜桁行5間　梁行5間　1重　寄棟造　檜皮葺｜山梨）

❖4-18 **［三間堂の平面の変遷］**①中尊寺金色堂（平安時代・天治元年〈1124〉）②如意寺阿弥陀堂（鎌倉時代前期）③普門院本堂（鎌倉時代後期）④法隆寺地蔵堂（南北朝時代・応安5年〈1372〉）⑤石堂寺薬師堂（桃山時代・天正3年〈1575〉）

❖4-19 **［六支掛］**（木造建築研究フォラム編『木造建築事典』より）

❖4-20 **［論治垂木］**（大森健二著『社寺建築の技術』より）

❖4-21 **［鶴林寺本堂外陣の詳細］**｜国宝｜室町時代・応永4年〈1397〉｜桁行7間　梁行6間　1重　入母屋造　本瓦葺｜兵庫

❖4-22 **［本山寺本堂内厨子］**｜国宝｜鎌倉時代・正安2年〈1300〉｜本堂：桁行5間　梁行5間　1重　寄棟造　向拝3間　本瓦葺，厨子：正面3間　入母屋造　妻入｜香川

❖4-23 **［法用寺本堂内厨子］**｜重文｜鎌倉時代・正和3年〈1314〉｜3間厨子　寄棟造　板葺｜福島

❖4-24 **［土佐神社境内（本殿，幣殿及び拝殿など）］**｜重文｜室町時代・元亀2年〈1571〉｜本殿：桁行5間　梁行4間　1重　入母屋造　柿葺，幣殿：桁行3間　梁行3間　1重　背面切妻造　正面拝殿に接続　柿葺，拝殿：中央高屋根　桁行1間　梁行1間　1重　切妻造　柿葺｜高知

❖4-25 **［苗村神社西本殿］**｜国宝｜鎌倉時代・徳治3年〈1308〉｜3間社流造　向拝1間　檜皮葺，附厨子　1間厨子　切妻造　板葺｜滋賀

❖4-26 **［善光寺楼門の虹梁］**｜重文｜室町時代後期｜3間1戸楼門（軒以上を欠く）　寄棟造　茅葺｜茨城

❖4-27 **［山田大王神社本殿頭貫の木鼻］**｜重文｜室町時代・天文15年〈1546〉｜3間　社流造　板葺　附覆屋｜熊本

❖4-28 **［照蓮寺本堂］**｜重文｜室町時代・永正元年〈1504〉｜桁行7間　梁行9間　1重　入母屋造　椽葺形銅板葺｜岐阜

❖4-29 **［照蓮寺本堂平面図］**（文化庁監修『国宝・重要文化財大全』Ⅱ　建造物　上巻より）

❖4-30 **［今井町古絵図］**｜橿原市教育委員会今井町並保存整備事務所，奈良

❖4コラム-1 **［熊野神社長床］**｜重文｜鎌倉時代前期｜桁行9間　梁行4間　1重　寄棟造　茅葺｜福島

❖4コラム-2 **［熊野神社長床］**｜江戸時代の再建｜桁行13間　梁行3間　入母屋造　本瓦葺｜岡山

5　中世Ⅱ　鎌倉・南北朝・室町時代
住宅

❖5-1 **［東寺（教王護国寺）大師堂（西院御影堂）］**｜国宝｜室町時代・康暦2〈1380〉｜後堂，前堂及び中門より成る。後堂：桁行7間　梁行4間　1重　入母屋造　北面西端2間庇　縋破風造　東面向拝1間，前堂：桁行4間　行間5間　1重　北面入母屋造　南面後堂に接続，中門：桁行2間　梁行1間　1重　西面切妻造　東面前堂に接続｜京都

❖5-2 **［鎌倉幕府小御所の指図］**（鎌倉市史料編纂委員会編『鎌倉市史』史料編　第1より）

❖5-3 **［秋田城介泰盛の館］**（『蒙古襲来絵詞』上巻より）｜（『蒙古襲来絵詞』上巻：御物｜鎌倉時代・永仁元年〈1293〉｜全2巻の内　上巻：縦40.2cm　全長2324.3cm｜宮内庁三の丸尚蔵館，東京）

❖5-4 **［鹿苑寺舎利殿（金閣）］**｜室町時代・応永5年〈1398〉創建，昭和30年〈1955〉再建｜京都

❖5-5 **［龍吟庵方丈の広縁と弘庇］**｜室町時代・嘉慶元年〈1387〉｜桁行16.5m　梁行12.9m　1重　入母屋造　柿葺｜京都

❖5-6 **［龍吟庵方丈室内］**

❖5-7 **［法身院小御所と会所の指図］**（東京大学史料編纂所編『大日本古文書』家わけ編　第19より）

❖5-8 **［仁和寺常瑜伽院の指図］**（日本建築学会編『日本建築史図集』より）

❖5-9 **［慈照寺東求堂］**｜国宝｜室町時代・文明17年〈1485〉｜桁行6.9m　梁行6.9m　1重　入母屋造　檜皮葺｜京都

❖5-10 **［慈照寺銀閣（観音殿）］**｜国宝｜室町時代・長享3年〈1489〉｜東面及び西面8.2m　北面7.0m　南面5.9m　2重　宝形造　柿葺｜京都

❖5-11 **［福井県一乗谷にあった朝倉氏居館の復元模型］**｜国立歴史民俗博物館，千葉

❖5-12 **［箱木家住宅主屋の内部］**｜重文｜室町時代後期｜桁行11.4m　梁行8.4m　入母屋造　茅葺｜兵庫

❖5-13 **［平安時代の町家］**（『年中行事絵巻』住吉家模本　巻12　祇園会馬長より）｜（『年中行事絵巻』住吉家本　巻12：原本：平安時代〈12世紀〉，模本：江戸時代〈17世紀〉｜紙本白描　全16巻の内　縦45.3cm　全長1196.6cm｜田中家，東京）

❖5-14 **［鎌倉時代の町家］**（『一遍聖絵』巻5　一遍上人と北条時宗の出会いの場面より）｜（『一遍聖絵』巻5：国宝｜円伊筆｜鎌倉時代・正安元年〈1299〉｜絹本著色　全12巻の内　縦38.2cm　全長1072.0cm｜清浄光寺，神奈川/歓喜光寺，京都）

❖5コラム-1 **［慈照寺東求堂書院床飾り（文房具飾り）］**｜京都｜プロデュース及び美術品所蔵は徳川美術館，愛知

❖5コラム-2 **［瑞泉寺の庭園］**｜名勝｜夢窓疎石作｜

鎌倉時代・嘉暦3年〈1328〉｜神奈川

6 近世I［桃山・江戸時代］城郭・寺院・神社

❖6-1 **［犬山城天守閣立面図］**(文化庁建造物課提供資料より)｜(犬山城：国宝｜慶長6年〈1601〉頃着工｜｜3重4階　地下2階付　南面及び西面付櫓　本瓦葺｜愛知)

❖6-2 **［姫路城天守閣］**｜国宝｜慶長14年〈1609〉｜大天守：5重6階　地下1階付　本瓦葺，西小天守：3重3階地下2階付　本瓦葺，乾小天守：3重4階　地下1階付，東小天守：3重3階　地下1階付｜兵庫

❖6-3 **［姫路城天守閣軒廻り］**

❖6-4 **［高松城北之丸月見櫓］**｜重文｜延宝4年〈1676〉｜3重櫓｜香川

❖6-5 **［弘前城天守閣］**｜重文｜文化7年〈1810〉｜3重3階　銅瓦葺｜青森

❖6-6 **［東寺(教王護国寺)金堂正面中央部］**｜国宝｜慶長8年〈1603〉｜正面5間　側面3間　1重裳階付　入母屋造　本瓦葺｜京都

❖6-7 **［大崎八幡神社本殿・石の間・拝殿立面図］**(文化庁建造物課提供資料より)｜(大崎八幡神社：国宝｜慶長12年〈1607〉｜本殿：正面5間　側面3間　1重　入母屋造　杮葺，石の間：正面1間　側面1間　1重　両下造　杮葺，拝殿：正面7間　側面3間　1重　入母屋造　杮葺｜宮城)

❖6-8 **［東大寺大仏殿(金堂)］**｜国宝｜宝永2年〈1705〉｜正面7間　側面7間　1重裳階付　寄棟造　本瓦葺｜奈良

❖6-9 **［東大寺大仏殿(金堂)内部］**

❖6-10 **［萬福寺大雄宝殿］**｜重文｜寛文8年〈1668〉｜正面3間　側面3間　1重裳階付　入母屋造　本瓦葺｜京都

❖6-11 **［萬福寺松隠堂開山堂黄檗天井］**｜重文｜延宝3年〈1675〉｜正面3間　側面1間　1重裳階付　入母屋造　本瓦葺｜京都

❖6-12 **［上野東照宮本殿・幣殿・拝殿平面図］**(文化庁建造物課提供資料より)｜(上野東照宮：重文｜慶安4年〈1651〉｜本殿：正面3間　側面3間　1重　入母屋造　銅瓦葺，幣殿：正面3間　側面3間　1重　両下造　銅瓦葺，拝殿：正面7間　側面3間　1重　入母屋造　銅瓦葺｜東京)

❖6-13 **［上野東照宮本殿・幣殿・拝殿側面図］**(文化庁建造物課提供資料より)

❖6-14 **［大前神社拝殿向拝柱地紋彫］**｜宝永4年〈1707〉｜正面3間　側面3間　1重　入母屋造　銅瓦葺(背面に幣殿突出)｜栃木

❖6-15 **［日光東照宮陽明門立面図］**(文化庁建造物課提供資料より)｜(日光東照宮陽明門：国宝｜寛永13年〈1636〉｜3間1戸楼門　入母屋造　銅瓦葺｜栃木)

❖6-16 **［浄福寺本堂側面］**｜享保18年〈1733〉頃｜礼堂：正面3間　側面2間　1重裳階付　入母屋造　本瓦葺，合の間：正面3間　側面1間　1重　両下造　本瓦葺，仏殿：正面5間　側面3間　1重　寄棟造　本瓦葺｜京都

❖6-17 **［浄福寺本堂礼堂正面］**　享保18年〈1733〉頃｜京都

❖6-18 **［増上寺経蔵］**｜享和2年〈1802〉｜土蔵造　方3間　1重裳階付　宝形造　本瓦葺｜東京

❖6-19 **［新勝寺三重塔軒見上げ］**｜重文｜正徳2年〈1712〉｜3間三重塔　銅板葺｜千葉

❖6-20 **［歓喜院聖天堂奥殿腰組］**｜重文｜延享元年〈1744〉｜正面3間　側面3間　1重　入母屋造　銅瓦葺｜埼玉

❖6-21 **［妙義神社本殿・拝殿］**｜重文｜宝暦6年〈1756〉｜本殿：正面3間　側面3間　1重　入母屋造　銅瓦葺，幣殿：正面1間　側面3間　1重　両下造　銅瓦葺，拝殿：正面3間　側面2間　1重　入母屋造　銅瓦葺｜群馬

❖6-22 **［妙義神社拝殿軒見上げ］**｜重文｜宝暦6年〈1756〉｜群馬

❖6-23 **［浄念寺本堂］**｜重文｜文政元年〈1818〉｜土蔵造　正面15.6m　側面19.3m　2重2階　切妻造　上層桟瓦葺　下層銅板葺｜新潟

❖6-24 **［龍正院本堂向拝及び外陣見上げ］**｜元禄11年〈1698〉｜正面5間　側面5間　1重　入母屋造　銅板葺｜千葉

❖6-25 **［大神山神社奥宮拝殿］**｜重文｜文化2年〈1805〉｜拝殿左右長廊・左右とも正面9間　側面2間　1重　入母屋造　檜皮葺｜鳥取

❖6-26 **［曹源寺観音堂］**｜寛政5年〈1793〉｜さざえ堂　2重　宝形造　桟瓦葺｜群馬

❖6-27 **［蘭庭院栄螺堂内部階段廻り］**｜天保元年〈1830〉｜六角さざえ堂　1重　宝形造　銅板葺｜青森

❖6-28 **［大神山神社奥宮末社下山神社社殿］**｜重文｜文化2年〈1805〉｜本殿：正面3間　側面2間　1重　入母屋造　檜皮葺他｜鳥取

❖6-29 **［霧島神宮本殿他］**｜重文｜正徳5年〈1715〉｜本殿：正面5間　側面4間　1重　入母屋造　銅板葺他｜鹿児島

❖6-30 **［霧島神宮本殿前登廊］**｜重文｜正徳5年〈1715〉｜鹿児島

❖6コラム-1 **［萬福寺総門繋梁絵様］**｜重文｜元禄6年〈1693〉｜正面3間　側面2間　1重　切妻造段違　本瓦葺｜京都

❖6コラム-2 **［東海寺(布施弁天)本堂繋虹梁絵様］**｜享保元年〈1716〉｜正面5間　側面6間　1重　入母屋造　銅板葺(元草葺)｜千葉

❖6コラム-3 **［新勝寺額堂繋梁絵様］**｜重文｜文久元年〈1861〉頃｜正面3間(背面6間)　側面2間　1重　入母屋造　桟瓦葺｜千葉

7 近世II［桃山・江戸時代］住宅

❖7-1 **［『匠明』殿屋集より「昔六間七間ノ主殿之図」］**｜慶長13年〈1608〉｜東京大学大学院工学系研究科建築学専攻

❖7-2 **［『匠明』殿屋集より「東山殿屋敷ノ図」］**｜慶長

13年〈1608〉｜東京大学大学院工学系研究科建築学専攻

❖7-3 ［『匠明』殿屋集より「当代広間ノ図」］｜慶長13年〈1608〉｜東京大学大学院工学系研究科建築学専攻

❖7-4 ［『匠明』殿屋集より「屋敷の図」］｜慶長13年〈1608〉｜東京大学大学院工学系研究科建築学専攻

❖7-5 ［園城寺光浄院客殿］｜国宝｜慶長6年〈1601〉｜正面6間 側面7間 1重 入母屋造 妻入 正面軒唐破風付，中門：桁行1間 梁行1間 1重 切妻造 総柿葺｜滋賀

❖7-6 ［園城寺光浄院客殿平面図］

❖7-7 ［「洛中洛外図屏風（町田本）」より「細川管領邸・模写図」］（日本建築学会編『日本建築史図集』より）

❖7-8 ［園城寺勧学院客殿平面図］｜（勧学院：国宝｜慶長5年〈1600〉｜正面7間 側面7間 1重 入母屋造 妻入 正面軒唐破風付，中門：桁行1間 梁行1間 1重 切妻造 総柿葺｜滋賀）

❖7-9 ［名古屋城本丸御殿表書院内部］（文化庁建造物課提供資料より）｜慶長18年〈1613〉（戦災焼失）｜桁行9間 梁行9間 1重 入母屋造 桟瓦葺｜愛知

❖7-10 ［「二条御城中絵図」（二条城御殿配置図）］｜天保5年〈1834〉｜京都大学付属図書館

❖7-11 ［二条城二の丸御殿大広間］｜国宝｜慶長8年〈1603〉｜桁行右側面8間 左側面7間 背面5間 1重 入母屋造 本瓦葺｜京都

❖7-12 ［西本願寺書院対面所内部］｜国宝｜対面所及び白書院，元和4年〈1618〉（寛永10年〈1633〉改造）｜桁38.5m 梁行29.5m 1重 入母屋造 妻入 庇及び濡縁付 本瓦葺｜京都

❖7-13 ［宇和島藩江戸中屋敷平面図］（原図・平井聖）

❖7-14 ［瑞巌寺本堂（元方丈）上段の間内部］｜国宝｜慶長14年〈1609〉｜1棟 正面13間 右側面9間 左側面8間 1重 入母屋造 本瓦葺 玄関付属｜宮城

❖7-15 ［旧青柳寺庫裏］｜18世紀初期頃｜正面20.15m 側面11.21m 1重 南妻入母屋造 北妻寄棟造 茅葺｜神奈川

❖7-16 ［妙喜庵待庵内部］｜国宝｜天正10年〈1582〉頃｜茶室2畳 次の間1畳板畳付 勝手の間よりなる切妻造 柿葺 土庇付｜京都

❖7-17a ［大徳寺孤篷庵忘筌床の間］｜重文｜江戸時代後期（寛政5年〈1793〉，焼失後まもなく再建）｜桁行4間 梁桁3間 1重 切妻造 桟瓦葺｜京都

❖7-17b［大徳寺孤篷庵忘筌板縁より内露地をのぞむ］｜重文｜江戸時代後期（寛政5年〈1793〉，焼失後まもなく再建）｜桁行4間 梁行3間 1重 切妻造 桟瓦葺｜京都

❖7-18 ［桂離宮御殿群］（右より古書院，中書院，新御殿）｜元和元年-寛文3年〈1615-63〉｜古書院：桁行15.75m 梁行10.28m 入母屋造 柿葺 西側面1部桟瓦葺 北面に厠付属，中書院：桁行8.95m 梁行9.07m 南面入母屋造 北面古書院に接続 柿葺 西面に御湯殿 矩曲り板間廊下 板間廊下西厠が付属，楽器の間：桁行6.92m 梁行5.01m 南面寄棟造 北面切妻造 中書院及び新御殿に接続 東面及び南面柿葺 西面桟瓦葺 西面伝い廊下付属，新御殿：桁行13.84m 梁行14.09m 南側入母屋造 北面切妻造 柿葺 西面に御湯殿及び御厠が付属｜京都

❖7-19 ［三渓園臨春閣住の江の間内部］｜重文｜江戸時代前期（大正4年〈1915〉，三渓園に移築）｜第二屋（琴棋書画の間，浪華の間，住の江の間，繋の間及び縁よりなる） 1重 矩折入屋造 檜皮葺四面庇付柿葺｜三渓園保勝会，神奈川

❖7-20 ［箱木家住宅］｜重文｜室町時代後期｜主屋・桁行11.4m 梁行8.4m 1重 入母屋造 茅葺｜兵庫

❖7-21 ［民家の間取り］（川崎市立日本民家園提供資料より）

❖7-22 ［一般的な茅葺民家の構造：旧北村家住宅（神奈川県秦野の農家）断面透視図］｜（旧北村家住宅：重文｜貞享4年〈1687〉｜正面15.6m 側面8.9m 1重 寄棟造 茅葺｜川崎市立日本民家園，神奈川）

❖7-23 ［特殊な勾配（合掌造）の茅葺民家の構造：旧野原家住宅（五箇山・利賀村の合掌造）断面透視図］｜（旧野原家住宅：神奈川県指定重文｜18世紀後半｜桁行17.5m 梁行10.6m 切妻造 1重3階 各面とも庇付総茅葺｜川崎市立日本民家園，神奈川）

❖7-24 ［瓦葺大壁構造の町家の構造：旧井岡家住宅（奈良市内の町屋）断面透視図］｜（旧井岡家住宅：神奈川県指定重文｜17世紀末-18世紀初｜桁行7.9m 梁行12.7m 切妻造 1重 一部2階 正面および側面に庇付 総桟瓦葺 側面庇桁行0.76m 梁行3.9m｜川崎市立日本民家園，神奈川）

❖7-25 ［板葺町家の構造：旧三澤家住宅（長野県伊那部宿の町屋）断面透視図］｜（旧三澤家住宅：神奈川県指定重文｜天保13・14年〈1842・43〉頃｜桁行13.6m 梁行12.7m 切妻造 背面庇付 桁行3.6m 梁行1.8m 総板葺 正面に門・塀付｜川崎市立日本民家園，神奈川）

❖7-26a ［「洛中洛外図屏風（町田本）」の京町屋部分］｜重文｜室町時代〈16世紀〉｜紙本著色 6曲1双 各138.2×38.0cm｜歴史民俗博物館，千葉

❖7-26b ［「洛中洛外図屏風（舟木本）」の京町屋部分］｜重文｜桃山時代〈17世紀〉｜6曲1双 紙本金地著色 端扇各162.5×54.2cm 中扇各162.5×58.3cm｜東京国立博物館

❖7-27 ［目加田家住宅平面図］（日本建築学会編『日本建築史図集』より）｜（目加田家住宅：重文｜19世紀前半｜桁行16.4m 梁行12.5m 一部2階 入母屋造 南面玄関付属 桟瓦葺｜山口）

❖7コラム ［「武州豊嶋郡江戸之庄図」（寛永江戸図）］｜東京都立中央図書館

8 近代［明治・大正・昭和前期］ ひながた主義との格闘

❖8-1 ［明治期においても出版された雛形書の一例］（『新絵様欄間集』明治35年〈1902〉より）

❖8-2 ［ソーン美術館ドーム断面図］（ジョージ・ベイリーによるドローイング 1810年 Sir Soane's Museum,

London)
❖8-3 ［**建築史家B.フレッチャーによる建築の樹**］(『A history of artitecture on the comparative method, 1896』より)
❖8-4 2代清水喜助［**築地ホテル**］｜明治元年〈1868〉｜東京(一曜斎国輝「錦絵　東京築地ホテル館」｜明治3年〈1870〉｜博物館明治村，愛知より)
❖8-5 ［**2代清水喜助「第一国立銀行」(海運橋三井組，明治5年〈1872〉)の計画立面図，第1案・第2案・第5案**］(初田亨の復元による)
❖8-6 立石清重［**旧開智学校(現松本市立博物館)**］｜重文｜明治9年〈1876〉｜長野県松本市
❖8-7 堀江佐吉［**旧第五十九銀行本館(現青森銀行記念館)**］｜重文｜明治37年〈1904〉｜青森県弘前市
❖8-8 J.T.ウォートルズ［**泉布観**］｜重文｜明治4年〈1871〉｜大阪市北区
❖8-9 J.V.カペルレッティ［**遊就館**］｜明治14年〈1881〉｜東京都千代田区(現存せず)
❖8-10 J.コンドル［**旧岩崎家茅町邸(現最高裁判所司法研修所)**］｜重文｜明治29年〈1896〉｜東京都文京区
❖8-11 エンデ&ベックマン［**東京裁判所第二案正面中央部**］(「THE BUILDER」明治20年〈1887〉より)
❖8-12 ［**ヴィッラ・マダーマの室内におけるメダイヨン**］｜1516頃
❖8-13 片山東熊［**旧帝国奈良博物館(現奈良国立博物館)**］｜重文｜明治27年〈1894〉｜奈良県奈良市
❖8-14 片山東熊［**旧東京帝室博物館表慶館**］｜重文｜明治41年〈1908〉｜東京都台東区
❖8-15 片山東熊［**旧赤坂離宮(現迎賓館)**］｜国宝｜明治42年〈1909〉｜東京都港区
❖8-16 辰野金吾［**日本銀行本店**］｜重文｜明治29年〈1896〉｜東京都中央区
❖8-17 辰野金吾・葛西万司［**中央停車場建物展覧図(東京駅着彩立面図)**］｜交通博物館，東京都千代田区(東京駅：大正3年〈1914〉)
❖8-18 妻木頼黄［**旧日本勧業銀行**］｜明治32年〈1899〉｜東京(現在，千葉県谷津に部分移築)
❖8-19 伊東忠太［**築地本願寺**］｜昭和9年〈1934〉｜東京都中央区
❖8-20 ［**国会議事堂中央階段天井および壁面**］｜昭和11年〈1936〉｜東京都千代田区
❖8-21 ［**ル・コルビュジエによる比例法，モデュロールの一例**］(ル・コルビュジエ『モデュロール，1948』より)
❖8-22 遠藤於兎［**三井物産横浜支店第1号館(現三井物産ビル)**］｜明治44年〈1911〉｜神奈川県横浜市
❖8-23 佐野利器［**丸善株式会社**］｜明治42年〈1909〉｜東京都中央区(現存せず)
❖8-24 岡田信一郎［**明治生命館**］｜重文｜昭和9年〈1934〉｜東京都千代田区
❖8-25 渡辺仁［**東京帝室博物館(現東京国立博物館)**］｜重文｜昭和12年〈1937〉｜東京都台東区
❖8-26 土浦亀城［**土浦邸第二**］｜昭和10年〈1935〉｜東京大田区(現在，江戸東京たてもの園へ移築)
❖8-27 村野藤吾［**森五商店東京支店(現近三ビル)**］｜昭和6年〈1931〉｜東京都港区
❖8-28 ［**砂川小太郎邸茶室**］(建築世界社『数寄屋建築』昭和10年〈1935〉より)
❖8-29 吉田五十八［**小林古径邸2階床の間**］｜昭和9年〈1934〉｜東京都大田区(現在，富山県へ移築)
❖8-30 吉田五十八［**吉住小三郎邸客室欄間**］｜昭和30年〈1955〉｜東京都千代田区
❖8-31 堀口捨己［**旧岡田邸**］｜昭和8年〈1933〉｜東京都品川区(現存せず)
❖8-32 北村捨次郎［**北村謹次郎邸茶席「珍散蓮(ちんちりれん)」**］｜昭和19年〈1944〉｜京都市上京区
❖8コラム-1 ［**螺旋塔計画案**］(「第五回内国勧業博覧会」明治35年〈1902〉への提案より)
❖8コラム-2 ［**済生館病院**］｜重文｜明治12年〈1879〉｜山形県山形市
❖8コラム-3 ［**正宗寺三匝堂(現さざえ堂)**］｜重文｜寛政8年〈1796〉｜福島県会津若松市

9 現代［昭和後期・平成］ モダニズムの時代からポスト・モダンの時代へ

❖9-1 ル・コルビュジエ［**ドミノ**］｜1914年｜(「ル・コルビュジエ全作品集　第1巻」W.ボジガー／O.ストロノフ編，吉阪隆正訳，A.D.A.EDITA，1979年発行より)
❖9-2 前川國男［**プレモス**］｜昭和21年〈1946〉｜鳥取県鳥取市(現存せず)
❖9-3 前川國男［**紀伊國屋書店(外観パース)**］｜昭和22年〈1947〉｜東京都新宿区(現存せず)
❖9-4 アントニン・レーモンド［**リーダーズ・ダイジェスト東京支社**］｜昭和26年〈1951〉｜東京都千代田区(現存せず)
❖9-5 坂倉準三［**神奈川県立鎌倉近代美術館**］｜昭和26年〈1951〉｜神奈川県鎌倉市
❖9-6 前川國男［**日本相互銀行本店**］｜昭和27年〈1952〉｜東京都中央区
❖9-7 前川國男［**神奈川県立図書館・音楽堂**］｜昭和29年〈1954〉｜神奈川県横浜市
❖9-8 大江宏［**法政大学**］｜昭和28-33年〈1953-58〉｜東京都千代田区
❖9-9 丹下建三［**津田塾大学図書館**］｜昭和30年〈1955〉｜東京都小平市
❖9-10 丹下健三［**広島平和記念資料館**］｜重文｜昭和30年〈1955〉｜広島県広島市
❖9-11 村野藤吾［**世界平和記念聖堂**］｜重文｜昭和29年〈1954〉｜広島県広島市
❖9-12 増沢洵［**コアのあるH氏のすまい**］｜昭和28年〈1953〉｜東京都世田谷区
❖9-13 松村正恒［**日土小学校**］｜昭和33年〈1958〉｜愛媛県八幡浜市
❖9-14 丹下健三［**香川県庁舎**］｜昭和33年〈1958〉｜香川県高松市
❖9-15 浦辺鎮太郎［**倉敷国際ホテル**］｜昭和39年〈1964〉｜岡山県倉敷市
❖9-16 前川國男［**東京文化会館**］｜昭和36年〈1961〉｜東京都台東区

❖9-17　吉阪隆正[**大学セミナー・ハウス**]｜昭和40年〈1965〉｜東京都八王子市
❖9-18　丹下健三[**代々木国立屋内総合競技場**]｜昭和39年〈1964〉｜東京都渋谷区
❖9-19　山下寿郎[**霞ヶ関ビル**]｜昭和43年〈1968〉｜東京都港区
❖9-20　日建設計・林昌二[**パレスサイド・ビルディング**]｜昭和41年〈1966〉｜東京都千代田区
❖9-21　前川國男[**東京海上ビルディング**]｜昭和49年〈1974〉｜東京都千代田区
❖9-22　前川國男[**晴海高層アパート**]｜昭和33年〈1958〉｜東京都中央区(平成10年〈1998〉解体)
❖9-23　前川國男・日本住宅公団［**公団阿佐ヶ谷団地**]｜昭和33年〈1958〉｜東京都杉並区
❖9-24　大高正人[**坂出人工土地**]｜昭和43年〈1968〉｜香川県坂出市
❖9-25　東孝光[**塔の家**]｜昭和41年〈1966〉｜東京都渋谷区
❖9-26　[**日本万国博覧会会場**]｜昭和45年〈1970〉｜大阪府大阪市(現在は万博記念公園)
❖9-27　吉村順三［**森の中の家**]｜昭和37年〈1962〉｜長野県北佐久郡軽井沢町
❖9-28　吉村順三・奥村昭雄［**愛知県立芸術大学**]｜昭和40～46年〈1965～71〉｜愛知県愛知郡
❖9-29　浦辺鎮太郎[**倉敷アイビー・スクエア**]｜昭和49年〈1974〉｜岡山県倉敷市
❖9-30　Team zoo象設計集団+アトリエ・モビル[**名護市庁舎**]｜昭和56年〈1981〉｜沖縄県名護市
❖9-31　前川國男［**埼玉県立博物館**]｜昭和46年〈1971〉｜埼玉県さいたま市
❖9-32　槇文彦［**代官山ヒルサイドテラス**]｜昭和44～53年〈1969～78〉｜東京都渋谷区
❖9-33　磯崎新［**群馬県立近代美術館**]｜昭和49年〈1974〉｜群馬県高崎市
❖9-34　谷口吉生［**東京都葛西臨海水族館**]｜平成1年〈1989〉｜東京都江戸川区
❖9-35　内藤廣［**海の博物館**]｜平成4年〈1992〉｜三重県鳥羽市
❖9-36　内藤廣［**牧野富太郎記念館**]｜平成11年〈1999〉｜高知県高知市
❖9-37　安藤忠雄［**光の教会**]｜平成1年〈1989〉｜大阪府茨木市
❖9-38　丹下健三[**東京都新庁舎**]｜平成2年〈1991〉｜東京都新宿区
❖9-39　ラファエル・ヴィニョリ[**東京国際フォーラム**]｜平成9年〈1997〉｜東京都千代田区
❖9-40　柳沢孝彦+TAK建築・都市計画研究所[**新国立劇場**]｜平成9年〈1997〉｜東京都渋谷区
❖9-41　原広司[**京都駅ビル**]｜平成9年〈1997〉｜京都府京都市
❖9-42　伊東豊雄［**せんだいメディアテーク**]｜平成12年〈2000〉｜宮城県仙台市
❖9-43　妹島和世+SANAA［**金沢21世紀美術館**]｜平成16年〈2004〉｜石川県金沢市
❖9-44　青木淳［**青森県立美術館**]｜平成18年〈2006〉｜青森県青森市
❖9コラム-1　磯崎新[**大分県立中央図書館**]｜昭和41年〈1966〉(平成10年〈1998〉大分市が買い取り，改修後「アート・プラザ」として生まれ変わった。ここでは，音楽堂とは対照的に建築家の初期の代表作であることが保存の主要な根拠とされた)
❖9コラム-2　［**震災後に建てられた仮設住宅群**]
❖9-コラム3［**DOCOMOMO100選展の会場風景**]｜平成17年〈2005〉｜松下電工汐留ミュージアム
❖9-コラム4［**東京中央郵便局**]｜昭和8年〈1933〉｜設計:逓信省営繕課(吉田鉄郎)2009年11月時点での現況

図版提供・協力

飛鳥園／一乗寺／井上久美子／宇治上神社／A.D.A. EDITA／円覚寺／大神山神社／往生極楽院(三千院)／大野敏／大前神社／大道治一／小矢部市教育委員会／園城寺／香川県教育委員会事務局文化行政課／鰐淵寺／鶴林寺／笠原一人／鹿島出版会／橿原市教育委員会／橿原市教育委員会今井町町並保存整備事務所／川崎市立日本民家園／歓喜院／歓喜光寺／元興寺／願成寺／北村美術館／京都大学付属図書館／清水寺／霧島神宮／宮内庁京都事務所／宮内庁三の丸尚蔵館／熊野神社(岡山)／熊野神社(福島)／建長寺／功山寺／交通博物館／興福寺／神戸市教育委員会／光楽堂／国立歴史民俗博物館／小平忠生／後藤治／孤篷庵／さざえ堂(飯盛正日)／三渓園保勝会／三徳山三仏寺／慈照寺(銀閣寺)／彰国社写真部／清浄光寺／正倉院／浄土寺(兵庫)／浄土真宗本願寺派／浄福寺／浄瑠璃寺／照蓮寺／新国立劇場運営財団／新勝寺／瑞巌寺／水産航空／瑞泉寺／善光寺(茨城)／曹源寺／増上寺／醍醐寺／大仙院／高松市公園緑地課／田中重／田畑みなお／中央公論新社芸術出版編集／中尊寺／長弓寺／東海寺／東京国立博物館／東京国立文化財研究所／東京大学大学院工学系研究科建築学専攻／東京都立中央図書館／東寺(教王護国寺)／唐招提寺／東大寺／徳川美術館／土佐神社／中淳志／中川理／中谷礼仁／奈良国立文化財研究所／奈良国立文化財研究所飛鳥資料館／奈良国立文化財研究所平城宮跡資料館／奈良国立文化財研究所平城宮跡資料館遺跡展示館／奈良市教育委員会／苗村神社／日本建築学会／根津美術館／博物館明治村／箱木家／橋本純／初田亨／花田佳明／原耕平／姫路市教育委員会文化部文化課／平等院／平井聖／平山育男／弘前市商工観光部公園緑地課／福山敏男／豊楽寺／藤井恵介／藤尾直史／二川幸夫／文化庁文化財保護部建造物課／平安神宮／便利堂／法用寺／法隆寺／本願寺築地別院／前川建築設計事務所／増田彰久／松隈章／松隈洋／松﨑照明／萬福寺／三沢博昭／光井渉／宮本長二郎／室生寺／妙喜庵／妙義神社／毛越寺／本山寺／元離宮二条城事務所／薬師寺／八雲市教育委員会／八坂神社／八郷町教育委員会生涯学習課／山田大王神社／有限会社真木／蘭庭院／龍正院／龍吟庵／霊山寺／鹿苑寺(金閣寺)／早稲田大学理工学部建築学科資料室

主要参考文献

総説

❖概論・通史

新訂建築学大系4-Ⅰ　日本建築史｜彰国社 1968
日本建築史序説 増補第三版｜太田博太郎 彰国社 2009
日本建築の空間｜井上充夫 鹿島出版会SD選書 1969
建築の歴史｜藤井恵介・玉井哲雄 中公文庫 2006
太田博太郎と語る　日本建築の歴史と魅力｜太田博太郎・西和夫・藤井恵介編 彰国社 1996
日本建築史｜後藤治 共立出版 2003
図説　日本建築の歴史｜玉井哲雄 河出書房新社 2008
新訂 図説日本住宅史｜太田博太郎 彰国社 1971
日本住宅の歴史｜平井聖 NHKブックス 1974
改訂 伝統のディテール｜伝統のディテール研究会 彰国社 1974
日本建築史図集｜日本建築学会編 彰国社 1980
新建築学大系44 建築生産システム｜彰国社 1982
講座・日本技術の社会史7　建築｜日本評論社 1983
古寺建築入門｜工藤圭章 岩波グラフィックス 1984
構造用教材｜日本建築学会編 丸善 改訂第一版 1985
家と庭の風景－日本住宅の空間論的考察｜増田友也 ナカニシヤ出版 1987
日本都市史入門Ⅰ～Ⅲ｜高橋康夫・吉田伸之編 東京大学出版会 1989～90
図解古建築入門｜太田博太郎監修・西和夫編 彰国社 1990
中世寺院社会と仏堂｜山岸常人 塙書房 1990
設計図が語る古建築の世界｜濱島正士 彰国社 1992
絵巻物の建築を読む｜小泉和子・玉井哲雄・黒田日出男 東京大学出版会 1996
日本仏塔集成｜浜島正士 中央公論美術出版 2001
近代建築学発達史(復刻)｜日本建築学会編 文生書院 2001
関野貞アジア踏査｜藤井恵介他編 東京大学総合研究博物館 2005
伊東忠太を知っていますか｜鈴木博之編 王国社 2003
日本建築史文献目録1987-1990｜日本建築史研究会編 文化財建造物保存技術協会 1996

❖論文集

福山敏男著作集1～6｜福山敏男 中央公論美術出版 1982～84
日本建築史論集1～3｜太田博太郎 岩波書店 1983～86
稲垣栄三著作集(全7巻)中央公論美術出版 2006～09
日本建築の特質－太田博太郎博士還暦記念論文集｜中央公論美術出版 1976
建築史の鉱脈－大河直躬先生退官記念論文集｜中央公論美術出版 1995
建築史の空間－関口欣也先生退官記念論文集｜中央公論美術出版 1999
シリーズ都市・建築・歴史｜鈴木・石山・伊藤・山岸編、東京大学出版会 2005～06

❖解説集

日本建築史基礎資料集成1～25｜太田博太郎監修 中央公論美術出版 1961～(現在刊行中)
文化財講座　日本の建築1～5｜文化庁監修 第一法規 1976～77
奈良六大寺大観｜岩波書店 1968～73
大和古寺大観｜岩波書店 1976～78
平等院大観｜岩波書店 1987～92
醍醐寺大観｜岩波書店 2001～02
復元日本大観1～6｜世界文化社 1988～89
図集日本都市史｜高橋康夫・吉田伸之・宮本雅明・伊藤毅編 東京大学出版会 1993

先史時代

日本原始・古代住居の研究｜石野博信 吉川弘文館 1990
日本の美術5 家形はにわ｜三輪嘉六・宮本長二郎 至文堂 1995
日本原始古代の住居建築｜宮本長二郎 中央公論美術出版 1996
先史日本の住居とその周辺－奈良国立文化財研究所シンポジウム報告｜浅川滋男編 同成社 1998
特集　古代建築の復元(建築雑誌9月号)｜建築雑誌編集委員会編 日本建築学会 1998

古代

❖寺院

南都七大寺の研究｜大岡實 中央公論美術出版 1966
平安貴族社会と仏教｜速水侑 吉川弘文館 1975
日本の美術143　密教建築｜伊藤延男 至文堂 1978
南部七大寺の歴史と年表｜太田博太郎 岩波書店 1979
院家建築の研究｜杉山信三 吉川弘文館 1981
奈良の寺々｜太田博太郎 岩波ジュニア新書 1982
日本の美術196　飛鳥・奈良建築｜鈴木嘉吉 至文堂 1982
日本の美術197　平安建築｜工藤圭章 至文堂 1982
平城宮発掘調査報告XI｜奈良国立文化財研究所編 1982
日本古代建築における密教的建築空間の研究｜沢登宜久 私家版 1983
日本の美術244　日本建築の空間｜神代雄一郎 至文堂 1986
日本の美術245　日本建築の構造｜浅野清 至文堂 1986
平安貴族｜橋本義彦 平凡社 1986
平等院大観1　建築｜太田博太郎ほか監修 岩波書店 1988
図説日本の仏教3　浄土教｜新潮社 1989
古代中世寺院組織の研究｜牛山佳幸 吉川弘文館 1990
平安時代仏教建築史の研究｜清水擴 中央公論美術

出版 1992
平安初期寺院の仏堂と堂塔構成に関する研究｜上野勝久 私家版 1994
東寺の建造物｜東寺宝物館 1995
密教建築空間論｜藤井恵介 中央公論美術出版 1998
密教空間史論｜冨島義幸 法蔵館 2007

❖神社

神宮の建築に関する史的調査｜福山敏男 造神宮使庁 1940
神社古図集｜宮地直一監修 日本電報通信社 1942
神社建築｜福山敏男 小山書店 1949
神社｜原田敏明 至文堂 1961
日本の美術3　伊勢と出雲｜渡辺保忠 平凡社 1964
日本のやしろ｜福山敏男ほか 美術出版社 1965
古代王権の祭祀と神話｜岡田精司 塙書房 1970
神体山｜景山春樹 学生社 1971
日本の美術81　古代の神社建築｜稲垣栄三 至文堂 1973
神社の建築｜林野全孝・櫻井敏雄 河原書店 1974
春日大社建築史論｜黒田昇義 綜芸社 1978
神道の成立｜高取正男 平凡社 1979
式内社調査報告｜式内社研究会編 皇学館大学出版部 1979~84
日本古代の王権と祭祀｜井上光貞 東京大学出版会 1984
古代の神社史｜岡田精司 大阪書籍 1985
宮地直一論集｜宮地直一 蒼洋社 1985
まつるかたちー古墳・飛鳥の人と神｜大阪府立近つ飛鳥博物館(編集発行) 1997
神社建築史論―古代王権と祭祀｜丸山茂 中央公論美術出版 2001

❖宮殿・住宅

奈良国立文化財研究所学報10　平城京・伝飛鳥板蓋宮発掘調査報告｜奈良国立文化財研究所 1961
難波の宮｜山根徳太郎 学生社 1964
作庭記｜田村剛 相模書房 1964
飛鳥京発掘調査概報｜奈良県教育委員会 1968~72
作庭記秘抄｜久垣秀治 誠文堂新光社 1979
古代日本を発掘する1～5｜岩波書店 1984~85
京都御所　新版｜藤岡通夫 中央公論美術出版 1987
寝殿造の研究｜太田静六 吉川弘文館 1987
平安京の邸宅｜朧谷寿・加納重文・高橋康夫編 望稜舎 1987
近世復古清涼殿の研究｜島田武彦 思文閣 1987
藤原宮と京　展示案内｜奈良国立文化財研究所飛鳥藤原宮跡発掘調査部(編集発行) 1991
平城京長屋王邸宅と木簡｜奈良国立文化財研究所編 吉川弘文館 1991
平安宮内裏の研究｜鈴木亘 中央公論美術出版 1994
平安宮成立史の研究｜橋本義則 塙書房 1995
平城宮跡資料館図録｜奈良国立文化財研究所(編集発行) 1998
類聚雑要抄指図巻｜川本重雄・小泉和子 中央公論美術出版 1998
寝殿造の空間と儀式｜川本重雄 中央公論美術出版 2005
日本古代中世住宅史論｜藤田勝也 中央公論美術出版 2002
平安時代貴族住宅の研究｜飯淵康一 中央公論美術出版 2004

中世

❖寺院・神社

中世和様建築の研究｜伊藤延男 彰国社 1961
禅の建築｜横山秀哉 彰国社 1967
禅院の建築｜川上貢 河原書店 1968
番匠｜大河直躬 法制大学出版局 1971
日本の名僧6　旅の勧進聖　重源｜中尾堯編 吉川弘文館 2004
ブックオブブックス日本の美術21　神社と霊廟｜稲垣栄三 小学館 1971
日本中世の国家と宗教｜黒田俊雄 岩波書店 1975
名宝日本の美術13　五山と禅院｜関口欣也 小学館 1983
中世の律宗寺院と民衆｜細川涼一 吉川弘文館 1987
増補 無縁・公界・楽　日本中世の自由と平和｜網野善彦 平凡社 1987
中世東大寺の組織と経営｜永村眞 塙書房 1989
日本建築のレトリック　組物を見る｜藤井恵介 INAX 1994
鎌倉新仏教の誕生　勧進・穢れ・破戒の中世｜松尾剛次 講談社現代新書 1995
図説　木造建築事典｜基礎編・実例編 木造建築研究フォラム編 学芸出版社 1995
大仏再建｜五味文彦 講談社選書メチエ 1995
鎌倉の古建築｜関口欣也 有隣堂 1997
中世寺院の風景　中世民衆の生活と心性｜細川涼一 新曜社 1997
浄土真宗寺院の建築史的研究｜櫻井敏雄 法政大学出版局 1997
日本建築史論考｜川上貢 中央公論美術出版 1998
社寺建築の技術　中世を主とした歴史・技法・意匠｜大森健二 理工学社 1998
中世日本建築工匠史｜浜島一成 相模書房 2006
中国建築史の研究｜田中淡 弘文堂 1989

❖住宅

中世住居史｜伊藤鄭爾 東京大学出版会 1958
日本中世住宅の研究｜川上貢 墨水書房 1967
書院造と数寄屋造の研究｜堀口捨己 鹿島出版会 1978
住まいの人類学｜大河直躬 平凡社 1986
洛中洛外｜高橋康夫 平凡社 1988
京都中世都市史研究｜高橋康夫 思文閣出版 1988
中世京都の町屋｜野口徹 東京大学出版会 1988
よみがえる中世3　武士の都鎌倉｜石井進・大三輪龍彦編 平凡社 1989
日本美術全集16　桂離宮と東照宮｜大河直躬ほか編著 講談社 1991
日本美術全集11　禅宗寺院と庭園｜戸田禎佑ほか編著 講談社 1993
週間朝日百科日本の歴史別冊7　中世の館と都市｜五味文彦編 朝日新聞社 1994

近世

❖城郭・寺院・神社

江戸の都市と建築｜内藤昌 毎日新聞社 1972
江戸建築と本途帳｜西和夫 鹿島出版会 1974

近世大工の系譜｜内藤昌 ぺりかん社 1981
名宝日本の美術15　姫路城と二条城｜西和夫 小学館 1981
日本の美術201　江戸建築｜鈴木充編 至文堂 1983
近世寺社境内とその建築｜光井渉 中央公論美術出版 2001
中井家大工支配の研究｜谷直樹 思文閣出版 1992
近世建築の生産組織と技術｜川上貢編 中央公論美術出版 1984
大工頭中井家建築指図集―中井家所蔵本―｜谷直樹編 思文閣出版 2003
大工彫刻｜伊藤延男監修 INAX 1986
近世社寺建築の研究1～3｜奈良国立文化財研究所編 奈良国立文化財研究所 1988～92
日本の美術295　霊廟建築｜村上訒一 至文堂 1990
日本建築古典叢書９　近世建築書ー絵様雛形｜麓和善 大龍堂 1991
ヴィジュアル百科　江戸事情　第5巻　建築編｜NHKデータ情報部編 雄山閣 1993
江戸の装飾建築｜窪寺茂 INAX 1994
建物の見方・しらべ方　江戸時代の寺院と神社｜文化庁歴史的建造物調査研究会(山岸常人・後藤治・光井渉)編 ぎょうせい 1994
※他に地域別の情報を調べるなら，各都道府県教育委員会が発行している「近世社寺建築緊急調査報告書」が参考になり，国宝・重要文化財等の個別建築については「修理工事報告書」が参考となる。これらについては，国会図書館や建築学科の所在する大学等の図書館が所蔵している。

❖住宅

日本の民家1～10｜伊藤ていじ 美術出版社 1958～59
日本の民家｜大河直躬編 社会思想社 1962
民家の見方・調べかた｜太田博太郎ほか 第一法規 1968
茶室研究｜堀口捨己 鹿島研究所出版会 1969
日本の美術19　茶室と露地｜中村昌生 小学館 1972
日本の美術37　民家｜鈴木充 小学館 1975
日本の民家｜大河直躬編 中央公論美術出版 1976
日本の民家1～8｜関野克・鈴木嘉吉・工藤圭章 学習研究社 1980～81
近世民家普請の研究｜宮沢智士 私家版 1981
名宝日本の美術21　桂離宮｜斎藤英俊 小学館 1982
名宝日本の美術25　民家と町並み｜小寺武久 小学館 1983
茶道聚錦1～12｜小学館 1983～86
桂離宮御殿整備記録(本文編)｜宮内庁 1984
日本列島民家史｜宮沢智士 住まいの図書館出版局 1989
数寄屋逍遥ー茶室と庭の古典案内｜横山正 彰国社 1996
数寄屋ノート20章｜早川正夫 建築資料研究社 1998

近・現代

❖近・現代総説

日本の近代建築　その成立過程｜稲垣栄三 丸善 1959(鹿島出版会SD選書 1979)
近代日本建築学発達史｜日本建築学会編 丸善 1972
日本建築宣言文集｜藤井正一郎・山口廣編 彰国社 1973
近代建築史図集　新訂版｜日本建築学会編 1976
新建築技術叢書８　日本近代建築技術史｜村松貞次郎 彰国社 1976
日本近代建築の歴史｜村松貞次郎 NHKブックス 1978
近代建築史概説｜村松貞次郎・山口廣・山本学治 彰国社 1978
建築20世紀 PART1,2｜鈴木博之ほか監修 新建築社(新建築臨時増刊) 1991
日本の近代建築 上下｜藤森照信 岩波新書 1993
新建築学大系５　近代・現代建築史｜鈴木博之・山口廣 彰国社 1993
現代建築の軌跡｜新建築社(新建築臨時増刊) 1995
図説　近代建築の系譜｜大川三雄・川向正人・初田亨・吉田鋼一 彰国社 1997
近代建築史｜石田潤一郎・中川理編 学芸出版社 1998
近代建築史｜桐敷真次郎　共立出版 2001
近代建築史｜鈴木博之編 市谷出版社 2008

❖近代各論

明治初期の洋風建築｜堀越三郎 丸善 1929(南洋堂 1973)
明治の異人館｜坂本勝比古 朝日新聞社 1965
日本建築家山脈｜村松貞次郎 鹿島研究所出版会 1965
明治の建築　建築百年のあゆみ｜桐敷真次郎 日経新書 1966
神殿か獄舎か｜長谷川堯 相模書房 1972
建築について｜小能林宏城 相模書房 1972
日本近代建築史再考　虚構の崩壊｜村松貞次郎ほか 新建築社(新建築臨時増刊) 1975
建築の現在｜長谷川堯 鹿島出版会SD選書 1975
都市回廊　あるいは建築の中世主義｜長谷川堯 相模書房 1975(中公文庫 1985)
日本の様式建築｜村松貞次郎監修 新建築社(新建築臨時増刊) 1976
近代建築の目撃者｜佐々木宏編 新建築社 1977
日本の建築　明治・大正・昭和1～10｜村松貞次郎編 三省堂 1979～81
昭和住宅史｜横山正監修 新建築社(新建築臨時増刊) 1981
日本の建築家｜新建築社(新建築臨時増刊) 1981
悲喜劇・1930年代の建築と文化｜同時代建築研究会 現代企画社 1981
近代日本の異色建築家｜近江栄・藤森照信編 朝日新聞社 1984
近代建築再見｜山口廣 建築知識 1988
昭和住宅物語｜藤森照信 新建築社 1990
日本の近代住宅｜内田青蔵 鹿島出版会 1992
近代和風建築　伝統を超えた建築｜初田亨・大川三雄・藤谷陽悦 建築知識 1992
国学・明治・建築家　近代「日本国」建築の系譜をめぐって｜中谷礼仁　一季出版 1993
建築巨人 伊藤忠太｜読売新聞社編 1993
戦時下日本の建築家　アート・キッチュ・ジャパネスク｜井上章一 朝日新聞社 1995
日本の建築と思想　伊藤忠太小論｜丸山茂 同文書院 1996
関西の近代建築　ウォートルスから村野藤吾まで｜石田

潤一郎 中央公論美術出版 1996
見える都市/見えない都市　まちづくり・建築・モニュメント｜鈴木博之 岩波書店 1996
職人たちの西洋建築｜初田亨 講談社選書メチエ 1997

❖現代各論

私と日本建築｜A.レーモンド(三沢浩訳) 鹿島出版会SD選書 1967
日本の住宅設計/作家と作品ーその背景｜宮脇檀編著 彰国社 1976
近代建築の失敗｜P.ブレイク(星野郁美訳) 鹿島出版会SD選書 1979
戦後建築論ノート｜布野修司 相模書房 1981
建築家なしの建築｜B.ルドフスキー(渡辺武信訳) 鹿島出版会SD選書 1984
プレシジョン　上下｜ル・コルビュジエ(井田安弘・芝優子共訳) 鹿島出版会SD選書 1984
ヒューマニズムの建築｜浜口隆一 建築ジャーナル 1996
建築の前夜ー前川國男文集｜前川國男 而立書房 1996
建築巡礼35　ルイス・カーンー構築への意志｜松隈洋 丸善 1997
再読/日本のモダンアーキテクチャー｜モダニズム・ジャパン研究会編 彰国社 1997
わが町　東灘区森南町の人々｜野田正彰 文藝春秋 1997
地震と社会　阪神大震災記　上下｜外岡秀俊 みすず書房 1997~98
アントニン・レーモンドの建築｜三沢浩 鹿島出版会 1998
市民社会のデザイン　浜口隆一評論集｜浜口隆一　而立書房 1998
神戸震災日記｜田中康夫 新潮文庫 1998
巨匠への憧憬ール・コルビュジエに魅せられた日本の建築家たち｜佐々木宏 相模書房 2000
丹下健三｜丹下健三・藤森照信 新建築社 2002
「都市再生」を問うー建築無制限時代の到来ー｜五十嵐敬喜・小川明雄 岩波新書 2003
ファスト風土化する日本｜三浦展 洋泉社新書 2004
思想としての日本近代建築｜八束はじめ 岩波書店 2005
吉坂隆正の迷宮｜2004 吉坂隆正展実行委員会編 TOTO出版 2005
近代建築を記憶する｜松隈洋 建築資料研究社 2005
建築家・前川國男の仕事｜松隈洋他編 美術出版社 2006
前川國男ー現代との対話｜松隈洋編 六耀社 2006
東京の果てに｜平山洋介 NTT出版 2006
近代日本の作家たちー建築をめぐる空間表現｜黒田智子編 学芸出版社 2006
昭和モダン建築巡礼｜磯達雄・宮沢洋 2006・2008
建築の出自｜長谷川堯 鹿島出版会 2008
居住の貧困｜本間義人 岩波新書 2009

索引—遺跡・建造物・人物名

※図版に関連する項目の所在ページは太字とした。

あ

か

さ

た

な

は

ま

や

ら

わ

【カラー版】日本建築様式史

発行……………………………1999年8月10日　第1刷
2009年2月15日　第9刷
2023年4月20日　増補新装　第4版
監修……………………………太田博太郎＋藤井恵介
発行人…………………………山下和樹
編集……………………………雲野良平＋茂木 功＋櫻井 烈［レッドホーク・スタジオ］
村上 実＋山路進之助［エム・ワイ企画］
デザイン………………………中垣信夫＋吉野 愛＋坂田太郎［中垣デザイン事務所］
印刷・製本……………………共同印刷株式会社
発行……………………………株式会社美術出版社
東京都品川区上大崎3-1-1目黒セントラルスクエア5階 〒141-8203
Tel.03-6809-0318［代表］/03-5280-7442［編集］
https://www.bijutsu.press

ISBN978-4-568-40079-3 C3070

監修・執筆……………………太田博太郎（おおた ひろたろう）……元東京大学名誉教授
藤井恵介（ふじい けいすけ）…………東京大学名誉教授

執筆者紹介（執筆順）…………宮本長二郎（みやもと ながじろう）……元東北芸術工科大学教授
上野勝久（うえの かつひさ）…………東京藝術大学大学院教授
丸山　茂（まるやま しげる）…………元跡見学園女子大学教授
松﨑照明（まつざき てるあき）…………東京家政学院大学客員教授
平山育男（ひらやま いくお）…………長岡造形大学教授
後藤　治（ごとう おさむ）…………工学院大学教授
藤田盟児（ふじた めいじ）…………奈良女子大学教授
光井　渉（みつい わたる）…………東京藝術大学教授
大野　敏（おおの さとし）…………横浜国立大学大学院教授
中谷礼仁（なかたに のりひと）…………早稲田大学教授
松隈　洋（まつくま ひろし）…………神奈川大学教授・京都工芸繊維大学名誉教授